3 C

COPROPRIÉTÉ : LE MANUEL DU CONSEIL SYNDICAL

(5e édition, entièrement mise à jour, suite à la parution du décret du 27 mai 2004 ayant modifié le décret du 17 mars 1967)

- **Contrôler la gestion du syndic et améliorer la gestion de l'immeuble**
- **Vérifier les comptes de la copropriété**
- **Faire baisser les charges**
- **Agir efficacement au sein du Conseil Syndical**
- **Assurer la sécurité et la santé dans l'immeuble, au moindre coût**

Collection ARC/Vuibert

ARC

Collection ARC/Vuibert

Copropriété : le manuel du Conseil Syndical – 5e édition

Maguy Deck, Bruno Dhont, Marc Dubois, Emmanuel Jauneau, Michel Letocart, Olivier Mugniery sous la direction de Bruno Dhont

• Les sites de l'ARC et de l'UNARC

unarc.asso.fr

• Des milliers de pages mises à jour en permanence sur tous les problèmes de la copropriété. Vingt-deux rubriques dont :

- Actualité de la copropriété ;
- Les actions de l'ARC ;
- Bien gérer sa copropriété ;
- ABUS en VRAC ;
- Syndics professionnels et bénévoles ;
- Dossiers du mois ;
- La maîtrise des charges ;
- L'eau en copropriété ;
- Les diagnostics immobiliers, etc.

unarc-eau.com

• Un site entièrement dédié à la gestion et au traitement de l'eau.

Voir, à la fin de cet ouvrage, le détail des guides réalisés par l'ARC.

octobre 2004 – ISBN : 2-7117-9159-9

SOMMAIRE

Sixième partie :

LES PETITS, MOYENS ET GROS TRAVAUX

Septième partie :

SANTÉ ET SÉCURITÉ EN COPROPRIÉTÉ

Huitième partie :

LE SUIVI DES CONSOMMATIONS

Neuvième partie :

LE CONSEIL SYNDICAL ET LE SUIVI DES IMPAYÉS

Dixième partie :

LE CONSEIL SYNDICAL ET LE SYNDIC

Onzième partie :

DIVERS

Annexes

QUI EST L'ASSOCIATION DES RESPONSABLES DE COPROPRIÉTÉ ?

L'ARC est une association à but non lucratif (loi de 1901) créée en 1987 et qui est implantée, en 2006, sur plus de 11 000 immeubles en copropriété représentant plus de 550 000 logements.

Important : depuis mars 1995 l'**ARC** a créé, avec d'autres associations de copropriétaires, l'**UNARC** – Union Nationale des Associations de Responsables de Copropriété – qui couvre désormais **TOUTE la France**.

L'ARC est une association reconnue comme représentative par TOUS les ministères (Logement, Justice, Économie, Travail, Santé, Écologie) et siège dans toutes les commissions qui traitent de la copropriété. Elle est, en particulier, l'une des trois associations nationales à siéger comme membre permanent de la Commission Nationale Relative à la Copropriété (12 membres).

Les adhérents de l'ARC sont :

– des Conseils Syndicaux, dans des copropriétés gérées par des professionnels,

– des syndics non professionnels,

– des copropriétaires à titre individuel confrontés à des problèmes personnels.

L'ARC aide donc ses adhérents tout aussi bien à contrôler la gestion des syndics professionnels qu'à gérer eux-mêmes leur immeuble, avec, dans les deux cas, un souci d'améliorer la qualité de la gestion et d'obtenir le maximum d'économies. **Cela fait de l'ARC une association unique en son genre, une association qui peut d'autant mieux aider à contrôler les professionnels, qu'elle connaît la gestion des immeubles de l'intérieur.**

L'ARC est aussi l'une des seules associations d'usagers à avoir créé un groupement d'achat qui a deux objectifs :

• Négocier les prix pour avoir des références concrètes et mieux faire jouer la concurrence,

• Permettre à ses adhérents qui le souhaitent d'obtenir des prix négociés sur du matériel de qualité ou sur des contrats de service (maintenance, assurance, etc.), ce qui entraîne des économies.

Bien entendu, à côté de cela, l'ARC aide aussi **TOUS** ses adhérents à résoudre les problèmes d'ordre juridique, comptable et technique rencontrés dans leur copropriété.

Pour plus de renseignements, vous pouvez vous adresser à l'ARC
29, rue Joseph-Python - 75020 PARIS
Tél. : 01 40 30 12 82 - Fax : 01 40 30 12 63
Site internet : www.unarc.asso.fr

INTRODUCTION À LA 5e ÉDITION

En 1995, quand nous nous sommes lancés dans la réalisation du MANUEL du Conseil Syndical, notre ambition était triple. Il s'agissait d'aider des personnes NON SPÉCIALISTES à se former rapidement dans les TROIS domaines suivants :
– le droit pratique de la copropriété
– le contrôle de gestion des copropriétés
– la maîtrise des dépenses de copropriété.

Neuf ans après et face au succès des 4 premières éditions, nous pouvons dire que ces trois objectifs ont été atteints. Des milliers de conseillers syndicaux de copropriété ont lu et utilisent en permanence ce manuel qui reste UNIQUE en son genre et aborde TOUS les problèmes auxquels sont confrontés les conseils syndicaux : problèmes de droit, problèmes financiers, problèmes techniques, problèmes comptables, problèmes pratiques, problèmes psychologiques.

Cette nouvelle édition reprend l'intégralité des premières remises à jour mais les enrichit sur des points ou des thèmes importants et intègre les nouveaux problèmes de la copropriété, ou problèmes renouvelés :
– sécurité des ascenseurs au moindre coût ;
– renégociation des contrats d'ascenseurs ;
– maîtrise des nouvelles obligations sanitaires (termites, plomb, légionellose, etc.) ;
– plan comptable ;
– sécurité au travail des employés d'immeuble et des gardiens ;
– choix d'un syndic.

Par ailleurs, et comme toujours, cette nouvelle édition intègre aussi les dernières lois et les derniers décrets.

Guide renouvelé, amélioré et à jour, donc.

Par ailleurs, nous avons incorporé dans ce manuel l'intégralité de notre guide sur l'analyse et la renégociation des contrats de syndic et de notre enquête sur les tarifs des syndics, réactualisée.

Nous espérons que ces enrichissements satisferont le nombre toujours croissant de copropriétaires qui ont décidé de s'occuper activement et efficacement de leur copropriété.

INTRODUCTION (HISTORIQUE) À LA 1re ÉDITION

Le 30 décembre 1985, la loi dite «Bonnemaison» (du nom du député-maire d'Épinay-sur-Seine qui avait déposé le projet de loi) instituait l'**obligation** de l'élection d'un Conseil Syndical dans **TOUTES** les **copropriétés**.

On ne méditera jamais assez sur le fait que le député qui a fait introduire cette disposition dans la gestion des copropriétés s'appelait justement « BONNEMAISON ».

Car pour l'ARC – association née en 1987 et dont l'un des buts principaux est d'aider les Conseils Syndicaux à **bien** faire leur travail – il n'y a, en effet, pas de « bonne maison sans bon Conseil Syndical », pas de copropriété bien gérée sans un Conseil Syndical actif.

Le paradoxe est néanmoins le suivant : alors que le rôle du Conseil Syndical est **ESSENTIEL**, alors que son importance devient chaque jour de plus en plus **ÉVIDENTE**, il n'existe aujourd'hui **aucun manuel** à l'usage des conseillers syndicaux qui leur permette d'acquérir **SIMPLEMENT** et **RAPIDEMENT** l'essentiel des connaissances nécessaires à l'exercice de leur mandat.

C'est ce **vide** anormal que l'ARC se devait de combler et que ce guide vient remplir.

Notre objectif est simple : fournir en un espace réduit **TOUS** les renseignements nécessaires à **l'information** et la formation rapide des conseillers syndicaux.

Au fait, combien y a-t-il de conseillers syndicaux de copropriétés en France aujourd'hui ? Si l'on estime qu'il y a 200 000 copropriétés (au bas mot) et 3 conseillers par copropriété, cela ferait **DÉJÀ** 600 000 personnes. Six cent mille personnes dont le rôle est essentiel dans la bonne gestion des immeubles de notre pays et qu'il faut former.

PREMIÈRE PARTIE

L'INDISPENSABLE CONSEIL SYNDICAL

Chapitre 1. « À quoi ça sert de payer un syndic si nous devons faire son travail ? »

Chapitre 2. Quel que soit le type de copropriété, le Conseil Syndical est toujours indispensable

CHAPITRE 1

« À QUOI ÇA SERT DE PAYER UN SYNDIC SI NOUS DEVONS FAIRE SON TRAVAIL ? »

• Une telle phrase, ce n'est pas mille fois, ni dix mille que nous l'avons entendue, mais **TOUS** les jours et plusieurs fois par jour depuis plus de dix-sept ans.

• Les copropriétaires ne comprennent pas, en effet, pourquoi ils doivent payer un professionnel de la gestion et malgré tout doivent aussi – pour que ça « tourne » – consacrer de nombreuses heures bénévoles à s'occuper de leur immeuble.

• Cela semble curieux et, pourtant, cette situation est **INCONTOURNABLE**. Pourquoi ?

1. Première raison

D'abord, le syndic est un professionnel qui a sa propre logique qui n'est pas toujours celle de la copropriété. Il faut donc, en permanence, s'assurer qu'il défend bien les intérêts de la copropriété et non les siens, ceci – et nous le soulignons – **MÊME AVEC LE SYNDIC LE PLUS CORRECT QUI SOIT**. Prenons deux exemples :

• **Le recouvrement des charges** : cela peut représenter, dans des immeubles difficiles, un travail important, ingrat, non rémunérateur. C'est pourquoi beaucoup de syndics ont tendance à laisser traîner le recouvrement. Il faut donc toujours que le Conseil Syndical stimule son syndic. Ce rôle n'est pas simple : il faut faire en permanence « le point » avec le syndic et s'informer des moyens les mieux adaptés, pour vérifier si ce que le syndic a fait est correct. Cela suppose donc de lire des ouvrages de droit, passer des heures avec le syndic ou l'avocat, bien souvent être pris pour un râleur, se mettre des voisins à dos, et tout cela pourquoi ? Pour éviter d'avoir à supporter les charges des débiteurs. **DUR** !

• **Le contrôle des indexations annuelles des contrats**. Autre petit exemple : quand un syndic reçoit une facture, on s'aperçoit qu'il ne consacre pas toujours le temps nécessaire à vérifier que cette facture :

– respecte bien la clause d'indexation du contrat,

– indique les bons indices.

Cette absence de contrôle est souvent due uniquement à une sorte de « paresse » du syndic. Là encore, le Conseil Syndical devra intervenir auprès de celui-ci pour qu'il veuille bien faire son travail, **TOUT** son travail.

2. Deuxième raison

La gestion des copropriétés est trop complexe pour qu'un syndic **seul** gère efficacement un immeuble, ceci d'autant plus que bien des immeubles n'ont plus de personnel de « gardiennage ». Les vrais « gardiens » de la copropriété (ceux qui voient tout de suite les problèmes ; ceux qui sauront tout de suite ce qui ne va pas) sont alors les conseillers syndicaux.

Le choix est simple : soit des personnes dans l'immeuble acceptent ce rôle et alors les problèmes sont plus vite réglés, soit ils refusent et la gestion quotidienne risque d'être :

– ou catastrophique,
– ou « hors de prix ».

La copropriété est une collectivité : si quelques copropriétaires n'assurent pas le rôle de **CONTRÔLE** et d'**ASSISTANCE** du syndic, alors il se passera ceci :

– le syndic agira de plus en plus en fonction de ses seuls intérêts,
– la gestion quotidienne sera non satisfaisante.

CHAPITRE 2

QUEL QUE SOIT LE TYPE DE COPROPRIÉTÉ, LE CONSEIL SYNDICAL EST TOUJOURS INDISPENSABLE

Impossible de faire le tour de toutes les sortes de copropriétés. Nous allons passer en revue quatre types de copropriétés très différents et montrer à chaque fois l'importance du Conseil Syndical et la spécificité de son action.

1. La petite copropriété

Quoi qu'on puisse en penser, la petite copropriété sans problème existe. Il s'agit souvent d'immeubles anciens (mais solides), habités par des personnes sinon aisées du moins « solvables » et gérés « en bon père de famille » par le syndic.

Ces immeubles sont caractérisés ainsi :

– peu de gros travaux,
– charges raisonnables,
– pas de « conflits » entre les copropriétaires.

Ils sont simples à gérer et, comme il n'y a pas de problème, les copropriétaires laissent faire leur syndic sans trop s'occuper de la gestion.

Dans ces immeubles il est parfois difficile de « recruter » un Conseil Syndical. Pourtant, à l'occasion de gros travaux ou d'un problème particulier (un gros impayé, un incendie, un problème grave causé par un occupant), on va s'apercevoir qu'il **manque** quelque chose à la copropriété : un Conseil Syndical présent, capable de faire le lien avec le syndic, de l'inciter à traiter les problèmes sans tarder, de lui fournir les informations nécessaires sur l'immeuble.

Avec la disparition d'un certain nombre de « gardiennes » d'immeuble, la « fragilité » des immeubles est plus grande et l'« absence » de Conseil Syndical se fait sentir au premier gros problème.

2. La petite copropriété « dégradée » ou « en difficulté »

Il s'agit d'immeubles vétustes occupés par des familles modestes ou certaines familles ayant de graves difficultés financières.

Dans ces immeubles, il y a à la fois :

– de gros impayés,
– des travaux urgents à faire.

Souvent, les syndics n'ont pas la trésorerie nécessaire pour gérer convenablement ces immeubles et, soit par découragement, soit par incompétence, laissent se dégrader la situation.

Ces immeubles passent de syndic en syndic ou sont mis en administration judiciaire.

Souvent, il n'y a pas de vrai Conseil Syndical dans ces copropriétés et, de toute façon, les conseillers syndicaux sont découragés et ne **savent pas quoi faire**.

Ils ont tort, car dès qu'une petite poignée de copropriétaires réagit, il est possible assez rapidement :

a/ de faire le point sur les impayés et de s'apercevoir que la situation n'est pas aussi dramatique qu'on le pensait,

b/ d'étudier la gestion du syndic et de s'apercevoir que diverses économies sont possibles,

c/ de définir des travaux urgents et de s'apercevoir que des subventions ou des aides publiques peuvent être mobilisées.

3. La moyenne copropriété « équipée »

Nous visons, là, la copropriété de 40 à 150 lots, possédant des équipements collectifs tels que chauffage, ascenseur, digicode, interphone, espaces verts, etc. et pouvant employer une ou deux personnes.

Le fonctionnement de cette moyenne copropriété peut commencer à devenir « **complexe** » tant au niveau de la comptabilité que de la gestion. Néanmoins, la situation reste toujours **maîtrisable** par un Conseil Syndical « moyennement » formé.

Pourtant, trop souvent les copropriétaires ne se sentent pas de taille à assumer les fonctions de conseillers syndicaux dans ce genre de copropriété : *« Je ne connais rien aux lois, je ne suis pas comptable, je ne m'y connais pas en matière de travaux, etc. »*

Ce que les copropriétaires de ces immeubles doivent comprendre c'est que les **notions essentielles** à connaître en droit, comptabilité, contrôle des entreprises, etc. sont simples à acquérir (avec quelques conseils judicieux) et qu'ils ont surtout besoin de beaucoup de **bon sens** pour y parvenir simplement et rapidement.

Ce qu'on doit également comprendre c'est que, dans ce genre d'immeuble, le Conseil Syndical est **indispensable**, même si la situation générale est bonne. On s'aperçoit, en effet, dans ces copropriétés – en l'absence d'un Conseil Syndical vigilant – **QUE** les petits travaux finissent par coûter très cher, **QUE** les entreprises font ce qu'elles veulent, **QUE** les contrats d'entretien et travaux hors contrats peuvent dériver dangereusement, **QUE** les frais concernant le personnel d'immeuble peuvent prendre une importance trop grande, **QUE** les consommations peuvent augmenter d'année en année sans que personne n'y prenne garde, **QUE** le syndic peut être tenté de gérer la copropriété sans tenir assez compte de l'intérêt des copropriétaires, à long terme comme à court terme...

Dans ces copropriétés, il faut donc que les copropriétaires qui ont l'impression d'être « ignorants » surmontent ce complexe, relèvent leurs manches et « s'y mettent ». Ce guide doit leur permettre de comprendre que le métier de « conseiller syndical » est à leur portée.

4. La grosse copropriété

Qu'elle soit dégradée ou non, la grosse copropriété est toujours un casse-tête pour les copropriétaires car, objectivement, son niveau de complexité est souvent élevé.

Dans une copropriété de 500 logements, tout est un peu compliqué et la **SIMPLE** analyse des problèmes requiert parfois déjà du temps et de la compétence.

Dans les grosses copropriétés les conseillers syndicaux ont donc beaucoup de mérite. Bien que plus ingrat, leur rôle est néanmoins aussi important que dans les autres copropriétés. Néanmoins, si le Conseil Syndical ne fonctionne pas avec méthode, ses membres vont se décourager et ils risquent d'être vite noyés dans les problèmes.

Dans ces ensembles immobiliers il faut :

a/ décomposer les problèmes et les tâches,

b/ affecter des tâches précises à des conseillers syndicaux, responsables chacun d'un « secteur » :

- le suivi des petits travaux,
- le contrôle des factures,
- les impayés,
- le chauffage,
- l'eau froide et chaude,
- les placements financiers,
- le personnel d'immeuble,
- etc.

Si ce découpage et ce partage des responsabilités ne sont pas effectués, le Conseil Syndical n'arrivera à rien et ses membres se décourageront très vite, faute d'avoir prise sur les problèmes de la copropriété.

Conclusion

Comme on le voit, quel que soit le « type » de copropriété, le Conseil Syndical est toujours indispensable. Le seul problème : **comment se former à ce « métier »** de conseiller syndical ? **UNE SEULE RÉPONSE** : lire attentivement ce guide et, pour le reste, venir nous voir...

DEUXIÈME PARTIE

LE FONCTIONNEMENT DU CONSEIL SYNDICAL

CHAPITRE 3

LE CONSEIL SYNDICAL ET LA LOI

Préalable important

Il faut relire les articles de votre règlement de copropriété qui concernent le fonctionnement du Conseil Syndical ou la résolution de l'assemblée générale qui a fixé les règles de fonctionnement.

En effet, comme on le verra, la loi est très imprécise sur le fonctionnement du Conseil Syndical et ne dit rien, par exemple, sur des points aussi importants que :

- le nombre de conseillers syndicaux,
- les règles de convocation,
- les règles de majorité au sein du Conseil Syndical,
- etc.

Il est donc **essentiel**, **AVANT TOUT**, de se reporter à son **règlement de copropriété** pour voir ce qu'il prévoit à ce sujet (souvent, malheureusement, il ne prévoit rien ; dans ce cas voir un peu plus loin les réponses à la question : « Comment faire si aucune règle de fonctionnement du Conseil Syndical n'existe ? »).

Des règles de fonctionnement peuvent avoir été votées en assemblée générale sans avoir été annexées au règlement de copropriété. Il est donc prudent de **vérifier** ce point avant de conclure qu'aucune règle n'existe.

1. Le Conseil Syndical est-il obligatoire ?

Oui, l'élection d'un Conseil Syndical est obligatoire. Néanmoins, l'assemblée générale peut – à la double majorité renforcée (2/3 de **tous** les millièmes représentant plus de la moitié des copropriétaires en nombre) – **renoncer** à l'élection d'un Conseil Syndical. Cela dit, à part pour les toutes petites copropriétés (et encore...), il est formellement déconseillé de renoncer au Conseil Syndical.

2. Qui peut être membre du Conseil Syndical ? Qui ne peut pas l'être ?

a/ Ne peuvent être membres du Conseil Syndical que les copropriétaires, leurs conjoints, les acquéreurs à terme, ou leurs représentants légaux.

Voyons ce que cela signifie, concrètement, selon que le copropriétaire est une personne physique ou une personne morale (une société).

Cas des copropriétaires personnes physiques

• Seules les personnes copropriétaires (ou acquéreurs à terme) peuvent être au Conseil Syndical. Cela veut dire qu'un concubin non copropriétaire ne peut pas être au Conseil Syndical.

• Cela veut dire qu'un enfant majeur ne peut pas non plus être au Conseil Syndical.

• Cela veut dire enfin qu'un **MANDATAIRE** en assemblée générale ne peut pas non plus être au Conseil Syndical. En effet, le représentant à l'assemblée générale n'est pas un « représentant légal » (le représentant légal sera le tuteur d'un mineur par exemple).

Question : mais si une personne non copropriétaire a été élue au Conseil Syndical, doit-elle en partir une fois qu'on s'est aperçu de l'irrégularité ?

Réponse : non, sauf si son élection a été contestée devant le tribunal dans les délais légaux (deux mois après réception du procès-verbal par les opposants ou absents).

Cas de copropriétaires personnes morales

• En ce qui concerne les sociétés, seuls les représentants légaux peuvent être au Conseil Syndical (exemple : les gérants ou les personnes à qui la société donne délégation de pouvoir).

• En ce qui concerne les sociétés civiles immobilières d'attribution, **chacun des associés peut se présenter au Conseil Syndical**.

b/ Par ailleurs, la loi a prévu que ne peuvent pas être conseillers syndicaux :

• Le syndic, son conjoint, ses ascendants ou descendants,

• Un « préposé » du syndic.

Le problème est souvent posé de savoir si un gardien ou employé d'immeuble est ou non un « préposé » du syndic.

La réponse est clairement **OUI**. En effet, il résulte de l'article 31 du décret du 17 mars 1967, que le syndic a seul autorité sur le personnel d'immeuble, bien que l'employeur soit le syndicat des copropriétaires et non le syndic. Le personnel, étant donc sous les **ordres** du syndic, est bien son « **PRÉPOSÉ** ». D'ailleurs cela est la plupart du temps confirmé dans le **contrat** qui indique bien que le gardien ou l'employé est sous les ordres du syndic.

Dès lors, et contrairement à ce qu'ont pu affirmer certains syndics, les gardiens et employés d'immeuble n'ont **PAS LE DROIT** d'être conseillers syndicaux.

À ce sujet, il convient de noter qu'une réponse ministérielle en date du 11 novembre 1996 prétend que le gardien n'est pas le « préposé » du syndic. Il faut savoir que cette réponse – qui ne repose sur rien – n'a aucune valeur juridique autre qu'indicative et que la majorité de la Doctrine partage la position de l'ARC.

3. Comment être candidat au Conseil Syndical ?

En général, il suffit de présenter sa candidature en cours d'assemblée générale, lorsque ce point est à l'ordre du jour.

Contrairement à ce qu'on pourra vous dire, il n'y a **aucun** besoin de prévenir le syndic de votre candidature **avant** l'assemblée générale.

Le problème peut néanmoins se poser si le Conseil Syndical a été élu pour 3 ans et que vous souhaitiez y « entrer » en cours de mandat. Dans ce cas, plusieurs possibilités existent :

• le règlement de copropriété ou l'assemblée générale a prévu un nombre maximum de conseillers ; si ce nombre est **atteint**, alors il faudra attendre la fin du mandat de 3 ans du Conseil Syndical ;

• le règlement de copropriété ou l'assemblée générale a prévu un nombre qui n'est pas atteint : dans ce cas-là vous pourrez, avant l'assemblée générale, demander au syndic qu'il prévoie une question à l'ordre du jour ainsi libellée : *« Élection d'un conseiller syndical supplémentaire, M. X. étant candidat »*.

• ni le règlement de copropriété ni l'assemblée générale n'ont rien prévu : on se retrouve dans le cas de figure précédent.

4. Comment sont élus les conseillers syndicaux ?

Les conseillers syndicaux sont élus à la majorité de l'article 25, c'est-à-dire à la majorité de tous les millièmes en 1er vote (501/1000e) et la majorité **simple** en 2e vote si la majorité absolue n'a pas été atteinte d'emblée (pour mieux connaître les règles de majorité vous pouvez vous reporter à notre guide de base : « La copropriété pratique en 300 questions » (9e édition, 2004).

Doit-on élire les conseillers un par un ou peut-on élire une *« liste »* ?

Le problème a été tranché judiciairement de façon très pragmatique : si personne ne demande un vote distinct par candidat, il est parfaitement possible de voter par liste. On ne peut-être plus clair.

5. Que se passe-t-il si aucun candidat n'est élu ?

Ce cas de figure est très rare. Néanmoins, dans ce cas la loi a prévu que le juge pouvait être saisi pour désigner lui-même le Conseil Syndical ou constater la « carence » (voir, pour ceux qui sont intéressés, l'article 21 de la loi de 1965, en annexe). Quand le juge désigne le Conseil, il est évident qu'il désigne la ou les personnes volontaires qui l'ont saisi. Cette situation peut concerner, par exemple, des copropriétés dans lesquelles des copropriétaires « gros porteurs » (c'est-à-dire ayant beaucoup de millièmes) font obstruction à l'élection d'un Conseil Syndical.

6. Combien de membres un Conseil Syndical doit-il comporter ?

a/ Si le règlement de copropriété ou l'assemblée générale a fixé un nombre, autant que ce nombre.

b/ Si rien n'est fixé, autant que l'on veut. Néanmoins, il faut prévoir un nombre impair (pour faciliter les votes) et éviter un nombre trop élevé de conseillers.

On peut, par ailleurs, élire des conseillers suppléants.

7. Pour combien de temps les conseillers sont-ils élus ?

La durée du mandat est soit celle fixée par le règlement de copropriété, soit celle fixée par l'assemblée générale. Elle peut être de 1, 2 ou 3 ans maximum.

Si la durée est indéterminée, la loi prévoit que le mandat donné est équivalent à un mandat de 3 ans.

À noter : un conseiller syndical peut se représenter autant de fois qu'il le souhaite, que le mandat soit de 1, 2 ou 3 ans.

8. Quel est le rôle du Conseil Syndical ?

La loi précise que le Conseil Syndical « contrôle et assiste le syndic ». Cela veut dire que le Conseil Syndical doit :

- contrôler les comptes,
- contrôler la gestion,
- assister le syndic dans sa gestion (par exemple : l'informer sur ce qui peut se produire dans l'immeuble).

Cela veut dire aussi que le Conseil Syndical n'a pas un rôle de gestion (sauf, comme on le verra, quand un mandat lui est donné sur un point **précis**). Le rôle du Conseil Syndical est donc à la fois vague et précis. La loi prévoit néanmoins quelques fonctions très particulières :

a/ Le Conseil Syndical **doit** élaborer le budget prévisionnel avec le syndic et en suivre l'exécution ;

b/ Le Conseil Syndical **doit** donner son avis écrit sur toute dépense qui dépasserait un certain montant voté par l'assemblée générale, ainsi que sur les travaux urgents.

Nous reviendrons sur ces deux fonctions.

9. Quels sont ses pouvoirs dont il dispose ?

Les pouvoirs du Conseil Syndical (outre ceux du président que nous verrons plus loin) sont :

a/ avoir accès à tout moment et après en avoir avisé le syndic, à tous les documents concernant la copropriété (voir question 18 un peu plus loin),

b/ obtenir copie de ces documents,
c/ demander la convocation d'une assemblée générale extraordinaire,
d/ se faire donner mandat par l'assemblée générale pour un problème précis (choisir une entreprise, renégocier un contrat d'assurance, choisir un avocat, etc.),
e/ donner son avis sur tous travaux courants dépassant la somme définie par l'assemblée générale ou tous travaux d'urgence,
f/ engager une action judiciaire en référé contre l'ancien syndic pour restitution des archives, comptes et fonds.

10. Quel est le rôle du Conseil Syndical dans la restitution des archives et des comptes ?

Insistons quelques instants sur ce pouvoir particulier qui a été renforcé à partir du 1er septembre 2004.

Le nouvel article 33-1 du décret du 17 mars 1967 a, en effet, introduit une double innovation qui va, comme on va le voir, améliorer considérablement la gestion de ce problème. Que dit cet article ?

« En cas de changement de syndic, la transmission des documents et archives du syndicat doit être accompagnée d'un bordereau récapitulatif de ces pièces. Copie de ce bordereau est remise au conseil syndical ».

Désormais, donc, la transmission devra non seulement s'accompagner d'une remise obligatoire d'un bordereau, mais par ailleurs, le conseil syndical devra être destinataire du bordereau ; il pourra donc être rapidement au courant de ce qui a été transmis, DONC de ce qui manque éventuellement, ce qui lui permettra d'agir rapidement et efficacement, Il est en effet utile d'insister sur le fait que la transmission des archives et des comptes est le seul point sur lequel la loi (article 18-2 de la loi de 1965) a prévu que le conseil syndical pouvait introduire de lui-même une action judiciaire contre l'ancien syndic. Le dispositif du *« bordereau »* accompagné de l'obligation de communication au conseil syndical permettra enfin que ce droit puisse s'exercer pleinement et simplement.

La seule question non réglée par le nouveau décret est celle-ci : QUI devra fournir le bordereau ? La réponse est claire pour nous : c'est le nouveau syndic qui devra fournir le double du bordereau qu'il aura signé avec ou sans réserve.

11. Quels sont les moyens humains et financiers au service du Conseil Syndical ?

Le conseil peut se faire assister par QUI il veut et les frais nécessaires au conseil syndical pour exercer sa *« mission »* sont – depuis le 1er septembre 2004 – plus facilement pris en charge qu'avant.

Voici le texte de l'article 27 modifié du décret du 17 mars 1967 :

« Le conseil syndical peut, pour l'exécution de sa mission, prendre conseil auprès de toute personne de son choix. Il peut aussi, sur une

question particulière, demander un avis technique à tout professionnel de la spécialité.

Les dépenses nécessitées par l'exécution de la mission du conseil syndical constituent des dépenses courantes d'administration. Elles sont supportées par le syndicat et réglées par le syndic ».

La rémunération des personnes à qui le Conseil Syndical fait appel et le règlement des frais du Conseil Syndical (frais de formation ; frais d'adhésion à l'ARC ; frais de documentation) sont facilités. Le décret supprime désormais toute référence à une autorisation préalable ou à une disposition du règlement de copropriété et précise utilement que ces frais doivent être considérés comme des *« dépenses COURANTES d'administration »*.

Le terme *« dépenses courantes »* **est très important** car il signifie que ces dépenses rentrent dans le budget **et n'ont pas à faire l'objet d'un vote spécial hors budget** comme certains syndics le prétendaient abusivement. Donc, désormais, les syndics qui exigeraient une décision spéciale préalable concernant les frais de conseil syndical ou une adhésion à l'ARC seront parfaitement hors-la-loi, ces frais pouvant être couverts par le budget courant au titre des dépenses de *« gestion »* ou *« d'administration »*.

Notons d'ailleurs que le nouveau décret donne une définition un peu plus large des *« dépenses »* du Conseil Syndical, puisque l'on passe de l'expression *« les honoraires des techniciens ainsi que les frais nécessités par le **fonctionnement** du Conseil Syndical »* à l'expression : *« les dépenses nécessitées pour **l'exécution de la mission** du conseil syndical »*. Ainsi les dépenses éventuelles de formation, de documentation, d'assistance à des colloques, salons, etc. pourront-elles être plus facilement prises en charge, ce que faisait d'ailleurs assez facilement (mais pas toujours...) la grande majorité des syndics.

Dernier point : le terme *« d'assistance »* (ancien décret) a été supprimé et remplacé par celui de *« conseil »*. Pour nous le terme de *« conseil »* est plus général et donc bienvenu. Néanmoins il n'est pas impossible que certains syndics refusent la présence du ou des conseillers du conseil syndical dans des opérations de contrôle chez le syndic du fait de la substitution du terme *« conseil »* à celui *« d'assistance »*. Naturellement ils auront tort, la façon dont est exercée la fonction de *« conseil »* (aux côtés du conseil syndical ou à distance) étant du seul ressort du Conseil Syndical. Si celui-ci entend se faire conseiller **chez** le syndic, tout refus de la part du syndic devra être assimilé à une entrave et le Conseil Syndical devra agir en conséquence. Bien entendu cette possible réaction ne concernera qu'une infime minorité de syndics (celle qui a toujours quelque chose à cacher), mais il vaut mieux prévenir que guérir.

12. Comment fonctionne le Conseil Syndical ?

La loi étant totalement muette sur ce point, les seules règles impératives sont celles inscrites au règlement de copropriété ou prévues par l'assemblée générale.

Si aucune règle n'existe, il est prudent d'en prévoir et de les faire adopter :

– d'une part, par le Conseil Syndical en place,

– d'autre part, par la prochaine assemblée générale (en ordre du jour normal ou ordre du jour complémentaire).

Ces règles doivent concerner au moins :

– les règles de convocation,

– les règles de majorité au sein du Conseil Syndical,

– les règles concernant les engagements financiers du Conseil Syndical.

Vous pouvez vous inspirer du modèle proposé par l'ARC, qu'il faut évidemment adapter à chaque cas (voir annexe).

13. À quoi servent les suppléants ?

• Les postes de suppléants permettent à des copropriétaires de se « familiariser » avec la copropriété et le travail du Conseil Syndical.

• Ils permettent également – en cas de départ, de décès de titulaires – de pourvoir au remplacement des conseillers, ceci pour éviter que le Conseil Syndical ne soit plus **valablement** constitué.

En effet, il est nécessaire de savoir que si un quart des membres élus n'est plus au Conseil Syndical, celui-ci n'est plus valablement constitué. Si des suppléants ont été élus, on évite ce genre d'inconvénient.

14. Qui élit le président ou la présidente ?

NB : pour éviter d'avoir à chaque fois à ajouter « ou la présidente » nous n'allons parler dans la suite de ce guide, que du « président » en priant nos lectrices de nous excuser. (président renvoie simplement à la fonction.)

Le président du Conseil Syndical est élu par le Conseil Syndical et **non** par l'assemblée générale. Certains syndics croient – ou font croire – que l'assemblée générale élit le président. C'est inexact et illégal.

À noter que puisque c'est le Conseil Syndical qui élit le président, il peut toujours en changer en cours de mandat ou entre deux assemblées générales (ce qui se fait simplement au cours d'une réunion du Conseil Syndical).

15. Quand est élu le président ?

Le président peut être élu en cours d'assemblée générale (il faut alors une suspension de séance pour que les conseillers élisent celui-ci) ; si des conseillers n'ont pas encore été élus définitivement (majorité simple) il faudra attendre. Le mieux est que le président soit élu en séance de Conseil Syndical, après l'assemblée générale. Cela évitera certaines pressions et permettra aux conseillers de voter librement.

16. L'élection du président est-elle obligatoire ?

La loi dit : « Le Conseil Syndical élit son président ». Il s'agit là d'un impératif et non d'une possibilité. Mais comme il n'y a pas de « sanction », au cas où un Conseil Syndical n'a pas de président, il n'y a rien à faire...

17. Comment faire s'il n'y a pas de président ?

C'est tout simple. Il faut provoquer une réunion de Conseil Syndical et mettre la question à l'ordre du jour.

18. À quoi sert un président ?

Nous ne parlons pas ici de cas de « Conseil Syndical coopératif ». En effet, dans ce cas le président du Conseil Syndical fait office de syndic. Nous donnons page 29 une description sommaire du système « **coopératif** » pour ceux qui veulent aller un peu plus loin sur ce sujet.

• Le président sert d'abord à faire la liaison avec le Conseil Syndical.

• Ensuite, il peut exercer certains pouvoirs très précis que la loi prévoit :

. convoquer une assemblée générale après mise en demeure faite au syndic, restée infructueuse (article 8 du décret du 17 mars 1967) ;

. engager un référé contre l'ancien syndic, en cas de non-restitution des fonds par ce dernier et des pièces de la copropriété dans le délai maximum de 3 mois (article 18- 2 de la loi du 10 juillet 1965).

19. Comment agir si le président ne fait pas l'affaire ?

Là encore, c'est également très simple : il s'agit de provoquer la réunion d'un Conseil Syndical et de mettre le problème à l'ordre du jour de ce Conseil : *« Révocation du président et élection d'un nouveau président »*.

Trop souvent, nous constatons que les membres d'un conseil syndical hésitent à changer de président ou de présidente, lorsqu'il ou elle ne fait plus l'affaire. Non seulement ils ont tort d'un point de vue purement juridique mais surtout du point de vue pratique concernant le fonctionnement du conseil.

20. Le Conseil Syndical a-t-il accès aux « documents » de la copropriété ?

Rappelons sur ce sujet capital les dispositions précises de l'article 21, § 3 de la loi du 10 juillet 1965 :

« Le Conseil Syndical peut prendre connaissance, et copie, à sa demande, et après en avoir donné avis au syndic, de toutes pièces ou documents, correspondances ou registres se rapportant à la gestion du syndic et, d'une manière générale, à l'administration de la copropriété. Il reçoit, en outre, sur sa demande, communication de tout document intéressant le syndicat. »

Aucune restriction d'**aucune** sorte ne peut être opposée par le syndic ; aucune objection de confidentialité ne peut non plus être mise en avant, y compris bien sûr en ce qui concerne la liste **à jour** des copropriétaires avec leur adresse (réponse ministérielle n° 18365 JOAN Q, 2 avril 1990, page 1 544).

Les problèmes rencontrés le plus fréquemment sont les suivants :

a/ Le Conseil Syndical veut venir consulter les documents tel jour. Le syndic répond que ce jour-là cela n'est pas possible parce qu'il n'est pas là. Il faut donc rappeler, dans ce cas-là, au syndic que vous n'avez pas demandé un **RENDEZ-VOUS** mais la mise à disposition des documents.

b/ Le syndic refuse de communiquer certains documents. Il faut rappeler au syndic :

• que la loi est d'ordre public,

• que son refus s'assimile à une entrave aux droits du Conseil Syndical,

• que s'il maintient sa position, le Conseil Syndical provoquera une convocation d'assemblée générale aux fins de révocation pour faute grave,

• que le Conseil Syndical préviendra, par ailleurs, la Chambre syndicale et la garantie financière du syndic.

c/ Le syndic refuse sous prétexte que le Conseil Syndical est déjà venu étudier les documents concernés. Il faut donc rappeler au syndic que la loi ne prévoit aucune restriction.

d/ Enfin, le syndic refuse de communiquer des documents qui concernent un exercice **déjà** approuvé, sous prétexte qu'on ne peut pas revenir sur des comptes approuvés. Dans ce cas, il faut rappeler au syndic qu'il n'a pas le droit de refuser l'accès à des comptes déjà approuvés, même s'il est vrai que la consultation de ces pièces ne permettra pas de revenir sur le vote (sauf si l'on s'aperçoit de dissimulations ou d'erreurs graves).

21. Le Conseil Syndical peut-il recevoir des mandats de l'assemblée générale ? Qu'est-ce que cela signifie ?

Comme le prévoit l'article 25 de la loi de 1965, l'assemblée générale peut donner des mandats précis au Conseil Syndical, ce qui – dans certains cas – peut permettre, par exemple, de contrôler un problème ou de mieux contrôler un processus de travaux.

Prenons trois exemples précis :

a/ L'assemblée générale veut engager une procédure judiciaire et sent que le syndic va solliciter un avocat qui ne fera rien pour « gagner » l'affaire. L'assemblée générale peut, dans ce cas, donner mandat au Conseil Syndical pour choisir l'avocat.

b/ Le syndic a proposé un devis de travaux qui paraît trop élevé. Au lieu de refuser totalement les travaux (ou d'accepter le devis...) une solution peut être de voter le principe des travaux, de voter un budget maximum et de voter également un mandat au Conseil Syndical pour le choix d'un devis définitif. Cela permet de se donner du temps, de rechercher d'autres devis et de ne pas avoir à convoquer une nouvelle assemblée générale.

c/ L'assemblée générale peut également mandater le Conseil Syndical pour « décider » (ou non) de certains travaux après étude. Exemple : *« L'assemblée générale mandate le Conseil Syndical pour faire un bilan concernant les blocs-secours et faire procéder aux réparations et changements nécessaires »*. On aura néanmoins toujours intérêt à mettre des limites à ces mandats.

À noter : les mandats donnés au Conseil Syndical doivent être votés à la majorité absolue (501/1 000e) et concerner un objet **précis** (et non pas général). Par ailleurs, il convient de vérifier soigneusement (lorsqu'un mandat est donné par l'assemblée générale) que le procès-verbal en fait état de façon précise.

22. Le Conseil Syndical peut-il « décider » d'engager des travaux ?

On peut avoir affaire à deux situations différentes :

a/ le Conseil Syndical est mandaté par l'assemblée générale pour engager des travaux précis dans la limite d'un budget. Dans ce cas, il est nécessaire qu'il y ait un « mandat clair » voté par l'assemblée générale, comme on l'a vu dans le point précédent ;

b/ mais il existe des copropriétés où le Conseil Syndical dispose d'un budget **non affecté** pour engager les petits travaux nécessaires sans avoir à passer par l'accord du syndic. Exemple : l'assemblée générale peut décider que le Conseil Syndical pourra commander des petits travaux et disposera pour cela d'un budget annuel de 4 000 €.

Cette pratique est-elle tout à fait légale ? Non, car si l'on s'en tient à la loi, le mandat confié au Conseil Syndical doit porter sur un objet précis. Or, dans ce cas, l'objet est imprécis (les travaux ne sont pas définis).

Attention : le décret du 27 mai 2004 a modifié l'article 21 du décret du 17 mars 1967 ; désormais non seulement on peut dire que la pratique de la « *délégation ouverte* » pour petits travaux n'est pas « *tout à fait légale* », mais qu'elle est même totalement illégale. On le comprend, car de nombreux abus avaient lieu, ce dispositif étant un moyen pour le syndic et certains conseils syndicaux de contourner le vote du budget prévisionnel et l'assemblée générale.

Si vous utilisiez ce dispositif, il va falloir y renoncer ; si vous en êtes « *victime* », dénoncez-le en vous appuyant sur le nouvel article 21.

23. Le Conseil Syndical doit « donner son avis écrit sur les dépenses dépassant le montant voté par l'assemblée générale ». Qu'est-ce que cela signifie ?

Le deuxième paragraphe de l'article 21 de la loi du 10 juillet 1965 dit ceci : « *L'assemblée générale des copropriétaires, statuant à la majorité de l'article 25, arrête un montant des marchés et des contrats à partir duquel la consultation du Conseil Syndical est rendue obligatoire* ».

Cette disposition a été introduite dans la loi en 1985, date à laquelle le législateur a voulu donner un pouvoir de contrôle a priori au Conseil Syndical et a donc institué une règle selon laquelle le syndic devait faire voter un montant de dépenses courantes au-delà duquel la consultation du Conseil Syndical était obligatoire. Cette disposition et ses conséquences n'étant pas toujours bien perçues, nous allons répondre aux différents problèmes qu'elle pose.

a/ Quelles dépenses sont visées par cette mesure ?

Disons que ne sont concernées **que** les dépenses qui ne relèvent pas d'une décision d'assemblée générale. Il ne s'agit donc que de dépenses de petit **entretien courant**, les autres dépenses (exemple : ravalement , changement de canalisations) étant du seul ressort de l'assemblée générale.

Pour éviter que le syndic n'exagère et surtout n'oublie de faire jouer la concurrence, la loi l'oblige donc à soumettre (pour avis, nous reviendrons sur ce problème) au Conseil Syndical les dépenses courantes envisagées dépassant le montant voté par l'assemblée générale.

b/ Et si le syndic a oublié de faire voter cette somme ?

La réponse est claire et nette : si le syndic n'a pas fait voter de montant, la sanction est qu'il doit soumettre **toute** dépense au Conseil Syndical préalablement à leur engagement.

c/ Comment le Conseil Syndical doit-il être consulté ?

Le syndic doit demander au Conseil Syndical un avis **écrit**, ceci pour éviter que le syndic puisse se cacher derrière un quelconque et vague avis incontrôlable. Cela résulte non pas de l'article 21 de la loi qui est muet sur ce point, mais de l'article 11 du décret du 17 mars 1967 qui indique que le syndic doit adresser, avec les convocations, les **avis écrits** du Conseil émis dans le cadre des dispositions de l'article 21.

d/ Et si le syndic ne demande pas l'avis écrit du Conseil Syndical ?

En effet, très souvent au cours des contrôles effectués chez le syndic, on s'aperçoit que ce dernier a engagé des dépenses au-delà de la somme votée, sans consulter le Conseil Syndical ou en évoquant une vague approbation d'un membre.

Ceci étant une faute professionnelle caractérisée, il faut savoir que l'assemblée générale peut légalement refuser d'entériner cette dépense, ce qui oblige le syndic soit à la prendre en charge lui-même, soit à la faire prendre en charge par son assurance de responsabilité civile, ceci en s'appuyant sur un fondement juridique imparable.

Conclusion : la consultation obligatoire et écrite du Conseil Syndical (NB : il peut s'agir simplement d'un avis écrit sur le devis) est une disposition trop souvent négligée, voire méprisée par les syndics. N'hésitez donc pas à la lui rappeler et à le sanctionner en cas d'oubli.

24. Le Conseil Syndical a-t-il un pouvoir sur l'élaboration de l'ordre du jour de l'assemblée générale ?

Depuis le 1er septembre 2004 l'élaboration de l'ordre du jour des assemblées générales a subi une petite révolution :

– entre deux assemblées générales tout le monde peut adresser une question (avec les pièces jointes éventuelles) au syndic par lettre recommandée avec accusé de réception et celui-ci sera obligé d'en tenir compte ;

– en contrepartie il n'y a plus d'ordre du jour complémentaire.

Il serait souhaitable, désormais que le Conseil pratique ainsi :

1 – il avertit les copropriétaires suffisamment à l'avance (avant la convocation à l'assemblée générale) qu'ils peuvent poser leur question au syndic (par lettre recommandée avec accusé de réception) ; il peut même inciter ceux qui ne veulent pas payer un recommandé avec accusé de réception, à passer par le Conseil qui pourra adresser un envoi groupé ;

2 – il vérifie auprès du syndic que celui-ci a bien pris en compte toutes les demandes ;

3 – par ailleurs le Conseil peut demander au syndic de prévoir toutes « *questions* » qu'il jugera nécessaires.

25. Le Conseil Syndical doit-il faire un rapport d'activités ?

Les conseils syndicaux n'étaient pas obligés jusqu'au 1er septembre 2004 de faire un compte rendu de l'exécution de leur mandat. D'un côté c'était une bonne chose (cette obligation pouvant être vécue comme une corvée) ; d'un autre côté, cette situation était plutôt négative (comment les autres copropriétaires pouvaient-ils se rendre compte du travail parfois important mais souvent discret effectué et surtout, comment pouvaient-ils vraiment se rendre compte – lorsque c'était le cas – que le conseil syndical n'avait pas fait son travail ?).

D'où cette disposition qui doit permettre tout à la fois de valoriser le travail du conseil syndical mais aussi de forcer les conseils un peu passifs à se réveiller un peu. Elle ressort du nouvel Article 22 du décret du 17 mars 1967 deuxième paragraphe :

« Le conseil syndical rend compte à l'assemblée, chaque année, de l'exécution de sa mission ».

Le compte rendu qui est évoqué n'est pas forcément un compte rendu écrit. Dans la réalité, néanmoins, cela sera préférable.

Le compte rendu devra pouvoir présenter le travail du conseil syndical sur divers points :

1 – suivi des dépenses et du budget en cours d'année ;

2 – contrôle des comptes de la copropriété ;

3 – avis du conseil syndical sur les dépenses dépassant le seuil de consultation (article 21 de la loi de 1965) ;

4 – points traités par le conseil syndical au cours de l'année écoulée dont il s'est saisi lui-même ou qui se sont imposés à lui ;

5 – rapport sur des missions précises (exemple : choix d'un devis dans le cadre d'un mandat).

L'ARC a mis au point un canevas précis de rapport de mandat pour les adhérents collectifs que vous pourrez utiliser soit comme modèle, soit comme simple cadre, de façon à ne pas perdre de temps.

26. Les personnes mandatées par le Conseil Syndical : qui sont-elles, quels sont leurs pouvoirs ?

Le Conseil Syndical peut « mandater » certains de ses membres pour s'occuper de tel ou tel problème (exemple : faire le point sur les procédures d'impayés ; suivre les travaux votés à la dernière assemblée générale, etc.).

Dès lors, ces membres disposent de **TOUS LES POUVOIRS** d'investigation qui sont ceux du Conseil Syndical (y compris l'accès aux documents et le droit de se faire assister par un technicien).

Bien sûr, il convient d'adresser au syndic un extrait du procès-verbal du Conseil Syndical qui fait état de ce mandat, ce qui évitera tout problème.

27. Les membres « minoritaires » du Conseil Syndical

Il peut paraître curieux de parler de membres « minoritaires » dans un Conseil Syndical qui est censé défendre l'intérêt de tous les copropriétaires et exercer la vigilance nécessaire sur le syndic.

Pourtant, certains Conseils Syndicaux au lieu de faire la lumière sur la gestion du syndic font plutôt **ÉCRAN** et voient d'un mauvais œil les tentatives de contrôle de certains (voir pour cela la partie consacrée à la psychologie du Conseil Syndical).

La loi ne prévoyant pas de droits pour les conseillers syndicaux pris individuellement, mais prévoyant uniquement des droits pour le Conseil Syndical, cela signifie que ces « minoritaires » n'ont souvent aucun droit et, en particulier, aucun moyen d'accéder aux documents de la copropriété. À ceux-là nous conseillons donc de faire introduire des règles claires de fonctionnement du Conseil Syndical, règles qui, entre autres, prévoiront la communication des documents de la copropriété à **TOUT conseiller syndical** qui le demande (voir modèle de règlement de fonctionnement du Conseil Syndical, en annexe).

28. Comment sont représentés les membres d'un syndicat secondaire dans un Conseil Syndical de syndicat principal ?

C'est simple. S'il existe un syndicat secondaire dont le nombre de tantièmes représente 30 % de l'ensemble des tantièmes (exemple : 3 000/10 000e), ce syndicat sera représenté au sein du Conseil Syndical du syndicat principal à proportion de ces tantièmes...

29. Dans quel cas le Conseil Syndical n'a-t-il plus de pouvoir ?

Dès que plus de 25 % des membres d'un Conseil Syndical ne sont plus conseillers (parce qu'ils ont vendu, ont démissionné, sont décédés) le Conseil Syndical n'est **plus** valablement constitué et n'a donc plus **aucun** pouvoir ni aucun moyen.

Dans ce cas, le syndic est obligé de convoquer une assemblée générale pour l'élection de nouveaux membres du Conseil Syndical (à concurrence de ceux « partis »). Ce peut être l'occasion d'élire des suppléants.

À noter qu'il est rarement procédé ainsi, les syndics attendant généralement l'assemblée générale suivante. D'un côté, on peut les comprendre – pour des raisons de coûts –, de l'autre, on peut s'étonner qu'ils ne pourvoient pas à ces remplacements. Néanmoins, beaucoup de syndics continuent à « reconnaître » le Conseil Syndical amputé de plus du quart de ses membres ; dans ces cas-là la question ne se pose pas vraiment, sauf exception.

De toute façon, on aura retenu que pour éviter ces problèmes il suffit d'élire des suppléants.

LE CONSEIL SYNDICAL EN QUELQUES TABLEAUX

Le rôle du Conseil Syndical et ses pouvoirs

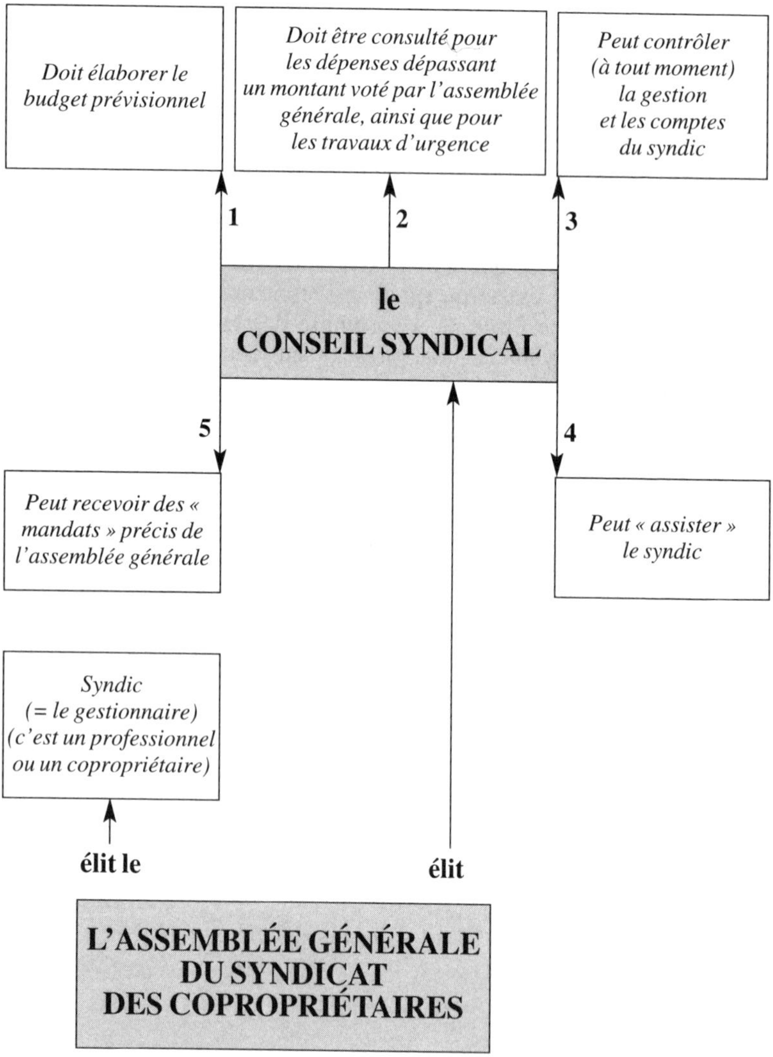

Les moyens à la disposition du Conseil Syndical

Les membres peuvent être remboursés de leurs dépenses ***mais ne sont pas rémunérés***

Le Conseil peut se faire conseiller par toute personne de son choix ; les frais correspondants entrent dans les « dépenses courantes » d'administration

Le Conseil peut consulter à tout moment dans l'année les comptes et documents concernant la copropriété et s'en faire délivrer des copies, ceci après avoir « avisé » le syndic

LE CONSEIL SYNDICAL

Les pouvoirs spécifiques du (de la) président(e) du Conseil Syndical

LE CONSEIL SYNDICAL élit

Un(e) président(e)

Peut convoquer l'assemblée générale après mise en demeure faite au syndic restée sans effet

qui

Peut assigner au tribunal l'ancien syndic pour :
- restitution de TOUTES les archives
- transmission de TOUS les comptes

Le Conseil Syndical dans un syndicat dit « coopératif »

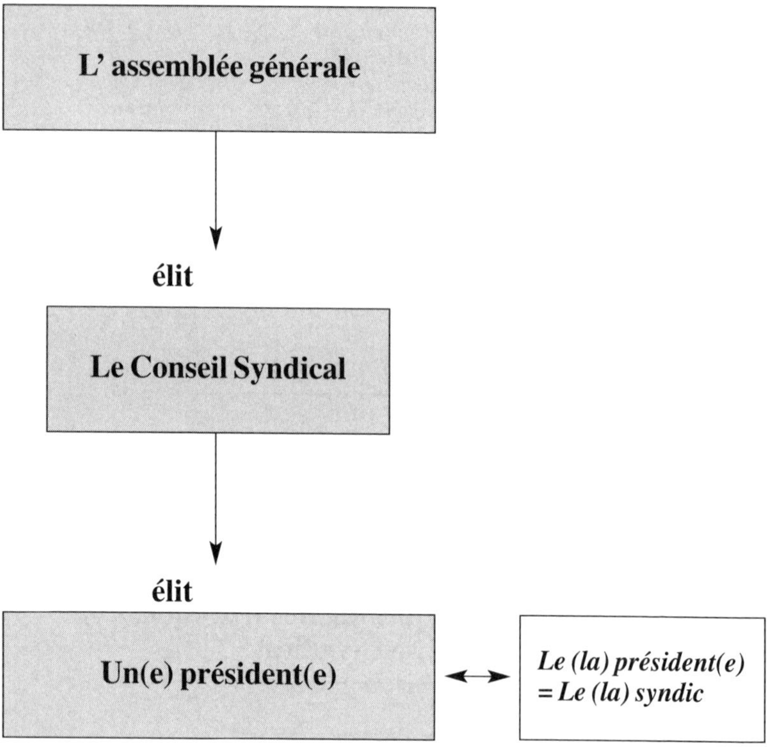

Rappel : quand des copropriétaires veulent gérer eux-mêmes leur copropriété ils ont deux possibilités :

a/ Rester en syndicat « normal » et élire un syndic-copropriétaire. Celui-ci peut être rémunéré ou non. Il sera contrôlé par le Conseil Syndical comme n'importe quel syndic.

b/ Créer un syndicat « coopératif ». La spécificité de cette structure est que le président du Conseil Syndical fait office de syndic. Dans cette structure, il y a une volonté de rendre plus « collégiale » la fonction exécutive. Mais, en fait, le gestionnaire reste le syndic (le président syndic) épaulé par le Conseil Syndical. Il faut néanmoins toujours veiller, dans ce type de syndicat, à ce que le Conseil Syndical exerce **bien** son rôle de contrôle du syndic, ce qu'il peut avoir du mal à faire (n'oublions pas que le président du Conseil Syndical est, dans ce système de gestion, **aussi** le syndic...).

À NOTER :
La loi du 13 décembre 2000 et le décret du 27 mai 2004 ont introduit de nouvelles dispositions importantes concernant le syndicat coopératif :

- la possibilité d'élire un vice-syndic ;
- l'obligation de désigner des contrôleurs de comptes.

Par ailleurs la majorité requise pour passer en système coopératif ou en sortir a été précisée.

Il a, en effet, été introduit dans la loi du 10 juillet 1965 un article 17-1 ainsi rédigé :

« Dans le cas où l'administration de la copropriété est confiée à un syndicat coopératif, la constitution d'un conseil syndical est obligatoire et le syndic est élu par les membres de ce conseil et choisi parmi ceux-ci. Il exerce de plein droit les fonctions de président du conseil syndical. En outre, le conseil syndical peut élire, dans les mêmes conditions, un vice président qui supplée le syndic en cas d'empêchement de celui-ci.
« Le président et le vice-président sont l'un et l'autre révocables dans les mêmes conditions. L'assemblée générale désigne une ou plusieurs personnes physiques ou morales qui peuvent être des copropriétaires ou des personnes extérieures qualifiées pour assurer le contrôle des comptes du syndicat.
« L'adoption ou l'abandon de la forme coopérative du syndicat est décidée à la majorité de l'article 25 et le cas échéant de l'article 25-1. »

Explications

La loi au 13 décembre 2000 a essayé de résoudre trois petits problèmes :

a) Le système de gestion coopérative (un des deux systèmes de gestion directe par les copropriétaires eux-mêmes) présente, comme on l'a dit, un inconvénient : le syndic étant l'émanation du conseil syndical, ce dernier risque de ne pas exercer son droit de contrôle sur le syndic.

b) Autre problème : la loi de 1985 ayant prévu que les règlements de copropriété postérieurs devaient introduire une disposition permettant de passer en système coopératif à la majorité de l'article 25, se posait la question de savoir quelle majorité s'appliquait pour passer en système coopératif quand le règlement ne prévoyait rien.

c) Enfin la loi jusqu'à présent ne prévoyait pas la possibilité de nommer un vice-président ayant rang de syndic-adjoint, ce qui pouvait poser problème.

Pour résoudre ces trois difficultés la loi :

– oblige à nommer un « commissaire aux comptes » (extérieur ou non à la copropriété), qui va donc contrôler les comptes ;

– prévoit que la majorité requise pour entrer dans le système coopératif ou en sortir était BIEN la majorité de l'article 25 quelles que soient les dispositions prévues dans le règlement ;

– prévoit la possibilité d'élire un vice-président qui sera « syndic-adjoint ».

CHAPITRE 4

LE FONCTIONNEMENT PRATIQUE DU CONSEIL SYNDICAL

1. Qui réunit le premier Conseil Syndical ?

Le problème est tout « bête » et pourtant la question se pose souvent : en effet, si le président du Conseil Syndical n'a pas été désigné au cours de l'assemblée générale et si le Conseil Syndical ne dispose pas d'un règlement qui résout ce problème, on est dans la situation suivante :

. les membres du Conseil Syndical sont élus,

. ils ne peuvent se réunir faute de règles claires à ce sujet et de personnes habilitées à convoquer.

Si le syndic est respectueux des intérêts de la copropriété, il s'arrangera pour « provoquer » la première réunion (voir plus loin ce problème du syndic qui « convoque ») pour débloquer la situation. Dans le cas contraire, on est dans une « impasse » et, surtout, on perd du temps.

• La solution la plus simple et la plus efficace, est de fixer une première réunion entre conseillers syndicaux, dès le soir de l'assemblée générale.

• Si cela n'a pas été fait, plutôt que de demander au syndic de provoquer la réunion, nous vous conseillons de préférence :

. de vous concerter avec un ou deux autres membres du Conseil Syndical,

. de retenir 3 dates,

. de proposer ces 3 dates aux différents autres membres du Conseil Syndical,

. de provoquer vous-même la réunion une fois que vous aurez la certitude qu'une date convient à tout le monde.

• Certes, s'en remettre au syndic pour provoquer cette première réunion peut paraître plus simple, mais cette solution a deux défauts :

. commencer à placer le Conseil Syndical en position de « dépendance » vis-à-vis du syndic,

. empêcher le Conseil Syndical d'organiser librement son fonctionnement et son « programme » de travail.

Il sera toujours temps – comme on le verra – de rencontrer le syndic une fois que le Conseil Syndical aura défini son mode de fonctionnement propre.

2. Comment sont convoqués les membres du Conseil Syndical ?

Très généralement les membres du Conseil Syndical sont convoqués par lettre simple. Bien que la plupart du temps cela ne pose **aucun** problème, il est des cas où ce mode de convocation est insuffisant, voire insatisfaisant. En effet, il peut arriver que certaines convocations ne parviennent pas à certains membres qui peuvent penser – à tort ou à raison – que cela n'est pas le fait du hasard.

Il serait stupide néanmoins d'obliger que les convocations soient adressées systématiquement (et à chacun) en lettre recommandée avec avis de réception, système cher et surtout empoisonnant pour ceux qui n'ont pas envie d'aller chercher leur recommandé.

Nous suggérons donc la solution suivante : introduire dans les règlements du Conseil Syndical une disposition ainsi libellée : « *Les conseillers syndicaux seront convoqués valablement par lettre simple, à moins qu'ils n'aient exprimé par écrit le souhait d'être convoqués par lettre recommandée avec avis de réception. Les frais de convocation restent, dans tous les cas, des frais d'administration générale* ».

On résout ainsi tous les problèmes. Ne sont convoqués par lettre recommandée avec avis de réception que ceux qui le demandent. Ceci empêche tout à la fois d'introduire une lourdeur inutile quand le besoin n'existe pas et permet de rassurer certains à très peu de frais.

3. Comment faire quand le Conseil Syndical est systématiquement convoqué par le syndic ?

Aussi singulier et aberrant que cela puisse paraître, il est des Conseils Syndicaux qui ne se réunissent **QUE** sur convocation du syndic et **QU'**en sa présence. Quel gage de contrôle et d'indépendance !

Pire, les réunions de certains Conseils Syndicaux sont véritablement présidées par les syndics.

Il est certain que cette situation ne peut être admise. L'assemblée générale a élu un Conseil Syndical pour contrôler le syndic ; elle n'a pas élu un groupe de copropriétaires qui, de temps en temps, vont religieusement écouter les explications que le syndic veut bien donner.

Cette dépendance matérielle a deux effets principaux :

a/ Le Conseil Syndical ne travaille pas vraiment

On constate qu'il n'est bien souvent qu'une chambre d'enregistrement. La présence du syndic empêche souvent tout débat réel et toute expression libre, ce qui a pour effet de tuer toute dynamique.

b/ Le Conseil Syndical reste psychologiquement très dépendant du syndic, ce qui fait que plus on va aller dans le temps moins le Conseil Syndical sera capable de faire le travail **ESSENTIEL** que la loi a prévu pour lui : le contrôle de la gestion du syndic. Comme on le voit, la dépendance matérielle vis-à-vis du syndic engendre une dépendance **psychologique** dont la conséquence est l'anesthésie totale du Conseil Syndical. Certains syndics l'ont bien compris et entretiennent cette « dépendance » avec parfois beaucoup d'intelligence.

Ces syndics expliquent, faussement candides : « S*i nous convoquons nous-mêmes le Conseil Syndical et assistons à ses réunions, c'est pour faciliter le travail. D'abord cela évite au Conseil Syndical un travail de secrétariat fastidieux ; ensuite cela rend plus aisé le travail du Conseil Syndical, à qui nous pouvons répondre tout de suite sur l'ensemble des questions qu'il se pose* ».

Si le Conseil Syndical est convoqué par le syndic, il faut donc **RÉAGIR** et **AGIR**. Le but sera simplement de « briser le cercle » et de faire en sorte que le Conseil Syndical se réunisse une première fois **hors** la présence du syndic et sans être convoqué par lui.

- **Comment faire ?**

. Le plus simple souvent est d'agir auprès du président et de lui demander de convoquer une réunion **interne** des membres du Conseil Syndical (en dehors de la présence du syndic). Vous pouvez justifier votre demande en expliquant, par exemple, que vous voudriez aborder certains problèmes « délicats » concernant le syndic (son contrat, certaines carences de gestion, etc.) ou aborder certains problèmes concernant le mode de fonctionnement du Conseil Syndical. En principe, le président ne pourra pas refuser de convoquer cette réunion interne. Une fois celle-ci convoquée, vous pourrez en profiter pour aborder le problème du fonctionnement du Conseil Syndical et le faire voter sur ses modalités de convocation. Vous pourrez rappeler que le Conseil Syndical est une instance **INDÉPENDANTE** du syndic, instituée pour contrôler le **syndic** et qu'on ne peut admettre que le **syndic** convoque celle-ci et assiste à toutes ses réunions.

Si l'on vous objecte des problèmes « matériels », répondez que le président peut utiliser le secrétariat du syndic pour faire les convocations s'il le souhaite, mais que c'est lui qui convoque.

. Si le président du Conseil Syndical se fait tirer l'oreille et ne veut pas convoquer, il faudra alors agir auprès des autres conseillers pour leur faire comprendre le côté saugrenu de la situation et essayer d'agir à plusieurs pour obtenir de se réunir une première fois sans le syndic.

4. Comment faire si le Conseil Syndical ne se réunit pas ?

Il est des cas où le Conseil Syndical est doté d'un président qui ne réunit **jamais** le Conseil Syndical. Il peut y avoir à cela plusieurs raisons : le président est négligent ; le président estime qu'il n'y a rien à faire ; le président pense qu'il fait suffisamment bien son travail ; le président fait « écran », etc. Les mois passent et vous n'êtes jamais convoqué. Il ne faut pas tarder à agir.

a/ Il faut faire une demande au président, non pas en lui demandant de « bien vouloir convoquer », mais en lui proposant 3 ou 4 dates déjà précises.

b/ Si le président ne fait rien, il faut utiliser les dispositions éventuelles prévues dans le règlement du Conseil Syndical (voir annexe n° 2). En général, les règlements prévoient que 25 % des membres peuvent « provoquer » une réunion.

c/ Si rien n'est prévu, il faudra alors adresser une lettre au président, avec copie à chaque conseiller, en signalant le problème et en demandant que le Conseil Syndical soit réuni. En général, même si cette démarche est peu appréciée par le président, elle permet de débloquer la situation.

5. Comment organiser le travail du Conseil Syndical ?

Nous ne prétendrons pas résoudre en quelques lignes ce point. Celui-ci ne se présente d'ailleurs pas de la même façon dans une copropriété de 20 lots ou une copropriété de 200 lots.

Nous allons simplement donner quelques conseils d'ordre général.

a/ Ce qui se passe (malheureusement) trop souvent

Les maladies de fonctionnement des Conseils Syndicaux sur lesquelles nous reviendrons dans le prochain chapitre sont les suivantes :

• Le Conseil Syndical, lieu où l'on « potine » sur la copropriété

Trop de Conseils Syndicaux sont des lieux de bavardage où s'échangent les « potins » de la copropriété. Cette fonction n'est d'ailleurs pas inutile car elle permet un échange et une circulation de l'information. Mais cet échange est désordonné et non productif.

• Le Conseil Syndical, lieu où l'on « apprend » ce que d'autres ont décidé

Une autre maladie de fonctionnement du Conseil Syndical est celle-ci : les décisions ne sont pas prises en Conseil Syndical mais par une ou deux personnes, en dehors des réunions, et celles-ci ne sont destinées qu'à « informer » les autres qui s'indignent ou rouspètent parfaitement en vain. Ceux-là finissent par se lasser d'être des potiches et soit restent chez eux, soit rentrent dans une « opposition » parfois pénible pour eux et pour les autres. Nous y reviendrons.

On le voit donc, les maladies des Conseils Syndicaux sont :
– soit l'inefficacité **totale** (le bavardage),
– soit la confiscation par un ou deux de la totalité du pouvoir.

b/ Ce qu'il faut faire

Pour éviter ces deux écueils, il faut obtenir **DEUX** choses d'un Conseil :

a/ qu'il définisse des tâches précises,

b/ qu'il les distribue.

• **Quelles sont les tâches d'un Conseil Syndical ?**

Qu'on soit dans une copropriété de 20 ou de 200 lots, les tâches seront souvent les mêmes. Pour aider nos lecteurs nous allons donner un aperçu des **TYPES** de tâches :

- le suivi des dépenses et contrôle des comptes,
- le suivi des consommations,
- le suivi des petits travaux,
- le suivi de la gestion du personnel et des problèmes de personnel,
- le suivi des impayés et des procédures judiciaires,
- le suivi du chauffage,
- le suivi des gros travaux.

Il peut y avoir beaucoup d'autres tâches (espaces verts, gros travaux, ascenseurs, etc.).

• **Comment assurer ces tâches ?**

Plus les tâches sont clairement définies, plus il sera facile de les distribuer. Plus elles seront distribuées, plus chacun se sentira **UTILE** et moins on aura de risque de dérive autoritaire (voir chapitre suivant).

Il faudra donc faire en sorte que les tâches soient définies et que chacun ait une tâche. Étant donné la grande diversité des problèmes, chacun doit pouvoir trouver son compte : celui qui préfère les chiffres s'occupera des dépenses ; celui qui préfère les problèmes techniques s'occupera des travaux, etc.

Le président, dans ces conditions, n'est plus le « despote » ; c'est celui qui va vérifier – entre deux réunions – que chacun fait bien son travail et qui, le cas échéant, lui donnera un coup de main.

c/ Le déroulement du travail

Dès lors que les tâches sont définies et les rôles partagés, le déroulement du travail du Conseil Syndical est simple. Il ne restera plus – collectivement – qu'à définir, pour chacune des tâches retenues, des **objectifs** pouvant donner lieu à un contrôle collectif.

Exemple :

• **Le suivi des impayés**

Les objectifs seront notamment :

a/ de faire le point sur l'évolution des impayés sur plusieurs années,

b/ de faire le point sur les méthodes employées par le syndic pour recouvrer les charges,

c/ de voir si ces méthodes sont adaptées, efficaces,

d/ de faire le point des procédures en cours,

e/ de rencontrer éventuellement l'avocat pour les gros dossiers,

f/ de faire des propositions au Conseil Syndical pour améliorer le recouvrement des impayés, propositions que le Conseil Syndical pourra ensuite soumettre à l'assemblée générale.

Autre exemple :

• **Le suivi du personnel.** Les objectifs seront notamment :

a/ d'étudier les contrats et les fiches de paie,

b/ de repérer les anomalies éventuelles,

c/ d'étudier les arrêts maladie sur 2 ans,

d/ de contrôler que les indemnités Sécurité sociale ont bien été recréditées,

e/ de vérifier qu'existe bien, à la loge, un cahier du suivi des entreprises et de vérifier que ce cahier est bien rempli,

f/ de s'assurer qu'un planning de travail existe ou de le prévoir,

g/ de centraliser les « plaintes » et de faire remonter celles-ci au syndic.

En procédant ainsi, chacun se rendra utile et seront évités :

– le sentiment d'inutilité,

– le sentiment de domination.

6. À quoi sert un président ?

Cette question nous est souvent posée. Beaucoup se demandent si la loi prévoit quelque chose de précis. Non, le rôle du président n'est pas précisé.

En fait, le président est ce qui sert de trait d'union entre le syndic et le Conseil Syndical. C'est ce qu'on pourrait appeler le « correspondant ». Mais quand on a dit cela on n'a pas dit grand-chose. Pour savoir à quoi sert un président, il faut – comme à chaque fois – montrer **ce que doit être** un président. (Nous reviendrons sur ce point également dans le prochain chapitre mais d'ores et déjà nous pouvons aborder le problème **PRATIQUE**.)

a/ Ce qu'il ne doit pas être

Le président ne doit pas être l'homme qui « discute » seul avec le syndic, prend des décisions sans consultation du Conseil Syndical, et qui se contente – de temps en temps – d'informer le Conseil Syndical de ce qu'il a fait **avec** le syndic ou de ce que le syndic a décidé seul.

Syndic ↔ Président → **Conseil Syndical**

b/ Ce qu'il doit être

Il doit être celui qui :

1. aide à définir les tâches,
2. aide à les répartir,
3. fait en sorte que chacun puisse :

– effectuer son travail,

– en rendre compte,

4. contrôle (au besoin) que chacun fait son travail,

5. incite le Conseil Syndical à discuter sur les propositions des uns et des autres,

6. **TRANSMET** au syndic les décisions.

Par ailleurs, il doit – quand il est saisi d'un problème par le syndic – faire en sorte que le Conseil Syndical soit réellement consulté, de façon à ce que l'avis qui est donné au syndic ne soit pas le sien propre mais bien celui du Conseil Syndical.

Pour en savoir plus sur le président et savoir comment animer une réunion de Conseil Syndical, nous renvoyons le lecteur au chapitre où nous consacrons quelques développements aux questions de fonctionnement propre.

7. Le rôle des procès-verbaux du Conseil Syndical

Combien de Conseils Syndicaux ne font jamais de procès-verbal de leurs réunions !

Or, ce document élémentaire est indispensable :

a/ il oblige le Conseil Syndical à mieux se structurer (ordre du jour précis, déroulement de séance, etc.),

b/ il permet de garder la trace de certaines décisions,

c/ il permet, éventuellement, à des minoritaires de s'exprimer,

d/ il permet de **faciliter** les relations avec le syndic,

e/ enfin, il permet, s'il est diffusé ou affiché, l'information des copropriétaires.

Comme on le voit, ce document est précieux.

Il faut donc **TOUJOURS** :

. désigner un secrétaire de séance,

. obliger à rédiger un procès-verbal.

8. La convocation aux réunions

Les convocations aux réunions doivent être claires et précisées par un ordre du jour.

Trop de Conseils Syndicaux sont convoqués sur un ordre du jour flou, voire une absence d'ordre du jour. Cela a deux conséquences :

1. les conseillers syndicaux ne peuvent pas préparer la réunion,

2. les réunions se passent en bavardages.

9. Le président ne fait pas l'affaire, que faire ?

Beaucoup croient qu'un président est élu par l'assemblée générale (ce qui est faux) et qu'en tout état de cause il est élu pour la durée du mandat du Conseil Syndical. Rappelons que **cela est complètement faux**. (Nous abordons ce problème plusieurs fois dans ce guide, tant ce point est important.)

Le président est élu par le Conseil Syndical. Si le Conseil Syndical veut **changer** de président en **cours de mandat**, il est parfaitement **LIBRE** de le faire. Il suffit pour cela :

1. de remettre la question à l'ordre du jour d'une réunion du Conseil Syndical,

2. de faire voter les membres du Conseil Syndical.

On ne peut pas faire plus simple.

10. Le Conseil Syndical peut-il disposer d'un budget de fonctionnement propre ?

Il est, en effet, souhaitable que le Conseil Syndical se fasse voter un budget annuel, à l'occasion du vote du budget prévisionnel. Cela permettra :

a/ de rembourser facilement les frais du Conseil Syndical (documentation, photocopies, etc.),

b/ de faire appel à des « techniciens » extérieurs ou à une association telle l'ARC, sans avoir à demander au syndic de bien vouloir régler les frais correspondants.

Précisons que le Conseil Syndical peut parfaitement décider d'octroyer une indemnité forfaitaire à ses membres pour **frais de téléphone**. Il suffit que le Conseil vote sur le principe et la somme.

• **De quel montant doit être ce budget ?**

Tout dépend du nombre de lots. Mais il n'est pas conseillé de voir trop « **juste** ». Il vaut mieux prévoir un peu large. Exemple : pour un immeuble de 100 logements, 1 000 à 1 500 € est tout à fait convenable.

CHAPITRE 5

LE FONCTIONNEMENT PSYCHOLOGIQUE DU CONSEIL SYNDICAL

Inutile de se voiler la face, le Conseil Syndical est un groupe de personnes et ce groupe est agité par tous les phénomènes psychologiques qui agitent un petit groupe. Si on ne veut pas faire l'effort de **repérer** ces phénomènes, on sera incapable de **maîtriser** ce qui se passe dans ce groupe et l'on risque fort de se laisser submerger par :

. le bavardage,
. ou les conflits internes,
. ou la passivité.

Sans faire de haute psychologie et encore moins de « psychosociologie » (rassurez-vous il s'agit simplement de la psychologie des groupes), nous allons donner les notions de base qui vous permettront de mieux comprendre ce qui se passe parfois dans le petit groupe qu'est le Conseil Syndical et comment **AGIR** quand ça va mal...

1. Les spécificités d'un Conseil Syndical

Le Conseil Syndical est un petit groupe de personnes qui a quelques spécificités sur lesquelles il faut insister. Voyons ces traits qui différencient le Conseil Syndical des autres petits groupes.

a/ Hétérogénéité

Il y a encore une vingtaine d'années, les copropriétés étaient assez homogènes. Aujourd'hui elles sont de plus en plus hétérogènes (c'est-à-dire que les copropriétaires sont de plus en plus des gens très différents) ce qui fait que les Conseils Syndicaux sont eux-mêmes des groupes très hétérogènes. Il y a :

. des femmes / des hommes,
. des jeunes / des retraités,
. des copropriétaires anciens / des copropriétaires récents,
. des copropriétaires bailleurs (qui louent leur logement) / des copropriétaires occupants,
. des personnes aisées / des personnes en difficulté,
. des Français / des étrangers,
. des ouvriers ou employés peu qualifiés / des cadres,
. etc.

L'un des problèmes des Conseils Syndicaux sera précisément de prendre acte de l'existence de ces différences et de faire en sorte que ces différences ne créent pas entre les personnes des oppositions dans lesquelles le Conseil Syndical va épuiser son énergie. Il est néanmoins évident que si l'hétérogénéité est trop forte entre les membres du Conseil Syndical, il n'y aura pas de travail possible entre les personnes.

b/ Proximité

La deuxième caractéristique d'un Conseil Syndical est qu'il est composé de personnes qui, pour une partie d'entre elles, « vivent sous le même toit », bien qu'**étrangères**.

Cette proximité, voire « intimité » forcée, va avoir pour conséquence – parfois – de rendre plus sensibles les **différences** et d'exacerber les « oppositions ». Prenons un exemple :

monsieur Machin a 65 ans et pas d'enfant ; madame Truc a 40 ans et 3 enfants. En plus des différences « naturelles » pouvant exister entre ces deux familles, viendront peut-être s'ajouter les oppositions nées du bruit, de certains comportements des enfants, mal compris ou acceptés par M. Machin.

Parfois aussi, cette proximité va renforcer des **liens** entre **certains** jusqu'à **créer des clans**.

La proximité crée ainsi quelquefois une hostilité plus forte ou une intimité trop forte entre certaines personnes. Dans les deux cas, cela va créer des déséquilibres au sein du Conseil Syndical.

c/ L'ombre du syndic

La troisième caractéristique d'un Conseil Syndical est la suivante : plane **toujours** sur le Conseil Syndical ce qu'on peut appeler l' « ombre du syndic ».

Nous nous garderons bien de faire de la psychologie de bazar, mais il est inutile de se cacher le fait que le syndic est un peu « le père » par rapport aux membres du Conseil Syndical et que la relation à cette personne est rarement normale (relation d'adulte à adulte) et toujours un peu biaisée : relation de dépendance – plus ou moins forte – ou d'opposition, là aussi plus ou moins forte.

Certes, on peut souvent rester dans un cadre supportable, mais combien de Conseils Syndicaux sont constitués de personnes soit trop **dépendantes** du syndic, soit – ce qui n'est pas mieux – trop opposées au syndic (en psychologie l'opposition à une personne s'analyse souvent comme un phénomène de contre-dépendance, ce qui veut bien dire que l'opposition violente n'est pas un signe de maturité et d'indépendance, mais bien une **forme** de dépendance...).

Ces trois caractéristiques des Conseils Syndicaux vont permettre, face à un Conseil Syndical concret, de nous poser trois questions :

• les membres du Conseil Syndical ne sont-ils pas trop différents les uns des autres ?

• la proximité entre certains des membres n'a-t-elle pas provoqué des oppositions exacerbées ou, au contraire, des rapprochements trop forts (créant des espèces de clans...) ?

• la relation des membres du Conseil Syndical au syndic est-elle « mature » ou « immature » ?

> En répondant à ces points vous aurez déjà une approche du Conseil Syndical qui va permettre de **comprendre** certains de ses problèmes de fonctionnement (ou au contraire va vous éclairer sur les raisons qui font que ça se passe bien).

2. Le portrait « psychologique » du président

Un groupe est toujours un peu l'image de son chef. La personnalité de ce chef permet de mieux comprendre comment fonctionne ce groupe.

On trouve quatre grands types de présidents, types qu'il est souhaitable de bien identifier pour mieux comprendre le fonctionnement d'un Conseil Syndical donné.

a/ Le type « autoritaire »

« Autoritaire » ne veut pas dire forcément « qui fait preuve d'autorité » (exemple : personne cassante) mais : « qui use de son autorité (sociale ou personnelle) pour imposer – même en douceur – son point de vue ».

Qui ne connaît ces présidents qui usent ou abusent de leur position sociale pour ne pas même prendre la peine de discuter avec certains membres du Conseil Syndical qui ont – dans la société – une position moins élevée ?

À côté de cette autorité sociale, il y a l'autorité, voire l'autoritarisme personnel.

Les Conseils Syndicaux dominés par l'« autorité » d'une personne seront souvent des groupes où il ne se passe pas « grand-chose », le groupe étant dominé par cette personnalité (à noter que cette personne peut tout aussi bien être en bonne relation avec le syndic qu'en mauvaise relation).

Le président de type autoritaire aura tendance à tout décider, tout penser, tout imposer. Il pourra faire du bon travail ou, au contraire, faire « écran ». Le problème n'est pas là : le problème est que le Conseil Syndical, lui, aura du mal à vivre.

b/ Le type « manipulateur »

L'« autoritaire » use de son autorité sociale ou naturelle et impose son point de vue sans discrétion. Le « manipulateur » impose discrètement ses vues en ... manipulant : il crée des clans ; obtient des décisions en discussions de « couloir » ; flatte un tel et s'arrange pour marginaliser tel autre. Ce type de président utilise toutes les **contradictions** qui existent au sein d'un Conseil Syndical et, comme on a vu, elles peuvent être nombreuses.

Il ne faut pas voir seulement le côté négatif du « manipulateur ». Celui-ci peut – dans certains cas – faire en sorte qu'un Conseil Syndical pétri de contradictions finisse par prendre des « décisions ». Mais, en général, qui dit « président manipulateur » dit « Conseil Syndical pauvre ».

c/ Le type « potiche »

Ce « type » ne figure pas dans les manuels de psychologie. Il correspond à une configuration propre au Conseil Syndical qui s'est fait imposer une « marionnette » par un syndic habile. Le type « potiche » correspond donc souvent à un syndic « autoritaire » ou, le cas échéant, « manipulateur ».

Le type « potiche » peut également exister dans le cas où deux clans au sein d'un Conseil Syndical n'ont pu se mettre d'accord sur un « nom » et ont désigné comme président une personnalité falote que chaque clan pense pouvoir manipuler. Ah ! les joies de la vie en groupe.

d/ Le type « organisateur »

C'est – *a priori* – le type le plus souhaitable et – malheureusement – le moins fréquent. L'organisateur est celui qui ne va pas vouloir imposer son point de vue (de façon « autoritaire » ou « manipulatrice ») ; ne va pas être l'homme de tel ou tel parti (celui du syndic ; celui d'un groupe de copropriétaires) et va essayer de faire en sorte que le Conseil Syndical remplisse sa **MISSION** le mieux possible et que le Conseil Syndical soit le plus productif possible.

On est rarement naturellement un « organisateur ». Ce n'est que par une volonté constante de se débarrasser du côté « autoritaire » ou « manipulateur » (que nous possédons tous) que l'on parvient à devenir « organisateur ». Mais pourquoi – direz-vous peut-être – renoncer à une direction autoritaire ou manipulatrice du Conseil Syndical ? Tout simplement parce que c'est plus reposant et surtout beaucoup plus **productif**. L'efficacité – et surtout l'efficacité de groupe – est à ce prix : le renoncement au **MOI** envahissant du chef qui accepte d'être un organisateur. Nous verrons concrètement, plus loin, comment – au niveau de la conduite des réunions de Conseil Syndical – cela peut se traduire.

3. Les différents types de conseillers syndicaux

Après les chefs, voyons un peu la « troupe ». Pour bien comprendre un Conseil Syndical il faut, en effet, bien repérer les différents types de conseillers syndicaux qui s'y trouvent. Ce n'est que si cette identification est bien faite que vous pourrez agir plus efficacement.

a/ Le conseiller « notable »

Ce copropriétaire aime le pouvoir et les « honneurs ». Il ne s'est pas fait élire pour travailler, mais parce que (pense-t-il) ça fait bien.

A priori ce genre de conseiller est assez improductif. Ce peut même être un frein assez important.

Avec un peu de doigté néanmoins, vous pouvez en faire un conseiller « efficace ». En effet, ces copropriétaires sont souvent – dans l'existence – des personnes plutôt actives. En orientant bien le travail du Conseil Syndical vers des objectifs **concrets** et **productifs** peut-être arriverez-vous à en faire un conseiller lui-même productif.

b/ Le conseiller « intéressé » ou « profiteur »

Celui-là s'est fait élire au Conseil Syndical parce que « ça peut toujours servir » (récupérer des parties communes, payer ses charges en retard, être bien avec le syndic, etc.).

Il faut faire attention à ce genre de copropriétaire qui, évidemment, succombe facilement aux charmes de quelque « manipulateur », voire de quelque syndic peu regardant (une exception, évidemment !!!).

c/ Le conseiller « proche du syndic » (« l'homme du syndic »)

Celui-ci – pour de simples raisons psychologiques (dépendance) ou économiques – passe tout son temps à défendre le syndic et considère que tout travail de contrôle de la gestion du syndic relève de la suspicion.

Là aussi, il faut éviter l'affrontement et la discussion perpétuelle. Un seul moyen de s'en sortir : définir (pour le Conseil Syndical) des tâches **concrètes** et **POSITIVES**, ce qui empêchera ce conseiller de passer son temps à « défendre » le syndic.

d/ Le conseiller « suspicieux » voire « paranoïaque »

Pas plus agréable que le précédent, celui-ci voit le mal partout, parle continuellement de « magouilles » (qui peuvent exister évidemment) et ne sait pas très bien faire la part des choses.

Là aussi, il faut orienter le travail de ce conseiller pour éviter qu'il ne se noie dans son « jus » et ne pollue l'atmosphère (d'une part, au sein du Conseil Syndical, d'autre part, entre le Conseil Syndical et le syndic et au sein de la copropriété).

e/ Le « râleur »

Variante du précédent, celui-ci se caractérise par le fait que, pour lui, **rien** n'est jamais bien fait et **tout** va toujours très mal.

C'est un individu désespérant, pessimiste et pour qui le travail du Conseil Syndical n'a aucune efficacité.

Là encore, avec de la patience et en prenant soin de fixer des objectifs concrets et positifs, il est possible de transformer ce râleur en producteur efficace.

f/ Le « travailleur » ou le « conseiller idéal »

Le pendant du président « organisateur » sera le conseiller « travailleur ». Ce n'est peut-être pas très rigolo mais, après tout, le Conseil Syndical n'est pas forcément fait pour rigoler (encore que ...).

Comme on le voit, plusieurs des « types » de conseiller recensés sont plutôt « négatifs ». D'où l'importance qu'il y aura à être un bon « organisateur » pour réorienter au mieux les motivations et caractères peu adaptés à la mission du Conseil Syndical. Nous reviendrons sur cela un peu plus loin.

4. Les cinq types de conseils syndicaux

Après la typologie des présidents et celle des conseillers syndicaux, essayons-nous à celle des « Conseils » eux-mêmes. On peut dénombrer cinq types.

a/ Le Conseil Syndical « chambre d'enregistrement »

Ce genre de Conseil Syndical ne fonctionne que pour **écouter** un président et approuver ce qu'il dit et fait ou écouter un syndic (et l'approuver).

Cela ne veut pas dire que le Conseil Syndical ne sert à rien. On a vu, en effet, qu'un président « autoritaire » pouvait faire du très bon travail. Mais le **groupe** « Conseil Syndical » ne fonctionne pas, ce qui est toujours très dommageable, puisque, dès que le président cesse de produire, il ne se passe plus rien.

Le pire est, évidemment, le Conseil Syndical qui sert de simple chambre d'enregistrement au syndic. Dans ce cas, l'institution du Conseil Syndical est complètement **dévoyée**.

b/ Le Conseil Syndical « chambre d'engueulade »

Parce que les contradictions sont trop fortes entre les personnes, parce que les types de relations entretenues avec le syndic sont trop différentes, parce que les copropriétaires sont eux-mêmes trop différents, certains Conseils Syndicaux se transforment en champ de bataille continuel.Chacun, comme toujours, est persuadé d'avoir raison et les réunions ne sont qu'affrontements souvent stériles. Le calme plat de la « chambre d'enregistrement » est ici remplacé par la fureur et les hurlements, mais le résultat n'est pas forcément meilleur.

c/ Le Conseil Syndical « chambre de bavardage »

Parce qu'un président ne sait pas animer un groupe ; parce que les conseillers syndicaux n'ont pas compris en quoi consistait le « travail » d'un conseil ; parce que les conseillers n'acceptent pas « d'apprendre leur métier », certains Conseils Syndicaux se transforment en « salon des potins ». Les réunions se passent à échanger des « nouvelles » de la copropriété, colporter des ragots, et le Conseil Syndical se transforme en chambre de bavardage.

Le bavardage peut être très sympathique et avoir même une certaine utilité (transmission de l'information entre copropriétaires). Mais globalement ce bavardage reste plutôt improductif et décevant.

d/ Le Conseil Syndical « forteresse assiégée »

Autre cas de figure à ne **surtout pas** laisser de côté dans notre essai typologique : celui de Conseil Syndical très **homogène** (trop homogène pourrait-on dire), qui doit continuellement affronter l'opposition larvée ou ouverte d'autres groupes de copropriétaires. Attardons-nous un peu sur ce cas.

On a vu que, de plus en plus, les copropriétés étaient hétérogènes. Dans certains cas un groupe de copropriétaires (par exemple « les anciens ») font **tout** pour empêcher l'accès du Conseil Syndical aux « autres » copropriétaires. Dès lors, le Conseil Syndical n'est plus le reflet de la copropriété. Bien entendu, les copropriétaires écartés ou rejetés vont essayer de se faire entendre et vont mener campagne contre un Conseil Syndical trop « homogène », d'où a été exclue une partie des copropriétaires.

Souvent, cela tourne à la querelle des anciens et des modernes (les anciens copropriétaires qui font clan et les nouveaux). Cela peut être aussi celle des « gros » (les « gros » copropriétaires, c'est-à-dire ceux qui détiennent beaucoup de millièmes) contre les autres (les « petits »).

Dans ces cas, la guerre existe, mais au lieu d'avoir lieu au sein du Conseil Syndical, elle est généralisée à la copropriété. Bonjour l'ambiance !

e/ Le Conseil Syndical « normal »

Le Conseil Syndical normal est un Conseil Syndical qui ne passera pas son temps en « engueulades », en « bavardages », un Conseil Syndical qui ne sera pas simplement une chambre d'écho, ni une forteresse assiégée. Ce sera un Conseil Syndical qui a défini un programme de travail tel que nous l'avons décrit dans le chapitre précédent et qui – vaille que vaille – s'y tient avec le souci majeur d'améliorer la gestion de la copropriété. Le rêve quoi !

5. Qu'est-ce qui fait qu'un Conseil Syndical est productif ou improductif ?

Si vous avez eu la patience de lire ce qui précède, sans doute aurez-vous commencé à comprendre ce qui explique pourquoi un Conseil Syndical fonctionne bien, mal, ou pas du tout.

En fait, on doit – pour savoir ce qui fait qu'un Conseil Syndical est ou non productif – s'être posé plusieurs types de questions :

a/ Le Conseil Syndical est-il un « groupe » ou simplement un regroupement de personnes ? Et, s'il est un groupe, s'agit-il d'un groupe « fermé » ou « ouvert » ?

Un groupe c'est un ensemble de personnes qui fonctionnent avec des règles, où chacun a sa place, apporte sa contribution, aide à réaliser un objectif commun.

À noter que si ce groupe est fermé sur lui-même (voir plus haut « la forteresse assiégée »), il risque de décevoir son entourage, surtout en copropriété où ce groupe est un groupe censé représenter les intérêts des autres copropriétaires.

Trop souvent les Conseils Syndicaux qui ne fonctionnent pas, sont des « regroupements » : ce qui divise les copropriétaires est plus fort que ce qui les unit ; les règles ne sont pas **claires** ; le « chef » (président) n'assume pas son rôle d'agent de cohésion.

Dans ces conditions, il est illusoire de penser faire du « bon travail ». Si vous voulez y arriver, il faudra **faire du regroupement un « groupe »** et pour cela :

. définir en commun des règles de fonctionnement,

. définir en commun des objectifs,

. favoriser ce qui réunit et reléguer ce qui divise (voir un peu plus loin les règles concernant la conduite de réunion).

b/ Le président est-il du type « autoritaire », « manipulateur », « potiche » ou « organisateur » ?

On a vu l'importance du président. Le problème est que le président est aussi un « reflet » de la copropriété et du Conseil Syndical et il y a peu de chances qu'une copropriété de moutons bêlants se trouve un président « organisateur ».

Au stade où nous en sommes (repérage des blocages) qu'il nous suffise de dire que **jamais** un président de type autoritaire, manipulateur ou potiche, n'arrivera à faire travailler un Conseil Syndical efficacement.

c/ Le Conseil Syndical est-il agité continuellement par ses différences ou ses oppositions ?

C'est la dernière question à se poser. Si le lecteur nous a bien lu, il aura compris qu'un Conseil Syndical trop « hétérogène » (constituant un regroupement et non un groupe) aura beaucoup de mal à travailler. Si, en plus, des discussions trop fortes existent en son sein, tout espoir est perdu. Mais attention : la différence au sein d'un groupe est **aussi** nécessaire ; les oppositions entre les membres sont **aussi** productives. Tout le problème est que ces différences ne doivent pas être trop importantes et que les oppositions doivent être résolues de façon constructive. Les indications que nous allons donner en matière de conduite de réunion permettront d'y voir un peu plus clair à ce sujet.

6. Comment bien conduire une réunion de Conseil Syndical ?

Les responsables de Conseils Syndicaux ne sont pas forcés d'être des « animateurs professionnels » pour réussir. Il leur faut néanmoins connaître quelques règles concernant la conduite de réunions pour faire le moins d'erreurs possibles. Voyons cela.

a/ Dans toute réunion de travail le président doit éviter d'imposer son point de vue (autoritairement ou sournoisement). Son RÔLE est de développer au maximum les échanges entre les participants.

Cette règle est toute simple et pourtant son efficacité est remarquable. Un bon président-organisateur va inciter les participants à exprimer leur point de vue, à se parler, à se répondre, à échanger entre eux (mais en évitant les seuls échanges entre président et participants). L'efficacité du travail en groupe est à ce prix.

En général, on constate ceci : un président va essayer d'imposer son point de vue, de convaincre, et réduira les autres au mutisme puis à la passivité. C'est le contraire qu'il faut faire.

b/ Pour arriver à favoriser les échanges, tout animateur de réunion dispose de différents moyens simples utilisés par les animateurs du monde entier :

• La reformulation

On reprend une idée lancée par un participant en la « reformulant » et on la lance comme une balle aux participants en leur demandant de réagir.

• La synthèse

On résume. On demande à chacun ce qu'il en pense.

• L'appel direct à la participation

On interpelle (discrètement) Un tel ou Une telle. On lui demande son avis. On lui demande de réagir aux idées d'un autre.

• Les questions-écho

Quelqu'un pose une question, on la reformule, on la relance.

• Les questions-relais

À partir d'une question on repose une autre question.

• La relance

On relance un participant pour qu'il approfondisse son point de vue.

• L'appel à l'échange

On interpelle Un tel pour qu'il exprime mieux les réactions que lui inspirent les propos d'un autre participant.

Comme on le voit, il faut utiliser divers petits moyens pour favoriser les échanges. Il faut les connaître et savoir comment réagir.

c/ Surmonter les moments difficiles

Toute réunion connaît ses moments difficiles qui peuvent la faire sombrer.

• **Le « bavardage »** d'un participant

Il y a toujours un participant hors sujet ou qui « dit n'importe quoi ». Il ne faudra surtout jamais utiliser le mode agressif à son égard. Ce qu'il faut faire sera de reformuler le propos ; au besoin – s'il s'éternise – le rappeler gentiment à l'obligation de laisser la parole à chacun.

• **La « prise de pouvoir »**

Si le président n'est pas « autoritaire » il y a toutes les chances qu'un participant essaye de prendre la place de « l'autoritaire ». Là encore ce serait une erreur que d'essayer d'écarter cette personne. Pour éviter les dégâts d'une prise de pouvoir, il suffira :

. de relativiser les propos émis, ceci sans agressivité,

. de favoriser la participation des autres.

Là encore : ne surtout **jamais** s'enfoncer dans une confrontation (un « combat de coqs » comme on dit) ; c'est cela qui pollue l'atmosphère des réunions de Conseil Syndical stériles.

• **Le « déviant »**

Là encore, pas de réunion sans un déviant (un oppositionnel forcené ; un râleur, etc.).

La solution traditionnelle (et **catastrophique**) est d'essayer :

. de le raisonner,

. de le réduire au silence.

Erreur. Fatale erreur ! Il faudra éviter de le rejeter. Extraire ce qui est positif dans son discours. Noter ce qui est dit en l'assurant qu'on reviendra plus tard sur le sujet (et y revenir effectivement).

Attention : il ne s'agit pas de « faire taire » les dissidents en leur faisant croire qu'on s'occupe d'eux. Il s'agit de faire retomber l'agressivité, ce qui se fait **surtout** en ne répondant pas sur le même ton et en essayant réellement de prendre en considération ce qui est dit, sans pour autant tomber dans le piège de l'outrance.

Les « techniques » de conduite de réunion associées à la mise en place d'un travail effectif du Conseil Syndical (voir ici même, chapitre 4) doivent permettre de surmonter les principaux écueils des réunions et de passer à une phase vraiment productive.

CHAPITRE 6

QUE FAIRE (ET NE PAS FAIRE) QUAND ON EST MINORITAIRE DANS UN CONSEIL SYNDICAL COMPLAISANT À L'ÉGARD DU SYNDIC ?

Il ne faut pas se le cacher : trop souvent le Conseil Syndical au lieu d'être cette instance de contrôle du syndic qu'il devrait être (contrôle positif mais contrôle quand même) est :

• un écran,
• un éteignoir,
• un étouffoir,

ou pire :

• un lieu de haute complicité (avec le syndic).

Le conseiller syndical un peu naïf – le candide – n'y comprend rien.

• Que se passe-t-il ?

• Comment est-il possible que des gens élus par une assemblée générale pour défendre leurs intérêts se transforment en « complices du syndic » ?

• Comment le syndic s'y prend-il pour : museler, anesthésier, retourner les copropriétaires ?

Celui qui n'a pas vécu – de près ou de loin, lui-même, ou par proche interposé – ce vrai **problème**, n'a rien compris à la copropriété.

Dans un « manuel sur le Conseil Syndical » nous ne pouvons pas éviter d'aborder le problème de ce **monstre** qu'est le Conseil Syndical trop « proche » du syndic (on parle, à l'ARC, de Conseils Syndicaux « croupion »).

En effet, rien de plus monstrueux et surtout rien de plus **HORRIPILANT**.

Ce chapitre se doit d'aborder deux séries de questions :

• comment un Conseil Syndical arrive-t-il à se dévoyer de cette façon ?

• comment agir, non pas le mieux possible, mais le moins mal possible au sein d'un tel Conseil Syndical, quand on est « minoritaire » et qu'on veut agir en fonction du mandat qui vous a été confié par l'assemblée générale ?

1. Comment font les syndics pour obtenir les bonnes grâces des conseillers syndicaux ?

Nous ne dirons pas le contraire : certains syndics sont passés maîtres dans l'art d'obtenir les bonnes grâces des conseillers syndicaux.

Comment ? Il y a plusieurs méthodes pour cela. Les copropriétaires minoritaires croient souvent que les Conseils Syndicaux « bienveillants » sont « achetés ». La réalité est souvent plus simple, mais parfois n'est pas forcément éloignée d'une certaine forme de corruption.

a/ Faire élire des « notables »

Certains syndics savent bien qu'il suffit parfois de flatter les gens pour en faire les meilleurs alliés. Un syndic peu délicat fera tout pour mettre en avant ces dignes et vieux messieurs ou dignes et vieilles dames pétris de respectabilité et de bonnes manières. C'est le repos assuré. Peu de risques, avec ces copropriétaires, d'avoir des questions indiscrètes, des contrôles tatillons, des oppositions franches. Ces personnes-là vont rarement se révéler être des contrôleurs rigoureux. Ils sont presque **TOUJOURS** du côté du « pouvoir », du côté des « maîtres ». N'est-il pas inconvenant de poser trop de questions, de **SE** poser trop de questions ?

Qui n'a pas eu à contourner ces piliers de convenance ne sait pas ce que c'est que le poids des bonnes manières entre gens de bonne compagnie.

On nous demandera peut-être : *« Mais comment fait le syndic pour faire élire ces notables ? »* Rien de plus simple. Il suscite leur candidature en assemblée générale (quand celle-ci n'est pas spontanée) et bien rares sont les copropriétaires qui – même s'ils sont persuadés que ces conseillers seront au mieux des potiches, au pire des défenseurs du syndic – osent voter **CONTRE** eux en assemblée générale. En effet, toute une partie des problèmes que l'on vit en copropriété vient de là : trop de gens ont peur d'exprimer clairement leur **DÉSACCORD** avec des voisins qu'ils sont amenés à côtoyer tous les jours. Il faut d'ailleurs admettre que cela est parfaitement légitime et compréhensible.

b/ Utiliser les motivations « particulières »

Il existe malheureusement d'autres moyens que celui d'obtenir la « bienveillance » des notables. Ne cachons pas, en effet, la vérité : certains syndics n'hésitent pas à se garantir la bonne volonté de certains copropriétaires en leur rendant d'autres services que des services purement moraux. Qui connaîtra jamais ces liens qui unissent un syndic à :

- un copropriétaire qui désire récupérer des parties communes,
- un copropriétaire qui paye ses charges avec retard,
- un copropriétaire qui a besoin d'autorisation de travaux,
- etc.

Là aussi, le syndic peu délicat est prompt à repérer l'homme lui-même indélicat, à le faire rentrer au Conseil Syndical et à obtenir rapidement son « silence », sa « passivité ».

c/ Les copropriétaires « achetés »

Le mot est lancé ! « Achetés ». Nous ne pouvons éviter ce débat, car tous les jours nous sommes confrontés à des copropriétaires qui n'ont d'autre explication pour comprendre la complaisance de certains conseillers que celle-ci : « *Ils sont achetés* ».

À cette affirmation, nous répondons ceci :

• Oui, c'est vrai, certains copropriétaires se font « acheter », mais pas toujours comme on le croit ; certains se font acheter malgré eux. Un grand classique est celui-ci : un conseiller syndical demande au syndic s'il ne connaît pas un plombier ou un peintre pour des travaux privatifs. « *Mais bien sûr, cher ami, je vous envoie Tartampion* ». Ni Tartampion ni le syndic n'envoient jamais la facture ; si le copropriétaire est honnête il rappellera le syndic à son bon souvenir une ou deux fois, puis oubliera... Ensuite, évidemment, il lui sera difficile d'aller jouer les redresseurs de tort.

• Mais il y a d'autres techniques :

. le syndic pourra donner à tel conseiller syndical « artisan » quelques chantiers,

. le syndic pourra faire faire quelques bonnes affaires immobilières à certains copropriétaires à la recherche d'un placement immobilier.

• Ce n'est que très exceptionnellement, pensons-nous, que des conseillers sont « achetés ». Mais il paraît (est-ce que ce sont des histoires de syndic ?) que certains conseillers n'hésitent pas à aller monnayer leur bienveillance. Cela ne pourra étonner que les naïfs.

En fait, ce que nous pensons à l'ARC, c'est que le problème des conseillers syndicaux « trop bienveillants » à l'égard des syndics a surtout des racines psychologiques (respectabilité, peur d'être mal vu, peur de l'affrontement, peur d'être considéré comme un goujat, etc.) et a rarement des racines financières.

Comprendre cela est important pour mieux savoir comment **AGIR** dans ces situations.

2. Comment un Conseil Syndical peut-il en venir à renoncer à son travail de contrôle ?

Cette question n'est pas très différente de la précédente mais nous amène à voir le problème non pas côté syndics mais côté copropriétaires.

La passivité de certains Conseils Syndicaux a plusieurs sources :

a/ D'abord il faut bien dire que beaucoup de conseillers syndicaux ne **savent** pas très bien ce qu'ils **PEUVENT** faire. Ils se sentent démunis et incompétents. Certains d'entre eux ont même pu être « humiliés » par des syndics. Ce guide doit permettre d'enlever à tous ces copropriétaires leur complexe d'infériorité.

b/ Ensuite, il faut bien dire que beaucoup de conseillers syndicaux n'ont que **peu** de temps à consacrer à ce mandat. Comme ils ont peu de temps, ils trouvent plus facile de faire preuve de « bienveillance » et font confiance.

c/ Par ailleurs, il faut bien dire que certaines difficultés d'ordre purement relationnel, peuvent inciter les conseillers syndicaux à rester passifs :

• Ce n'est pas simple de demander à un président qui est élu depuis 10 ans s'il est bien certain d'avoir fait correctement son travail.

• Ce n'est pas simple – quand on découvre que le travail du Conseil Syndical n'a pas été bien fait – de demander des comptes à ses voisins et de jouer les donneurs de leçon.

• Mais, ce n'est pas simple non plus – quand on se retrouve élu président malgré soi, par exemple – d'aller voir le syndic et de lui poser des questions « délicates », qui pour certaines, peuvent paraître malveillantes.

Peu de gens – et c'est normal – ont assez d'assurance, de connaissances, de diplomatie, de force de caractère pour aller simplement au bout de leur question sans se dire : *« Qu'est-ce qu'on va penser de moi ? »*

Personne ne peut jeter la pierre à ces conseillers ou présidents passifs. Ce qu'il faut, c'est leur donner quelques pistes pour arriver à surmonter ces problèmes. C'est ce que nous verrons plus loin.

Continuons.

d/ À côté du manque d'information (ou de formation), du manque de temps, et de la peur d'être « mal vu », il y a tous les problèmes déjà évoqués un peu plus haut :

• la passivité est parfois une véritable complicité de notable. Le conseiller est alors non pas seulement passif, c'est un écran.

• la passivité est le résultat d'un « échange » entre le copropriétaire et le syndic : soit un échange de « services » (copropriétaire échangeant sa passivité contre le laxisme dans le recouvrement de **SES** charges **OU** le laisser-faire en matière d'appropriation de parties communes, etc.), soit un échange de **BIENS** (petits travaux, opérations immobilières), soit, très exceptionnellement, échange d'argent.

Que doit-on retenir de ce très rapide tour d'horizon ?

Que la bienveillance est plus souvent faite :

• de passivité,

• de dépendance psychologique,

• de l'impossibilité pour la majorité des personnes de supporter des situations d'affrontement, plus que de complicité fondée sur des intérêts financiers (comme le croient trop de conseillers minoritaires).

Comprendre cela est déterminant pour permettre de savoir **comment** agir et surtout comment ne **pas** agir.

3. Ce qu'il ne faut surtout pas faire

Le conseiller « malin » aurait tendance à agir ainsi :

1. Entrer au Conseil Syndical,

2. « Faire la leçon aux anciens » (*« Comment se fait-il que vous n'ayez pas fait ci, fait ça, comment se fait-il que vous n'ayez pas vu ceci, cela ? »*),

3. Prendre le syndic de « front ».

Si ce conseiller « malin » est dans un milieu favorable (Conseil Syndical entièrement composé de gens comme lui), tout va bien ; dans le cas contraire, il va se passer ceci :

1. Les autres conseillers vont se sentir agressés, mis en cause et vont donc se « défendre » (pour se défendre ils seront alors obligés de défendre le syndic ; en effet, au lieu de dire : « *Oui, en effet, nous n'avons pas pensé à contrôler ci et ça* », ils diront : *« Nous n'avons pas contrôlé ci et ça parce que ci et ça est très bien fait »*.

2. Ces mêmes conseillers agressés vont contre-attaquer, non pas sur le fond mais sur la forme : « Un tel est agressif, excessif ». Ce qui va être jugé ne sera pas le fait de savoir si Un tel a raison ou non d'être agressif, mais le fait qu'il **EST** agressif.

En fait, le conseiller syndical « malin » – parce qu'il a mis en **cause** (volontairement ou non) des personnes (même indirectement) va très vite être l'objet d'**attaques personnelles**.

Dans ses relations avec le syndic il va se passer la même chose. Le syndic va se sentir agressé (il aura raison) et va donc tout faire pour se défendre et attaquer le conseiller syndical malin.

Ce conseiller va se retrouver très vite seul. Pourquoi ? Tout simplement parce que personne n'a envie de **LE** défendre. D'une part, parce que notre lâcheté fondamentale nous dissuade d'aller au secours de gens qui font l'unanimité contre eux, mais aussi parce qu'on sent bien que le conseiller syndical malin **à tort**. Tort d'avoir engagé maladroitement un affrontement qui, par sa faute, devient vite un affrontement de personnes.

On voit donc que – par maladresse de départ – le conseiller « malin » va **se** marginaliser très vite, ceci à la plus grande joie des syndics.

Ce conseiller aura beau se dire que tout le monde est « pourri », nous pensons qu'il n'a que ce qu'il mérite et qu'il a creusé lui-même la tombe dans laquelle on va l'enterrer.

En général d'ailleurs, le défaut de ce conseiller est qu'il veut avoir raison sur **TOUT** et corriger **TOUT**, **TOUT DE SUITE**. Pourtant, avec un minimum de patience et de doigté, il aurait pu obtenir sans effort un résultat radicalement opposé.

4. Ce qu'il faut faire

Nous ne prétendons pas – en quelques paragraphes – vous donner tous les conseils nécessaires, tant il est vrai que les situations possibles sont nombreuses. Nous serons heureux si nous pouvons vous donner quelques conseils utiles.

a/ 1re règle

Ne jamais, **jamais** personnaliser les problèmes. Le problème ce n'est pas M. Un tel – président, conseiller syndical, syndic – mais tel **DOSSIER** (les travaux, le chauffage, l'eau, les ascenseurs...).

Si vous vous attaquez à des personnes, vous allez déclencher des réflexes de défense et entrer dans le cercle infernal. Par contre, s'attaquer à des **dossiers** précis, c'est s'en prendre à des **éléments matériels**, voire à des sociétés **EXTÉRIEURES** à la copropriété. C'est donc écarter les affrontements de personnes.

b/ 2e règle

Ne surtout pas vouloir vous « attaquer » à tout. Prendre **UN problème**, **UN SEUL**, et essayer de trouver :

. des insuffisances (sans mettre en cause personne),

. des améliorations simples.

La règle est – ici – de ne pas dire : *« Rien ne va : il faut tout changer »*, mais *« Ce qui a été fait est très bien, mais voilà les insuffisances* ***objectives****, voilà les améliorations* ***concrètes*** *immédiates à apporter »*.

c/ 3e règle

C'est le corollaire de la règle précédente : se faire **CONFIER** un dossier par le Conseil Syndical. On l'a dit, le Conseil Syndical est souvent passif par manque de formation et de temps. C'est pourquoi il est facile de se faire mandater par le Conseil Syndical pour travailler sur un dossier **précis** et épineux (il y en a toujours).

Montrer sa capacité à **résoudre** un problème vous donnera **à la fois** de l'autorité et vous permettra de vous initier à la copropriété « en douceur ».

d/ 4e règle : ménager les autres conseillers

Éviter les affrontements, les radicalisations. Éviter de dramatiser les problèmes et de créer des blocs au sein du Conseil Syndical (les « bons » – ceux qui contrôlent ; les « mauvais » – ceux qui couvrent le syndic).

N'oubliez pas que dans une copropriété les gens vivent à proximité et ne les forcez pas à « choisir ».

Évitez donc les mises en cause personnelles et rappelez-vous toujours que l'essentiel est de régler les problèmes **techniques un par un**.

e/ 5e règle : ménager aussi le syndic

De même qu'il faut éviter les affrontements avec les autres membres du Conseil Syndical, de même il faut éviter les affrontements avec le syndic. Le propos doit toujours être le même : *« Il y a là un problème* ***technique*** *; essayons* ***ENSEMBLE*** *de trouver des solutions (ou de trouver des gens qui vont vous aider à les résoudre* « et non : *« Le syndic est un incapable ou (pire) un voleur »*.

Là encore traiter **UN** problème à la fois. Ne pas vouloir avoir raison sur **TOUT** et **TOUT DE SUITE**.

Il faut avant tout se rendre « crédible » aux yeux des autres copropriétaires pour gagner leur confiance et, ainsi, pouvoir faire évoluer les choses dans le bon sens.

Certes, cette méthode vous paraîtra frustrante :

• faire des sourires à des gens que vous détestez et éviter tout affrontement de personnes,

• laisser de côté certains problèmes qui vous semblent très importants,

• ne parler que de problèmes « techniques » alors que vous soupçonnez derrière ces problèmes des « ententes » illicites. Cela est difficile, mais indispensable.

En fait, on peut faire les choses de deux manières.

La mauvaise :	**La bonne :**
• Personnaliser les problèmes	• Limiter les problèmes à leur aspect technique
• Vouloir faire tout, tout de suite	• Hiérarchiser et prendre un problème à la fois
• Alimenter les affrontements	• Désamorcer toute querelle
• Mettre en cause des personnes	• Nc jamais mettre en cause des personnes

Il s'agit là de conseils tout bêtes. Dans un cas, vous vous coupez en quelque sorte de toute possibilité de réussir ; dans l'autre, vous vous préparez à « durer », à résoudre progressivement les problèmes, à obtenir gain de cause petit à petit sans qu'il y ait un vainqueur et un vaincu. À vous de choisir.

Et surtout : n'oubliez jamais, qu'en copropriété les gens donnent **TOUJOURS** tort à celui par qui la violence et les affrontements arrivent. Pourquoi ? Parce que – en copropriété – les gens vivent **ENSEMBLE** et ne peuvent supporter (sauf les caractériels) des oppositions prolongées avec les voisins. Voilà pourquoi, en copropriété, le donneur de leçon finit très vite **TOUT** seul.

CHAPITRE 7

LES COPROPRIÉTAIRES MINORITAIRES EXCLUS DU CONSEIL SYNDICAL

Plus malheureux encore que les conseillers syndicaux minoritaires, il y a ce qu'on appelle les **copropriétaires minoritaires**.

Ceux-là ont été soit « exclus » du Conseil Syndical, soit n'ont pu s'y faire élire (ou réélire).

Si l'on comprend bien comment un Conseil Syndical peut finir par être particulièrement bienveillant à l'égard du syndic, comme on l'a vu dans le chapitre précédent, on ne comprend pas du tout – *a priori* – comment une assemblée générale tout entière peut **rejeter** une personne qui a pour objectif de défendre l'intérêt collectif.

Mais là encore, il faut se poser la question : et si le minoritaire était lui-même le principal artisan de son exclusion, de sa marginalisation ? Voyons cela.

1. Trois profils de minoritaires

Nous avons repéré, à l'ARC, plusieurs profils de minoritaires. On peut parler, pour aller vite :

. du paranoïaque,

. du rebelle,

. du censeur.

a/ Le paranoïaque

Ce genre de copropriétaire ne peut pas ne pas voir **partout** et en **toute circonstance** des manœuvres pour lui extorquer illégalement de l'argent. Ses expressions favorites sont : « magouille », « arnaque », « vendus », « fausse facture », etc. Le syndic et les autres copropriétaires sont tous « de mèche » pour lui prendre de l'argent.

Ce copropriétaire – objectivement fou à lier bien qu'il puisse avoir raison sur un certain nombre de points – lasse très vite son entourage qui se détourne de lui par peur d'être assimilé un tant soit peu à cette folie de la persécution.

Le paranoïaque se discrédite par ses excès mêmes, et le syndic comme le Conseil Syndical n'ont aucun mal à montrer qu'il dit n'importe quoi.

b/ Le rebelle

Le rebelle est un copropriétaire par nature écœuré (et il a raison) par les bizarreries de fonctionnement d'une copropriété :

. le syndic « patron »,
. les copropriétaires « couchés »,
. les lâches, les silencieux (qui râlent par derrière et se taisent par devant).

Celui-ci (qui a souvent une personnalité plutôt attachante de « résistant-né ») peut – dans des copropriétés où les gens se sont pris en main – être un moteur très puissant. Dans les copropriétés faibles et où domine la dépendance au syndic, le rebelle va vite se radicaliser, se marginaliser, s'exclure car il sera perpétuellement en opposition ouverte aux autres.

c/ Le censeur

Là encore, il s'agit d'un copropriétaire plutôt intéressant au départ. Il repère vite les failles, les manquements, les dérives. Mais au lieu de mettre en place une stratégie de mise en évidence progressive et hiérarchisée des problèmes, il va s'obstiner à dresser un tableau **très noir** de la situation (plus c'est noir, mieux c'est) et à chercher des responsabilités.

Là encore, si la copropriété est un peu passive et le syndic un peu malin, le censeur se retrouvera assez vite – passez-nous l'expression – « cul par-dessus tête », sans toujours bien comprendre ce qui lui arrive.

2. De la minorité à la marginalité

On constate donc qu'on a deux sortes de minoritaires :

• ceux qui sont véritablement fous.

N'en parlons plus.

• ceux qui peuvent avoir raison, mais ont une approche tellement radicale de la situation qu'ils finissent très vite par faire le vide autour d'eux.

Ces personnes passent ainsi très vite de la minorité à la « marginalisation ». Elles sont « marginalisées ». Dès lors elles sont dans une position intenable et sont **rejetées**, même par des gens qui savent bien qu'elles ont raison. Il ne faut **JAMAIS** oublier le fait qu'une copropriété est d'abord une communauté de vie et que les copropriétaires ne peuvent admettre la présence de personnes qui exacerbent en permanence les problèmes et polluent les relations.

3. Que faire ?

La recette pour éviter de tomber dans la marginalité est toujours la même (la même que celle déjà évoquée dans le chapitre précédent) :

a/ éviter autant que possible de mettre en **cause** des personnes,

b/ éviter autant que possible de vouloir avoir raison sur **TOUT** et **TOUT DE SUITE**. Cela veut dire qu'il faut s'attaquer à un problème à la fois,

c/ aborder les problèmes sous l'angle des possibilités d'**amélioration** et non de **modification radicale** (même si – *in fine* – chacun sera obligé d'admettre que pour améliorer il faut **CHANGER**).

Si vous agissez ainsi, vous ne deviendrez pas forcément et immédiatement majoritaire. **MAIS** vous éviterez de faire fuir ceux qui pensent comme vous ; vous les convaincrez au contraire de vous rejoindre. Vous traiterez **UN** problème et arriverez à convaincre certains, non seulement que vous n'avez pas tort mais que – peut-être – vous avez raison.

Peu à peu vous rallierez les gens les moins mous, les plus ouverts. Ainsi, au lieu de passer de la situation de minoritaire à celle de marginal, vous deviendrez de **moins en moins** minoritaire et, un jour, une fois repérés un certain nombre de problèmes, vous deviendrez certainement **MAJORITAIRE**.

C'est du moins le chemin que de **nombreux** adhérents de l'ARC ont parcouru, ce qui nous met à même de vous donner les conseils qui – nous le savons – auront le don d'exaspérer certains rebelles, justement. Mais ces personnes ont – entre autres qualités – celle de pouvoir se remettre en cause, si besoin est.

CHAPITRE 8

LE CONSEIL SYNDICAL ET LE SYNDIC

1. Les différentes sortes de syndics

Dans notre guide « ***La copropriété pratique en 300 questions*** » nous avons écrit ceci, qui reste toujours vrai :

• ***Quelles sont les deux maladies des syndics ?***

Disons-le pour commencer, le métier de syndic est un métier affreux.

D'abord le syndic est, d'emblée, suspect ; ensuite il a une vie épouvantable (des assemblées générales tout le temps, à quoi s'ajoutent les réunions de Conseil Syndical) ; enfin, il subit des récriminations permanentes : (« Rien n'est fait, tout est sale, on n'arrive jamais à lui parler, etc. »).

Face à cela, un syndic « normal » va, par un patient dialogue avec ses copropriétaires, essayer de créer des relations, sinon harmonieuses, du moins équilibrées (dialogue, explications, correction des erreurs, abaissement du niveau d'exigences, etc.).

Malheureusement, on déplore trop souvent la mise en œuvre de deux autres types de comportement, qui vont finir par créer des dégâts énormes :

Le comportement caractériel

Il consiste à essayer d'intimider les copropriétaires (ce qui n'est pas toujours très difficile) pour des raisons qu'on verra plus bas.

Le comportement « manipulateur »

Il consiste, pour le syndic, à essayer de s'attacher les bonnes grâces des copropriétaires actifs ou « puissants » (les gros porteurs de millièmes), même s'il faut pour cela, créer des clans. Notons, en passant, que le syndic arrive facilement à se concilier les faveurs – allez savoir pourquoi – de certains copropriétaires actifs qui doivent de l'argent...

Inutile de préciser ce que produisent comme de juste, les deux premières attitudes :

. régime de « terreur » dans le premier cas,

. régime de « favoritisme », voire d'affrontement de clans dans le deuxième cas.

Cela nous donne trois types de syndics :

a/ Le syndic autoritaire

Celui-ci – qui ne supporte aucune contradiction (soit parce qu'il est psychologiquement rigide, soit parce qu'il a des choses à cacher) –

agira pour faire **PLIER** *un Conseil Syndical, allant jusqu'à exiger en assemblée générale sa démission (« C'est eux ou moi »). Charmant !*

b/ Le syndic « manipulateur »

Plus subtil que l'autre, celui-ci agit pour obtenir l'élimination en douceur des copropriétaires du Conseil Syndical qui exercent un contrôle jugé trop dérangeant. Il est certain que le syndic « manipulateur » agit d'autant plus facilement qu'il a – dans la copropriété – des complices de son « bord » (exemples : gérant de biens, copropriétaires gros porteurs, etc.).

Nous ne donnerons pas de recette pour agir à l'encontre de ces deux types de syndics. Disons simplement qu'il vaut mieux avoir affaire à un syndic autoritaire (s'il persiste face au Conseil Syndical, il suffira de lui demander d'aller exercer ses talents ailleurs).

c/ Enfin, le syndic homme de dialogue (contraire des deux autres)

Celui-ci accepte la confrontation positive avec le Conseil Syndical. Il acceptera de reconnaître ses erreurs, cherchera comment les corriger, recherchera – avec le Conseil Syndical – à améliorer sa gestion.

La première chose à faire pour un conseiller syndical : savoir à quel type de syndic vous avez affaire pour pouvoir agir en conséquence. Que vous ayez affaire à un syndic « autoritaire » ou « manipulateur », il n'y aura qu'un seul moyen de s'en sortir : être « indépendant ».

2. La conquête de l'indépendance

Un bon Conseil Syndical est un Conseil Syndical « indépendant » du syndic. Nous l'avons dit et le redisons. Cela veut dire :

a/ Au niveau pratique, le Conseil Syndical se réunit sans le syndic et à sa seule initiative.

b/ Au niveau « psychologique », le Conseil Syndical étudie les problèmes librement, n'hésite pas à poser au syndic **TOUTES** les questions qu'il souhaite et lui rappelle en permanence que le travail de **contrôle** qui est le sien (prévu par la loi) ne signifie pas qu'il y a suspicion.

Pour faire un bon Conseil Syndical il ne faut pas hésiter à poser des questions gênantes au syndic. Le Conseil Syndical n'est pas élu pour faire confiance ***a priori*** au syndic, mais pour contrôler. Si celui-ci se formalise, tant pis pour lui.

Prenons un exemple simple :

Le Conseil Syndical contrôle les procédures en recouvrement de charges. Il veut savoir ce que le syndic a fait **concrètement** à l'égard de M. X. Le syndic répond : *« On lui a envoyé deux lettres recommandées avec accusé de réception et un commandement d'huissier ».*

Dans un cas comme celui-ci il faut demander au syndic :

. le bordereau de la lettre recommandée avec avis de réception,

. copie du commandement d'huissier.

Méfiez-vous du syndic qui serait choqué par ce manque de confiance et sachez qu'un bon syndic comprendra cette demande.

Si vous avez du mal à aller au bout de vos demandes (il peut être parfois difficile de demander au syndic les preuves) vous pouvez utiliser un petit truc : dites simplement au syndic que – en tant qu'élu de l'assemblée générale – vous vous devez de **vérifier** ce qu'on vous dit, ne serait-ce que pour assurer à des copropriétaires suspicieux que le contrôle a bien été fait. En fait, utilisez votre fonction d'**élu** ayant des **comptes à rendre aux autres copropriétaires**.

En général, on cherchera à éviter dans ses relations avec le syndic, deux écueils :

a/ la complaisance vis-à-vis du syndic (qui fait qu'on ne contrôle plus rien),

b/ l'agressivité et la confrontation permanente.

Le Conseil Syndical doit **contrôler** et rappeler en permanence au syndic :

. que le contrôle (prévu par la loi) est nécessaire pour **tous**,

. que le contrôle peut être **positif** (recherche de ce qui peut être **amélioré**). C'est en tout cas ce que l'ARC cherche et aide ses adhérents à faire.

À noter que quand des conseillers syndicaux – même très rigoureux – exercent leur mission depuis plusieurs années, ils ont souvent beaucoup de mal à **contrôler** le syndic, étant donné les relations de sympathie qui ont pu se développer. Dans ce cas, il suffit au Conseil Syndical de faire appel à une assistance extérieure, ce qui lui permettra de prendre un peu de recul et de relancer la mécanique de contrôle positif enrayée par plusieurs années de relations courtoises. Encore une fois, personne n'a intérêt à ce que le contrôle soit mal fait.

3. L'accès aux documents : comment faire si le syndic se fait « tirer l'oreille » ?

Contrairement à ce qu'on pense, beaucoup de Conseils Syndicaux ont encore du mal à obtenir les **documents** qu'ils demandent, tous les documents. Le syndic leur oppose même parfois des raisons : confidentialité, loi « informatique et liberté ». Il faut savoir que le syndic ne peut **RIEN** refuser. Le problème est néanmoins de savoir comment faire quand le syndic refuse.

a/ Première chose à faire : adresser une lettre recommandée avec accusé de réception

Cette lettre est à libeller ainsi :

« Monsieur,

À plusieurs reprises déjà, le Conseil Syndical vous a demandé copie de tel et tel documents, ceci sur la base de l'article 21, § 3, d'ordre public, de la loi du 10 juillet 1965.

Le refus de satisfaire à cette obligation constitue une entrave au droit du Conseil Syndical qui nous obligera – s'il devait persister – à utiliser les dispositions de l'article 8 du décret de 1967, pour engager une procédure de révocation à votre encontre.

Par ailleurs, nous croyons devoir vous avertir que nous informons parallèlement le service de délivrance des cartes de gestion de la préfecture, votre caisse de garantie et votre chambre syndicale.[1]

Souhaitant recevoir ces documents sous huit jours et vous en remerciant, ... »

b/ Deuxième chose à faire

En général la première phase suffit. Si cela n'est pas suffisant, vous aurez deux solutions.

• Soit mettre en demeure le syndic de convoquer une assemblée générale extraordinaire

Vous mettrez le syndic en demeure de convoquer une assemblée générale extraordinaire (article 8 du décret) avec comme ordre du jour les questions suivantes :

. révocation du syndic pour faute grave,
. élection d'un nouveau syndic,
. ouverture ou non d'un compte bancaire séparé.

• Soit utiliser la procédure dite « d'injonction de faire »

La procédure est simple : il suffit de remplir un bordereau avec les pièces annexes et d'envoyer le tout au Tribunal d'Instance ; le juge rendra une *« injonction de faire »* adressée au syndic et si celui-ci ne s'exécute pas, un jugement sera rendu lui enjoignant sous astreinte de fournir les documents (*« sous astreinte »* signifie que le syndic sera condamné à verser un certain montant par jour de retard).

Sur notre site Internet unarc.asso.fr (zone « adhérents ») nous donnons le détail de cette procédure et précisons comment formuler sa demande.

En ce qui nous concerne, nous préférons de beaucoup la première solution. À noter d'ailleurs que – 99 fois sur 100 – la seule demande de convocation pour *« révocation »* suffit à faire obtenir les documents demandés au syndic. Mais attention : rappelez-vous que pour agiter de façon crédible cette menace, il vous faut détenir une liste à jour des copropriétaires avec leur adresse.

---

1. Cette dernière uniquement, bien sûr, si votre syndic est adhérent à une chambre telle la CNAB ou la FNAIM.

4. Le Conseil Syndical peut-il demander au syndic copie de toutes les factures ?

Aller chez le syndic pour vérifier les comptes est souvent indispensable. Mais ce travail est toujours facilité si le Conseil Syndical a pu – au cours de l'année – contrôler les factures elles-mêmes.

C'est pourquoi nous pensons que **TOUT** Conseil Syndical devrait pouvoir se faire adresser copie des factures, au moins une fois par trimestre. Il faut savoir que cela est un droit (article 21, § 3) et que le Conseil Syndical doit d'autant moins hésiter à demander les factures que leur étude « à la maison » permettra une bien meilleure analyse de ces factures.

À noter : si l'assemblée générale le décide, l'envoi des factures peut se faire au fur et à mesure de leur arrivée chez le syndic (certaines copropriétés exigent même que le syndic ne paie une facture qu'une fois celle-ci visée par le Conseil Syndical...).

5. Comment organiser l'exercice des dispositions de l'article 21, § 2 ?

Il s'agit, rappelons-le, d'une disposition obligeant le syndic à faire voter par l'assemblée générale une « somme » au-delà de laquelle la consultation écrite du Conseil Syndical est obligatoire.

Cette disposition est trop souvent négligée par les syndics qui justifient de leur comportement par la difficulté de mise en œuvre.

Disons donc que cela peut se faire simplement de la façon suivante :

a/ Quand la somme votée par l'assemblée générale va être dépassée, le syndic devra demander un devis, ou plusieurs même.

b/ Il adressera ce devis au président du Conseil Syndical, sur lequel il aura apposé un tampon ainsi libellé :

Avis des membres du Conseil Syndical :   Fait le : Signature

Cet avis peut être signé par un représentant du Conseil Syndical (le président), à qui il appartient, préalablement, de consulter les membres du Conseil Syndical. Comme on le voit, cela est très simple.

6. Le syndic a-t-il le droit de renégocier des « contrats » sans demander son avis au Conseil Syndical ?

Trop souvent on s'aperçoit qu'un contrat a été renégocié sans que le Conseil Syndical soit au courant. Or, on doit bien préciser que les dispositions de l'article 21, § 2, s'appliquent **AUSSI** aux « contrats de durée » (et non seulement aux marchés ponctuels). Dès lors, si un contrat dépasse le montant de la somme votée par l'assemblée générale, le syndic est obligé de demander son avis écrit au Conseil Syndical. S'il ne le fait pas, le Conseil Syndical pourra utiliser cette erreur pour refuser le quitus au syndic, voire faire engager sa responsabilité civile professionnelle par l'assemblée générale. Bien entendu, il ne le pourra que si le **nouveau contrat** est moins intéressant que le contrat précédent, ou plus contraignant (exemple : contrat d'une durée de 7 ans remplaçant un contrat de 3 ans !).

7. Le Conseil Syndical et le choix des « fournisseurs » ou « experts »

Même si un certain nombre de syndics intelligents acceptent sans problème qu'un Conseil Syndical leur demande de s'adresser à tel fournisseur ou à tel expert (avocat, architecte), il faut savoir que le syndic n'est pas obligé de le faire, sauf si l'assemblée générale en décide autrement.

Dès lors, si un conflit existe entre le syndic et le Conseil Syndical sur ce point, il convient de faire délibérer l'assemblée générale.

À noter que celle-ci peut le faire de façon anticipée. Exemple : si l'assemblée générale prévoit d'engager une procédure judiciaire contre un copropriétaire qui a annexé des parties communes, ou contre l'ancien syndic, elle peut rajouter à sa délibération la phrase suivante : *« L'assemblée générale mandate le Conseil Syndical pour choisir l'avocat qui sera appelé à défendre les intérêts du syndicat ».*

8. Le syndic n'applique pas une décision prise en assemblée générale : rôle du Conseil Syndical ?

Il peut arriver qu'une décision d'assemblée générale ne soit pas appliquée. Il y a donc, dans ce cas, « carence » de la part du syndic.

• Que peut faire le Conseil Syndical ?

L'article 49 du décret de 1967 prévoit une procédure spéciale dans ce cas :

« Article 49

Sous réserve des dispositions des articles 8 et 50 du présent décret, dans les cas d'empêchement ou de carence du syndic visés à l'article 18 (alinéa 3) de la loi du 10 juillet 1965, le syndic en fonction peut être assigné par tout intéressé devant le président du tribunal de grande instance statuant en matière de référé en vue de la désignation d'un administrateur provisoire de la copropriété.

L'ordonnance fixe la durée de la mission de l'administrateur provisoire ; sauf si cette ordonnance la limite expressément à un ou plusieurs objets, la mission ainsi confiée est celle qui est définie par l'article 18 de la loi susvisée du 10 juillet 1965 et par le présent décret.

Sauf s'il y a urgence à faire procéder à l'exécution de certains travaux nécessaires à la sauvegarde de l'immeuble et au fonctionnement des services d'équipement commun, la demande ne sera recevable que s'il est justifié d'une mise en demeure adressée au syndic et demeurée infructueuse pendant plus de huit jours. »

Le Conseil Syndical doit donc écrire au syndic une lettre recommandée avec avis de réception, ainsi formulée :

« Monsieur,

La décision n° ... de la dernière assemblée générale n'ayant toujours pas été mise en œuvre, nous vous informons que si rien n'est fait d'ici ..... nous serons contraints d'utiliser les dispositions de l'article 49 du décret du 17 mars 1967.

Cette procédure sera engagée par le Conseil Syndical qui fera désigner un administrateur.

Par ailleurs, le Conseil Syndical provoquera la réunion d'une assemblée générale extraordinaire aux fins de décider d'engager judiciairement votre responsabilité civile professionnelle et d'obtenir le remboursement des frais occasionnés par votre carence.

Espérant néanmoins que vous aurez à cœur de mettre rapidement en œuvre les décisions de l'assemblée générale, nous vous prions, ... »

En général, ce genre de lettre est très efficace.

9. Rôle du Conseil Syndical en cas d'action judiciaire contre le syndicat des copropriétaires

Un copropriétaire lésé ou mécontent de la gestion du syndic ou décidé à faire annuler une décision d'assemblée générale, est **OBLIGÉ** d'assigner le **syndicat des copropriétaires** en justice.

En principe, le syndicat peut se **retourner** contre son mandataire, le syndic. Mais, dans les faits, cela ne se fait pas. Pourquoi ?

a/ Le syndic choisit l'avocat.

b/ L'avocat est payé par le syndic.

Le rôle du Conseil Syndical va donc être déterminant pour surmonter cette difficulté. Quand le syndicat est assigné, que le syndic a choisi l'avocat et que l'action engagée peut impliquer la responsabilité professionnelle du syndic (erreur, faute ou carence de sa part), le Conseil Syndical doit écrire à l'avocat une lettre recommandée avec avis de réception, inspirée du modèle suivant :

« Maître,

Vous défendez le syndicat des copropriétaires dans l'affaire X contre le syndicat.

La responsabilité du syndic nous semblant être réelle dans cette affaire, nous vous demandons expressément de bien vouloir, dans vos conclusions, engager la responsabilité de notre syndic et donc appeler celui-ci dans la cause.

Au cas où, pour des raisons personnelles, vous ne souhaiteriez pas agir ainsi, nous vous demandons de nous le faire savoir **par retour** *et de rendre le dossier.*

Si nos instructions ne devaient pas être respectées, vous comprendrez que nous serions obligés de saisir l'ordre des avocats.

Dans l'attente de votre réponse, nous vous prions, ... »

TROISIÈME PARTIE

COMMENT FAIRE FACILEMENT LE CONTRÔLE DES COMPTES ET DES DÉPENSES SANS ÊTRE COMPTABLE

Nous allons, dans cette troisième partie, commencer à aborder les aspects pratiques du travail du Conseil Syndical, en commençant par la tâche la plus nécessaire et jugée la plus compliquée : celle relative au contrôle des comptes et des dépenses.

L'une des tâches essentielles du Conseil Syndical est, en effet, le contrôle des comptes de la copropriété : les copropriétaires attendent avec impatience le rapport du Conseil Syndical qui leur fait part des observations à ce sujet.

Les problèmes sont les suivants :

a/ Beaucoup de copropriétaires croient qu'il faut être **comptable** pour contrôler les comptes. C'est **faux**. N'importe qui peut faire ce travail. Il suffit de quelques conseils, d'un peu de méthode, de beaucoup de bon sens.

b/ Trop souvent le contrôle des comptes se limite à « pointer » les factures, tâches **décevantes** et peu « productives ».

Nous allons montrer comment faire **simplement** un bon contrôle.
Nous allons voir que le contrôle des comptes signifie **TROIS** choses :

1. contrôler les dépenses,
2. contrôler les recettes,
3. contrôler la « situation de trésorerie ».

IMPORTANT : pour ses adhérents collectifs, l'ARC a mis au point une méthode de contrôle basée sur un REGISTRE fourni par l'ARC et qu'il suffit de REMPLIR pas à pas pour passer en revue TOUS les problèmes et repérer TOUTES les anomalies.

CHAPITRE 9

LE CONTRÔLE DES DÉPENSES

Ce chapitre – très important – est décomposé en trois parties :

I. Nous allons présenter une DÉMARCHE simple pour aborder et effectuer le contrôle.

II. Nous allons expliquer COMMENT contrôler efficacement les factures.

III. Nous allons – sur un exemple CONCRET – voir comment procéder.

I. LA MÉTHODE DE CONTRÔLE DES DÉPENSES

1. Il faut d'abord repartir du budget prévisionnel[1] – ou (pour les travaux) du vote de l'assemblée générale – et rechercher les **« dépassements »** éventuels.

☞ L'objectif sera de rechercher les **causes** des dépassements.

Certaines causes seront liées à des facteurs extérieurs, d'autres à des problèmes (voire des erreurs) de gestion.

2. On analyse ensuite la liste des dépenses fournie par le syndic

☞ Le premier objectif est de vérifier qu'il existe bien une facture ou un justificatif par « imputation ».

Exemple : « Produits d'entretien : 360 € ». Y a-t-il une facture originale **correspondante** ? (C'est ce que l'on appelle le **pointage**). Toute dépense sans justificatif doit être notée.

☞ Le deuxième objectif est de contrôler qu'on n'impute pas deux fois la même dépense ou qu'on ne réimpute pas une dépense concernant l'année passée.

☞ Le troisième objectif est de savoir quelle est l'augmentation d'une année sur l'autre des dépenses **poste par poste**.

Pour l'eau, le chauffage, l'électricité, on prendra soin de faire une comparaison en consommation et non en francs.

---

1. Vous lirez attentivement le chapitre 13 consacré au budget prévisionnel.

Ce dernier travail complète celui fait plus haut (comparaison avec le budget prévisionnel).

3. On analyse ensuite les factures et justificatifs demandés au syndic

Pour bien analyser une facture, il faudra surtout **NE PAS** faire ce que tout le monde est tenté de faire, c'est-à-dire se contenter de vérifier que le chiffre situé en fin de facture est bien celui qui est réparti sur la liste des dépenses.

Analyser une facture c'est viser de nombreux objectifs.

☞ Le premier objectif : vérifier que la facture concerne bien l'immeuble.

☞ Le deuxième objectif : vérifier que la facture correspond bien à un travail effectué en totalité.

☞ Le troisième objectif : vérifier que le travail est **bien** identifié (qu'est-ce qui a été fait et **où** : sur une partie commune ? privative ?).

☞ Le quatrième objectif : vérifier que la facture correspond bien au **devis** (s'il y a eu un devis).

☞ Le cinquième objectif : vérifier que la facture correspond bien au contrat éventuel (par exemple : vérifier que l'augmentation de la facture du contrat d'ascenseur correspond à l'application de ce que prévoit le contrat).

☞ Le sixième objectif : vérifier que le syndic avait bien le **DROIT** d'engager les dépenses (l'assemblée générale a-t-elle voté la dépense ? Le Conseil Syndical a-t-il été consulté par écrit ?).

☞ Le septième objectif : vérifier que la facture détaille bien les prix (prix de la main-d'œuvre, prix des fournitures) et n'est pas exagérée (par exemple : 7 heures pour changer 3 prises de courant). Il faut savoir que toute facture non détaillée ou ne renvoyant pas à un devis détaillé est **ILLÉGALE**.

Nous revenons un peu plus loin sur la méthode d'analyse d'une facture à laquelle nous consacrons la deuxième partie de ce chapitre.

4. On analyse aussi les dates des règlements effectifs des imputations

☞ L' objectif est de savoir si le syndic n'a pas tendance à payer très tard les entreprises.

Rappelons qu'on doit refuser les paiements à plus de 30 jours (si l'on est dans ce cas, cela signifie que l'entreprise surfacture, et que le syndic cherche à augmenter ses produits financiers...).

5. On peut analyser ensuite certains problèmes précis

a/ En matière d'eau, quand il y a des compteurs divisionnaires, l'objectif est de savoir s'il n'y a pas de trop grosses différences entre le total des m^3 payés à la compagnie des eaux et le total des m^3 récupérés sur les occupants (cela signifie soit que les compteurs sont défaillants, soit que les relevés sont **mal** faits, ce qui a pour conséquence d'augmenter les charges **COMMUNES** d'eau). Voir ici même, chapitre 27.

b/ En matière de chauffage au fioul, l'objectif sera de savoir si le prix obtenu par le syndic (prix **libre**) est ou non correct. Voir plus loin, chapitre 12.

6. Certains contrôles sont plus difficiles et requièrent quelques connaissances précises

Le Conseil Syndical peut se faire aider sur ces points. Il s'agit :

- du contrôle des feuilles de paie,
- du contrôle de l'application des contrats de chauffage à intéressement.

Pour vous montrer comment faire concrètement ces différents types de contrôle, nous avons pris l'exemple d'un immeuble et vous expliquons précisément, à partir de **tableaux** et de documents réels (telles des factures) comment effectuer le contrôle et poser les **BONNES** questions.

II. COMMENT CONTRÔLER UNE FACTURE ET QUE CONTRÔLER DANS UNE FACTURE

Lire une facture, tout le monde a l'impression que c'est facile. En fait, c'est un peu plus compliqué qu'il n'y paraît, car cela oblige à vérifier de nombreux points. Heureusement, la vérification de ces points est à la portée de tous. Il suffit d'un peu de méthode, de patience et de quelques conseils (ceux que nous allons vous donner).

Si les conseillers syndicaux prennent le temps d'éplucher les factures de leur immeuble en utilisant la méthode de lecture que nous préconisons, il y a fort à parier que leurs charges baisseront de 20 % dès l'année suivante. Voyons cela.

Pour faire le tour d'une facture, il faut :

- dans certains cas, la comparer à des documents externes ;
- étudier sa matérialité ;
- étudier ce qui est écrit sur la facture par le syndic ou un membre de la copropriété ;
- étudier ce qu'a écrit l'entreprise ;
- se poser un certain nombre de questions annexes.

1. Rappel sur quelques aspects de la loi

Avant d'entrer dans le détail, rappelons quelques points très importants concernant les factures et engagements de travaux.

a/ *L'article 21, paragraphe 2 de la loi du 10 juillet 1965*

En 1985, le législateur a voulu donner un pouvoir de contrôle *a priori* au Conseil Syndical, et a donc institué une règle selon laquelle le syndic devait faire voter, par l'assemblée générale, un montant de dépenses courantes au-delà duquel la consultation du Conseil Syndical était obligatoire.

Disons tout d'abord, que ne sont concernées **que** les dépenses qui ne relèvent pas d'une décision d'assemblée générale. Il ne s'agit donc que de dépenses d'**entretien courant,** les autres dépenses étant du **seul** ressort de l'assemblée générale.

Si le syndic n'a pas fait voter le montant, la sanction est qu'il doit soumettre **toute** dépense au Conseil Syndical préalablement à leur engagement.

Le syndic doit demander au Conseil Syndical un avis **écrit,** ceci pour éviter que le syndic puisse se cacher derrière un quelconque et vague avis oral incontrôlable. Cela résulte non pas de l'*article 21 de la loi,* qui est muet sur ce point, mais de l'*article 11 du décret du 17 mars 1967,* qui indique que le syndic doit adresser, avec les convocations, les **avis écrits** du Conseil émis dans le cadre des dispositions de l'*article 21.*

Très souvent, au cours des contrôles, on s'aperçoit que le syndic a engagé des dépenses au-delà de la somme votée, sans consulter le Conseil Syndical, ou en invoquant une vague approbation d'un membre.

(***À noter*** **:** la consultation obligatoire du Conseil Syndical concerne **aussi** les contrats).

L'oubli du syndic constituant une faute professionnelle caractérisée, il faut savoir que l'assemblée générale peut légalement refuser d'entériner cette dépense, ce qui oblige le syndic, soit à la prendre en charge, soit à la faire prendre en charge par son assurance de responsabilité civile, ceci en s'appuyant sur un fondement juridique imparable.

- **Étudier une facture, ce sera donc d'abord vérifier que l'article 21 paragraphe 2 a bien été respecté.**

b/ *La réglementation des prix*

Avant d'aborder la lecture des factures, il est nécessaire de rappeler la réglementation des prix en matière de factures et de devis. Voyons cela.

Dans la mesure où il y a un devis, il faut savoir qu'un *arrêté ministériel du 2 mars 1990 (arrêté du ministère de l'Économie, des Finances, et du Budget)* rend obligatoire un certain nombre de mentions.

L'article 3 de cet arrêté précise en effet :

« Art. 3 : Tout devis doit comporter les mentions suivantes :
- *la date de rédaction ;*
- *le nom et l'adresse de l'entreprise ;*
- *le nom du client et le lieu d'exécution de l'opération ;*
- *le décompte détaillé, en quantité et en prix, de chaque prestation et produit nécessaire à l'opération prévue ; dénomination, prix unitaire et désignation de l'unité à laquelle il s'applique (taux horaire de main-d'œuvre, le mètre linéaire ou le mètre carré, etc.) et la quantité prévue ; la somme globale à payer hors taxes, et toutes taxes comprises en précisant le taux de TVA ;*
- *la durée de validité de l'offre. »*

Bien sûr, cet arrêté est toujours en vigueur.

Mais dans la mesure où il n'y a pas eu de devis, la réglementation est tout aussi exigeante. En effet, l'*article 5 de l'arrêté* précité oblige, dans ce cas, à ce qu'une facture soit délivrée conformément aux dispositions prévues par un autre arrêté, l'*arrêté n° 83-50/A du 3 octobre 1983* (toujours en vigueur également) et qui stipule, de son côté :

« Art. 5 : La facture doit obligatoirement mentionner :
- *la date de rédaction de la note ;*
- *le nom et l'adresse du prestataire ;*
- *le nom du client, sauf opposition de celui-ci ;*
- *la date et le lieu d'exécution de la prestation ;*
- *le décompte détaillé, en quantité et en prix, de chaque prestation et produit fourni ou vendu, soit dénomination, prix unitaire et désignation de l'unité à laquelle il s'applique, quantité fournie. »*

En clair, cela signifie qu'une facture ou un devis, quand celui-ci a été établi, doit être détaillé :
- main-d'œuvre (prix horaire et nombre d'heures) ;
- fourniture (prix unitaire et quantité) ;
- déplacement.

Un conseil : dans le cas où votre syndic n'a pas fait respecter ces dispositions réglementaires, vous serez donc en droit de refuser les factures qu'on peut qualifier d'illégales, donc irrecevables ; à lui, qui a commis l'erreur, d'en assumer, éventuellement, les conséquences.

Bien entendu, vous pouvez ne pas refuser la facture en bloc mais, par exemple, ne l'accepter qu'à 80 %, voire 70 %. Vous verrez qu'en agissant ainsi, votre syndic apprendra vite à faire respecter la réglementation.

2. L'environnement de la facture

a/ Bien entendu, il faudra toujours, en premier lieu, se demander si une facture se **réfère à un contrat** et bien étudier ce contrat pour savoir si la facture est conforme (l'augmentation annuelle est-elle conforme à ce qui est dans le contrat ?). Si la facture est **hors** contrat, il faudra bien vérifier que le contrat ne prévoyait pas, en fait, ce travail.

Y a-t-il eu un **devis**, un **marché** ? Si la facture se réfère à un devis ou à un marché, il faudra toujours demander ce document et comparer. Tout dépassement devra être justifié, et au besoin refusé.

b/ En deuxième lieu – à défaut de devis ou marché – il faudra se demander s'il y a eu un **ordre de service écrit** de la part du syndic ? Si oui, il faudra comparer l'ordre de service avec le travail effectué ! (et refuser de ratifier le travail non commandé). Sinon, il faudra savoir pourquoi il n'y a pas d'ordre de service.

c/ Enfin, dernière question : y a-t-il un **bon d'attachement** joint à la facture (c'est une feuille établie par l'ouvrier et signée par une gardienne ou un membre de la copropriété) ? Ce bon doit préciser l'heure d'arrivée et de départ, ainsi que le nombre d'ouvriers, et doit permettre de contrôler les factures.

Si vous n'avez pas de « bon d'attachement », faites en sorte d'obliger le syndic – pour le futur – à exiger des bons d'attachement des entreprises, et à les prévenir, qu'à défaut, aucune facture ne sera plus réglée.

À noter : vous pouvez demander au syndic de joindre systématiquement copie des devis aux factures, plus les ordres de service, plus les bons d'attachement. Cela évitera de demander cinquante fois la même chose au cours du contrôle.

3. La matérialité de la facture

☞ **Il ne faut accepter que des originaux de facture et, en aucun cas, un fax ou une photocopie.**

Cette règle ne doit souffrir aucune exception. Une dépense sans facture originale est une dépense non justifiée, donc à rejeter.

4. Indications portées sur la facture par le syndic ou le Conseil Syndical

Il faut toujours noter la **date de réception** portée par le syndic sur la facture *(reçue le...)* et la comparer à la date d'émission de la facture. Un trop gros écart est signe d'anomalie (dont il faudra chercher la raison).

Il faut surtout noter **quand a été payée** la facture *(payée le...)* et comparer cette date à la date de réception. Vous pouvez ainsi établir un tableau des délais de paiement (à noter, néanmoins, que tous les syndics ne notent pas la date de paiement sur leur facture).

Vous ferez ensuite quelques sondages et vérifierez que la date de paiement théorique correspond bien à la date de débit en banque, à quelques jours près (si le syndic a un compte unique, il vous doit communication de ses extraits bancaires attestant du débit).

S'il s'agit d'une **facture dépassant le seuil de l'article 21,** paragraphe 2 (voir plus haut) vérifiez qu'il y a dessus le « *bon pour accord* » du Conseil Syndical. À défaut, demandez si un avis écrit a été donné et, bien sûr, exigez les preuves.

À noter : certains syndics malins ont trouvé une parade aux contrôles mentionnés dans ce point : ils exigent des entreprises qu'elles envoient leurs factures avec beaucoup de retard... Comparez donc les dates de réception des factures avec les dates de réalisation des travaux. Un trop gros écart est **mauvais** signe.

5. Lire la facture

a/ On lira d'abord la **date.** Pour toute facture antérieure à deux ans, on devra, d'une part, se demander ce qui justifie ce retard, d'autre part, se demander si la facture n'a pas été déjà payée et, enfin, pourquoi le syndic n'a pas fait jouer la prescription biennale.

b/ L'**adresse** de l'immeuble : on a parfois des surprises à ce sujet. Un syndic peut avoir plusieurs immeubles dans la même rue et donc se tromper...

c/ Le **jour** d'intervention : on refusera toute facture où n'est pas indiqué de « *jour d'intervention* ». Par ailleurs, si une entreprise a adressé plusieurs factures pour le même jour, on veillera à faire rembourser les déplacements comptés plusieurs fois.

d/ Le **lieu** exact d'intervention : là aussi, refusez les factures imprécises. Si le lieu est noté, vérifiez qu'il ne s'agit pas de parties privatives.

e/ Le **type d'intervention** exact : on est surpris par le nombre de factures qui restent floues sur ces précisions. Soyez intraitable et rejetez toute facture non précise sur ce point.

f/ Le **détail** : comme on l'a dit plus haut, toute facture non détaillée ou se référant à un devis non détaillé doit être rejetée. Le détail concerne :

- le nombre d'heures ;
- le prix horaire ;
- le déplacement ;
- le détail des fournitures et les prix unitaires.

g/ Les **indices** : si la facture se réfère à un contrat avec une formule d'indexation, il faut la refuser si les nouveaux indices ne sont pas mentionnés (il faut apprendre à un syndic à refuser une facture qui ne mentionne pas les indices).

h/ Le taux et le calcul de la **TVA** : le bon taux, surtout quand il est de 5,5 % et non de 19,6 %, n'est pas toujours appliqué ; si les calculs sont faits « à la main », n'hésitez pas à les contrôler et surtout à contrôler le calcul de la TVA.

Conclusion :
une bonne lecture de la facture peut vous permettre de repérer de nombreux points de contestation. Il ne faut pas hésiter à rejeter des factures imprécises, ou non conformes à la réglementation des prix, ni à obliger le syndic à exiger des factures précises .

Ce n'est pas par esprit tatillon que nous préconisons cette approche, mais uniquement pour pouvoir disposer de factures contrôlables : comment contrôler une facture si on ne sait pas où a été fait le travail ? comment contrôler une facture si on ne sait pas combien d'heures ont été facturées ? etc.

6. Les questions que l'on doit se poser quand on étudie une facture

Nous allons donner ci-dessous (en vrac) un certain nombre de questions qu'on doit se poser.

Bien sûr, ces questions ne concernent pas toutes les factures. Mais chaque facture, en principe, est concernée au moins par une de ces questions.

a/ Si vous avez la chance d'avoir une facture avec le nombre d'heures, demandez-vous si le **nombre d'heures facturé** est :

• conforme au bon d'attachement ;

• normal, compte tenu du travail effectué (exemple : 2 heures pour changer une tête de robinet est excessif).

Il faudra apprendre à refuser des factures dont le nombre d'heures paraît surfait (dans ce cas, il faut exiger du syndic qu'il obtienne un avoir).

b/ Sur une facture de travaux, il faudra se demander si un **acompte** n'a pas déjà été réparti dans les charges. Souvent, on trouve : acompte et quelques mois plus tard la totalité de la facture.

c/ Si la facture concerne un **sinistre,** il faudra se demander si la **déclaration** a été faite à l'assurance (et demander les justificatifs au syndic).

d/ Il faudra se demander si le travail ne concerne pas une **charge privative**.

e/ Il faudra se demander si le syndic a bien respecté les **dispositions** de l'article 21, paragraphe 2 (voir plus haut).

f/ En cas de contrat ou de marché, on devra se demander s'il y a cohérence entre le **contrat** et la **facture**.

g/ On devra aussi, dans ce cas, vérifier que les formules contractuelles d'**indexation** ont été respectées (notre grande expérience en matière de contrat d'ascenseur nous laisse très sceptiques à ce sujet).

h/ Le **travail** a-t-il été **fait** ? Bien fait ? Là aussi, cette question doit être résolue pour, éventuellement, exiger un avoir.

i/ Le nombre d'ouvriers indiqué sur la facture est-il à la fois **exact** (exemple : deux ouvriers sont-ils bien restés chacun huit heures ?) et **admissible** (exemple : pourquoi accepter de payer deux ouvriers pour changer un joint ?).

j/ Quand un **travail identique** a-t-il déjà été fait ? Cette question (souvent difficile à résoudre) vise à éviter que les artisans ne reviennent trop souvent pour la même chose.

k/ En cas de panne, n'y a-t-il pas un **caractère répétitif** de celle-ci (dans ce cas, le syndic aurait dû refuser les factures postérieures à la première intervention, l'entreprise ayant une obligation de résultat).

l/ Le matériel n'était-il pas encore **sous garantie** ?

m/ La facture ne fait-elle pas **double emploi** avec une autre ?

n/ La retenue de garantie (en cas de travaux avec réserve) a-t-elle été opérée ?

On le voit, de nombreuses questions se posent et doivent pouvoir être résolues.

☞ **Apprendre à lire une facture selon les conseils donnés ci-dessus** a non seulement l'avantage de permettre un meilleur contrôle des dépenses passées, mais pourra aider à brider les dépenses futures. Ainsi, obliger un artisan à faire un bon d'attachement ou à indiquer son nombre d'heures, doit permettre d'empêcher des abus.

III. APPLICATION DE LA MÉTHODE SUR UN EXEMPLE CONCRET

Pour finir, voyons comment bien étudier les documents divers que nous avons évoqués jusqu'à présent, ceci sur un exemple concret.

1. Étudier les dépenses par rapport au budget prévisionnel

Chaque année on vote un « budget prévisionnel » qui correspond souvent aux dépenses passées. En fin d'année, la première chose à faire sera de **comparer** dépenses réelles et dépenses prévisionnelles. Comme on le voit dans l'exemple **simple** qui suit, les dépenses réelles sont toutes en dépassement par rapport au budget prévisionnel. À chaque fois il faudra en chercher les raisons et vérifier si les raisons sont bonnes ou non. Les dépassements étaient-ils inévitables ? Sont-ils liés à une absence de contrôle de la part du syndic ? Liés à des erreurs de sa part ?

De toute façon, la simple reprise du budget prévisionnel et le constat des dépassements est **DÉJÀ EN SOI** très éclairant car il va **forcer** à rechercher la cause des dépassements.

NB : en général le budget prévisionnel correspond aux dépenses de l'année passée, affecté d'un cœfficient de révision. Dans notre exemple, si les dépenses sont en dépassement de + 20,2 % par rapport au budget cela veut dire qu'elles sont peut-être en dépassement de + 25 % par rapport aux dépenses de l'exercice antérieur !

Nous donnons ci-dessous le tableau des dépenses et de budget, et à gauche les questions que l'on doit se poser :

	Budget prévisionnel	Dépenses réelles		Questions à se poser
Personnel	18 000	20 042	→	*À quoi est dû le dépassement ? Maladie ? Congés ? Augmentation de salaire légale ou octroyée par le syndic ?*
Charges sociales	17 000	21 756	→	*Pourquoi un tel niveau de charges sociales ?*
Syndic	7 658 900	7 658 1 754	→	*À quoi correspond ce dépassement ?*
Procédures	9 000	1 937		
Eau	10 000	11 864	→	*S'agit-il d'une simple augmentation de prix ou de consommation ? ou des deux ? Si la consommation a augmenté de 15%, cela se justifie-t-il ?*
Espaces verts	3 500	4 954	→	*Y a-t-il eu des travaux hors contrat ? Pourquoi ?*
Ascenseur	2 400	2 674 695	→	*Pourquoi + 11,4 % ?*
Travaux	5 000	7 204	→	*Pourquoi ces travaux ? Le syndic a-t-il engagé ces dépenses avec l'accord du Conseil Syndical ?*

2. Comparer les dépenses de plusieurs exercices

Une fois comparées les dépenses réelles et le budget prévisionnel (dépenses **PRÉVUES**) le Conseil Syndical établira un **tableau** des évolutions des dépenses réelles sur plusieurs années pour repérer les problèmes. Cela complètera très utilement le premier travail.

	2002	2003		2004	
Personnel	16 919	17 596	*+ 4 %*	20 042	*+ 13,9 %*
Charges	15 768	16 115	*+ 2,2 %*	21 756	*+ 35 %*
Honoraires Syndic	6 733	7 406	*+ 10 %*	7 658	*+ 3,4 %*
Frais de gestion	693	721	*+ 4 %*	1 754	*+ 143 %*
Procédures	0	568	–	1 937	*+ 241 %*
Eau	8 104	9 887	*+ 22 %*	11 864	*+ 20 %*
Assurance	1 961	2 205	*+ 12,4 %*	2 481	*+ 12,5 %*
Ascenseur	2 212	2 409	*+ 8,9 %*	2 674 et 695	*+ 11 %*
EDF	2 184	3 233	*+ 48 %*	3 411	*+ 5,5 %*
Espaces verts	3 920	4 077	*+ 4 %*	4 954	*+ 21,5 %*
Petits travaux	3 881	4 968	*+ 28 %*	7 204	*+ 45 %*

Établir un tel tableau est simple et permet de repérer facilement des anomalies ou de se poser des questions.

Sans entrer dans le détail, on voit tout de suite certains problèmes :

1. Entre 2002 et 2003 les honoraires du syndic ont été sensiblement revalorisés (+10 %). Même si cette augmentation a bien été votée, il faudra le rappeler au syndic si celui-ci se plaint d'être « sous-payé ».

2. Les frais de gestion ont plus que doublé.

3. La gestion des salaires semble poser des problèmes et demandera un examen attentif (évolution anormale de salaires et aberration concernant les charges sociales).

4. Les procédures semblent se multiplier (ou s'agit-il d'une augmentation considérable des honoraires ?).

5. Le poste « Eau » semble dériver plus que l'augmentation du prix de l'eau. Les consommations sont-elles raisonnables ?

6. L'assurance a augmenté deux années de suite de 12,5 % ! Comment cela se justifie-t-il ?

7. Le contrat d'ascenseur semble augmenter très vite (+ 8,9 % et 11 % !). Cela correspond-il au contrat ?

8. EDF : d'où vient le décrochage à partir de 2003 ?

9. Espaces verts : le décrochage, là, se constate en 2004. À quoi tient-il ?

10. Petits travaux : l'évolution semble un peu inquiétante (bien que peut-être normale). À voir de près.

On voit que sur cet exemple **volontairement excessif** pour des raisons pédagogiques, la simple « comparaison » annuelle force à se poser de nombreuses questions.

3. Quelques questions à se poser face à un état des dépenses

Une fois repérés les problèmes des « évolutions », on se penchera sur l'état détaillé des dépenses de l'année. Avant même de regarder les factures on lira **très** attentivement cet état. Que nous apprend-il ?

Personnel :

	Janvier	1 193	Juillet	1 234	↔ *Qui assure les remplacements ?*
	Février	1 193	Août	1 329	
Pourquoi autant de remplacements (congés ? maladie ?) ↔	Remplacement	57	Remplacement	2 292	↔ *Selon quel contrat ?*
	Mars	1 210	Septembre	1 217	
	Avril	1 195	Octobre	1 237	
Où sont les remboursements ? ↔	Remplacement	234	Novembre	1 256	
	Mai	1 212	Décembre	2 594	
	Juin	1 253	Remplacement	1 336	

Pourquoi les charges sociales dépassent-elles le niveau des salaires net ? ↔	**Charges sociales :**	21 756	
	Frais de gestion :		
Ce chiffre a-t-il été voté en AG ? ↔	Honoraires	7 658	
Bien contrôler les factures du syndic. ↔	Assemblée générale	952	
Quel est le prix de la photocopie ? ↔	Photocopies	451	
Le syndic applique-t-il la TVA sur les timbres ? ↔	Frais de timbres	351	
	Procédures :		
De quelle procédure s'agit-il ? ↔	722		
Qu'a fait l'avocat ? ↔	948		
↔	267		
	Eau :	11 864	↔ *Pourquoi le syndic n'indique-t-il pas le nombre de m³ ?*
	à déduire Consommation aux compteurs	- 7 932	↔ *Pourquoi y a-t-il une telle différence ?*
	Travaux divers :		
Y a-t-il eu déclaration à l'assurance ? Où est le remboursement ? ↔	Changement porte sécurité	719	
Qui a décidé du changement ? AG ? Syndic ? ↔	Changement vannes	1 546	
Le Conseil a-t-il été consulté ? ↔	Travaux électricité loge	871	
	Changement de fontes	4 068	
Quel est le prix au m² développé ? Quelle est l'augmentation d'une année sur l'autre ? ↔	**Assurance :**	2 481	
	Ascenseur : contrat	2 674	↔ *Quelle est l'augmentation sur un an ?*
	travaux	695	↔ *Pourquoi des travaux en plus du contrat ? Ne sont-ils pas, en principe, inclus dans le contrat ? Y a-t-il un devis ?*

4. Savoir lire une facture (1)

Enfin, vous vous plongerez dans l'étude des factures. Attention, une facture requiert beaucoup d'attention. Prenons deux exemples :

Remarque	Facture	Remarque
Attention. Pourquoi s'agit-il d'un duplicata ? La facture n'est-elle pas déjà passée par ailleurs ? ↔	***DUPLICATA***	
	21 décembre 2003	↔ *La facture n'a-t-elle pas déjà été répartie sur l'exercice 2002 ?*
	Syndicat des Copropriétaires du	↔ *Bien vérifier qu'il s'agit de votre immeuble.*
Demandez le "bon de commande" écrit. Cela s'appelle un OS (ordre de service). Demandez au syndic s'il y a eu un devis ou non. Si oui, se faire communiquer impérativement le devis. Sinon exiger des explications. ↔	**Votre commande du 6.12.2003**	
	Notre intervention courant décembre	↔ *Ne pas admettre de facture imprécise n'indiquant pas une date.*
	Objet : Divers travaux de plomberie dans l'escalier A	↔ *Même remarque. Il faut savoir exactement de quoi il retourne.*
Soit il y a un devis détaillé, soit la facture doit être détaillée en : - fourniture - main-d'œuvre (avec prix unitaire) Exemples : - 3m tube de cuivre x.. - 1 robinet d'arrêt - 4 heures à 34 € HT ↔	**Forfait :**	
	1 200 € HT	↔ *Quelle est la somme votée par l'AG et au-delà de laquelle le syndic doit consulter par écrit le Conseil Syndical ? Si c'est 1 000 € alors il faut vérifier que le Conseil Syndical a donné son accord.*
	TVA = 66 €	
	TOTAL = 1 266 €	
	En votre aimable règlement	↔ *Date de paiement ?*

Savoir lire une facture (2)

Voici un autre modèle de facture :

20 mars 2003

Syndicat des Copropriétaires du.....

Notre contrat du 2.08.1987 ↔ *Quand une facture concerne un contrat, se reporter toujours à ce contrat. Le lire attentivement pour voir ce qu'il comporte. Comment évolue-t-il, etc. Dans le cas présent, on a affaire à un vieux contrat. Méfiance.*

Echéance d'avril 2003

Montant revalorisé : ↔ *Aucun indice n'est fourni. Que prévoit le contrat ? Si le contrat prévoit une formule, demander au syndic comment il a fait pour contrôler l'application de la formule. En général refuser toute facture qui ne justifie pas la revalorisation.*

2 244,97 € HT

TVA = 123,47 €

TOTAL = 2 368,44 € ↔ *Là encore, pourquoi n'y a-t-il pas de date de paiement ?*

CHAPITRE 10

LE CONTRÔLE DES RECETTES

Pour le Conseil Syndical, le contrôle des recettes va surtout consister en ceci :

1. Se faire communiquer la liste des recettes AUTRES que les versements des copropriétaires et rechercher ce qui peut manquer.

☞ Exemples :

• **assurances** : si un seul remboursement d'assurance a été fait alors que plusieurs sinistres sont intervenus, le Conseil Syndical devra se renseigner sur les remboursements non effectués.

• **Sécurité sociale** : si la gardienne a été malade pendant deux mois et qu'aucun remboursement n'est intervenu, on cherchera pourquoi.

• **produits des locations** : si la copropriété loue des emplacements publicitaires (ou autres), on vérifiera :

– que le loyer est bien reversé,

– que le loyer versé a été revalorisé correctement.

• **intérêts sur placement** : le Conseil Syndical devra demander les justificatifs de ces intérêts.

• **intérêts de retards versés par les copropriétaires débiteurs.**

2. Par ailleurs, le Conseil Syndical étudiera très attentivement les versements effectués par les copropriétaires, le but n'étant pas de vérifier que le syndic a bien reversé à la copropriété les sommes versées par ceux-ci mais d'étudier les **IMPAYÉS**.

☞ Les objectif sont :

. **de faire le point sur les charges** non payées (voir les montants dus, voir **QUI** ne paye pas, voir s'il s'agit de personnes ayant **vraiment** des problèmes, ou d'autres manifestement de mauvaise foi, voir s'il s'agit de personnes qui mettent en location leur logement, etc.).

. **de faire le point sur les actions engagées** par le syndic pour recouvrer les charges.

Comment procéder ?

Vous allez procéder en trois temps :

a/ demandez ce qu'on appelle la « **balance des copropriétaires** » : il s'agit de la liste des copropriétaires avec leur solde (voir plus loin).

b/ puis, pour les gros débiteurs, vous demanderez un **historique de leur compte** (voir ci-dessous).

L'historique donne :
– d'un côté (au débit) les sommes appelées sur un copropriétaire ;
– de l'autre (au crédit) les sommes versées par le copropriétaire.
Nous verrons comment lire et utiliser un tel document.
c/ Enfin, vous demanderez – pour les gros débiteurs – **un état daté des procédures engagées** :
. date de la 1re lettre recommandée avec avis de réception,
. date du 1er commandement de l'huissier,
. date de l'assignation au tribunal,
. date du jugement,
. copie du jugement,
. suite donnée au jugement.
Ainsi, vous saurez simplement si **OUI** ou **NON** le syndic a bien défendu les intérêts de la copropriété et agi pour faire payer les charges.
(Pour plus de détails, nous vous renvoyons au chapitre 31 de ce guide).

Exemple d'une balance « Copropriétaires »

Balance arrêtée au 20 décembre 2004

Nom	Débiteur	Créditeur
Dupont	528	
Montil	6	
Durand	4 178	
Dulac		870
Duval	900	
Dumont	108	
Lacoste	1 773	
Martin	2 673	
Leriche		24
La Marise	5	

Commentaire

• Une telle balance montre que certains copropriétaires ne doivent qu'un trimestre (M. Dupont) ou deux trimestres (M. Duval).

• Pour M. Lacoste il faudra demander un historique pour étudier d'un peu plus près le problème (voir s'il s'agit de retard ou d'une situation plus préoccupante).

• Pour M. Durand et M. Martin, il faudra sérieusement étudier l'historique de façon à comprendre ce qui se passe. Nous donnons l'historique du compte de M. Martin et expliquerons ce qu'on peut retirer d'une telle lecture :

Historique du compte de M. Martin

Report à nouveau (signifie report du solde de l'exercice précédent)	24	
Appel du 03.01.2003	413	
Versement du 04.03.2003		413
Appel du 06.04.2003	447	
Appel du 03.07.2003	452	
Frais de relance	11	
Versement du 08.08.2003		225
Appel du 07.10.2003	382	
Commandement d'huissier	56	
Versement du 07.11.2003		225
1er appel travaux du 08.12.2003	375	
Appel du 04.01.2004	439	
2e appel travaux du 03.02.2004	375	
Intérêts de retard	29	
Versement du 13.03.2004		300
Appel du 07.04.2004	489	
Appel du 06.07.2004	381	
Versement du 30.08.2004		150
Appel du 05.10.2004	453	
	3 986	1 313
Solde	2 673	

1. Ce compte montre que jusqu'en avril 2003 M. Martin a correctement payé (l'« à nouveau » – c'est-à-dire le report au 01.01.2003 – le montre, ainsi que le fait que le premier appel 2003 est entièrement payé).

2. À partir d'avril 2003, la situation se dégrade **BRUTALEMENT**. On voit que M. Martin n'est pas en situation de « retard » mais de difficultés chroniques. Que s'est-il passé ? Chômage ? Maladie ? Autre ? (exemple : M. Martin a un locataire qui ne lui paie plus les loyers !).

3. On voit aussi que le syndic a agi assez vite (lettre recommandée avec avis de réception, commandement d'huissier). Le problème est de savoir s'il a :

. contacté le débiteur pour connaître l'origine de ses problèmes,
. proposé un échéancier et un plan d'apurement,
. vérifié qu'il ne louait pas son logement, etc.

L'historique d'un compte fournit une **HISTOIRE** simplifiée. Il aide à se poser des questions, non à les résoudre. Il faudra aller plus loin.

CHAPITRE 11

LE CONTRÔLE DE LA « SITUATION DE TRÉSORERIE » ET DE L'ÉTAT DES DETTES ET DES CRÉANCES

IMPORTANT

Le chapitre qui suit est très important, car l'analyse des documents que nous allons présenter et expliquer :

1 – n'est pratiquement jamais faite par les conseillers syndicaux, qui ne comprennent pas bien comment s'y prendre ;

2 – permet pourtant presque toujours, d'une part de repérer de nombreux *« trésors »* cachés (on verra pourquoi) mais aussi de repérer de nombreuses anomalies de gestion.

En 2007 des nouvelles règles et dispositions comptables seront mises en application, comme nous l'expliquons au chapitre 12. Parmi les nouvelles dispositions il en est une importante qui consiste à obliger les syndics à présenter la situation financière et l'état des dettes et des créances de façon qui sera normalisée. Nous allons donc, dans ce chapitre :

1 – vous expliquer comment lire et utiliser les documents actuels (situation de trésorerie et état des dettes et des créances) qui serviront encore pour les comptes 2005 et 2006,

2 – puis vous expliquer, à partir de ce que nous aurons vu, le fonctionnement du futur *« tableau »* normalisé que vous ne découvrirez dans la réalité qu'en 2008 (présentation des comptes 2007).

Beaucoup de conseillers syndicaux ne contrôlent jamais la situation de trésorerie parce qu'ils n'y comprennent **RIEN**.

Cela est normal, mais c'est dommage, car le contrôle de la situation est, en fait, **TRÈS SIMPLE**, une fois que l'on a compris le principe. Nous allons, en quelques pages, essayer de vous initier à ce contrôle.

1. Comprendre une situation de trésorerie

La situation de trésorerie est le document qui va permettre de savoir de **QUELLE** somme dispose la **copropriété** et donc fournir :

. l'état des dettes,
. l'état des créances,
. l'état de la trésorerie disponible.

La situation de trésorerie peut être **SIMPLE** ou complexe. Mais elle fonctionne toujours sur le même principe :

– d'un côté (à gauche) on met :
 • tout ce qu'on doit à la copropriété,

– de l'autre (à droite) on met :
 • tout ce que la copropriété **DOIT**.

Ainsi :
• les copropriétaires débiteurs seront à gauche,
• les factures payées d'avance et non appelées sur les copropriétaires seront à gauche,
• le solde positif sera à gauche (cet argent appartient à la copropriété mais c'est la « banque » qui le doit),
• le fonds de roulement (dû aux copropriétaires) sera à droite,
• les factures appelées et non payées seront à droite (dues aux fournisseurs),
• les indemnités d'assurance non remboursées aux copropriétaires seront à droite, etc.

Une situation simple se présentera ainsi :

	Débit	**Crédit**
Copropriétaires débiteurs	1 700 €	
Copropriétaires créditeurs		150 €
Fonds de roulement		3 000 €
Factures à payer		2 100 €
Solde	3 550 €	
	5 250 €	5 250 €

Le solde est égal au total des crédits moins le total des débits.
Dans notre exemple nous avons :
• 1 700 € dus par des copropriétaires,
• 150 € dus à des copropriétaires
(personnes ayant trop versé d'argent ou copropriétaires ayant vendu...),
• 3 000 € de fonds de roulement,
• 2 100 € de factures appelées sur les copropriétaires **non** réglées,
• 3 550 € de trésorerie disponible.

À noter : beaucoup se demandent pourquoi, quand le solde de trésorerie est au « DÉBIT », cela signifie que la copropriété dispose de ces sommes : tout simplement parce que le banquier DOIT cet argent. Si le banquier les **doit**, c'est que la copropriété **possède** cette somme.

Quand le solde est au CRÉDIT (la banque fait « crédit ») c'est que la copropriété ne possède pas cet argent. Elle est « **à découvert** ». Simple, n'est-ce pas ?

Ainsi on peut avoir 3 550 € de trésorerie alors qu'on a un fonds de roulement de 3 000 € et 1 700 € de débiteurs.

Prenons un autre exemple :

	Débit	**Crédit**
Copropriétaires débiteurs	3 800 €	
Fonds de roulement		4 500 €
Factures payées d'avance	1 000 €	
Solde		300 €
	4 800 €	4 800 €

Dans cet exemple, on a :

- 3 800 € de débiteurs,
- 1 000 € de factures payées **non** réparties (exemple : facture de répartition de dégâts des eaux en attente de remboursement).
- un solde créditeur de trésorerie de 300 € (donc un **DÉCOUVERT** !). Ce solde est au crédit car c'est la banque qui **avance** l'argent (la copropriété est donc débitrice bien que son fonds de roulement soit de 4 500 € !).

S'il y a un **compte bancaire** le solde du compte doit comprendre un solde de trésorerie (mais comme certains versements peuvent ne pas être pris en compte par la banque et certains chèques non encore débités, il faut procéder à un « rapprochement bancaire » ; nous verrons cela un peu plus loin).

2. Contrôler une situation de trésorerie

Maintenant que nous avons compris ce que signifie une situation de trésorerie, il s'agit de contrôler une situation précise. C'est-à-dire qu'il va falloir examiner le **DÉTAIL** de chacun des comptes de la situation :

- compte copropriétaires créditeurs,
- compte copropriétaires débiteurs,
- compte des « factures à payer »,
- compte « sinistres en cours »,
- etc.

Nous allons – sur un exemple concret – montrer ce que cela signifie et comment procéder.

Exemple d'une situation de trésorerie un peu plus complexe
Prenons l'exemple ci-dessous :

Débit		**Crédit**	
Copropriétaires débiteurs	7 823	Copropriétaires créditeurs	1 190
Compte « sinistres »	933	Fonds de roulement	9 200
Livret d'épargne	3 096	Fonds de travaux	11 500
Banque	18 375	Intérêts perçus	1 164
		Fournisseurs non payés	3 313
		Compte d'attente	2 396
		Compte intérêts de retard	1 464
	30 227		30 227

Une telle situation est intéressante car on ne peut pas **savoir précisément ce qu'elle SIGNIFIE**. En effet, certaines sommes, bien que situées dans la **colonne** débit ou crédit peuvent signifier des situations **CONTRAIRES**. Rassurez-vous, nous allons voir cela de près. Voici un exemple rapide néanmoins pour vous donner une idée :

Prenons la ligne (le compte) : « Fonds de travaux = 11 500 € » au crédit.

Cela peut vouloir dire trois choses différentes :

• un appel de 11 500 € a eu lieu et la copropriété dispose de 11 500 € pour faire les travaux,

• des travaux ont été exécutés et il reste 11 500 € à payer,

• un appel de travaux de 450 000 € a été fait, les travaux ont été payés et il reste 11 500 € à rembourser aux copropriétaires.

Personne ne **peut** deviner de quoi il s'agit. Pour savoir ce qu'il en est il va falloir étudier le compte en question. En fait, c'est assez simple.

La situation de trésorerie fournie plus haut présente divers comptes qu'il va falloir passer en revue **un par un** et dont il va falloir demander le **DÉTAIL** ou l'**historique** pour **contrôle** et **compréhension**.

L'étude de chaque compte devra permettre :

• non seulement de comprendre ce que signifie chacun des soldes,

• mais aussi de voir si ces soldes ne cachent aucune **anomalie** de gestion.

On va voir concrètement ce que cela signifie (on se reportera, à chaque fois, au tableau précédent).

a/ Compte « Copropriétaires débiteurs et créditeurs »

Il faut demander au syndic de fournir le détail de ce compte, c'est-à-dire la balance « copropriétaires ». Nous avons déjà donné ici même un peu plus haut un exemple de balance qui constitue le « détail de ce compte ».

• **QUE contrôler ?**

Nous avons vu précédemment que cette balance devait nous permettre d'étudier les impayés. Elle peut nous permettre aussi d'étudier d'autres points.

☞ **Y a-t-il des copropriétaires vendeurs qui restent « débiteurs » ?**

• En cas de vente, en effet, le syndic doit faire opposition si le vendeur ne lui a pas versé l'argent qu'il réclame.

• Dans certains cas les syndics ont oublié de faire opposition ou n'ont pas demandé assez d'argent (on peut aussi avoir affaire à une vente judiciaire).

• Il est donc **essentiel** :

– de repérer les comptes « vendeurs débiteurs »,

– de savoir si le débit est dû à la négligence du syndic ou à la « fatalité ».

☞ **Qui sont les copropriétaires vendeurs créditeurs ?**

. Les ventes ont-elles eu lieu il y a 1, 2 ou 10 ans ?

. Pourquoi n'avoir pas remboursé les copropriétaires ?

Si le syndic ne veut pas faire bénéficier aux copropriétaires présents de ces sommes, on pourra au moins exiger qu'il les mette sur un livret d'épargne...

Rappelons que le détail du compte « Copropriétaires » se présente ainsi :

Exemple d'une balance « Copropriétaires »

Balance arrêtée au 20 décembre 2003

Nom	**Débiteur**	**Créditeur**
Dupont	457	
Montil	8	
Durand	1 366	
Dulac		900
Duval	321	
Dumont	942	
Lacoste	641	
Martin	3 967	
Leriche		290
La Marise	121	

b/ Compte « Sinistres »

Quand on a un « sinistre » dans une copropriété (c'est-à-dire un dégât) on a :

• des dépenses (travaux de remise en état),
• des recettes éventuelles (remboursement d'assurance).

Le solde de 933 € peut avoir diverses origines et signifier des réalités différentes.

1er exemple

. Facture dégât des eaux	1 612
. Remboursement	679
Solde	933

2e exemple

. Facture	933
Solde.............	933

Dans le premier cas on a un **déficit** de 933 € que la copropriété va devoir **combler**. La somme de 933 € devra donc être appelée sur les copropriétaires. Le problème sera de savoir pourquoi le remboursement d'assurance a été si faible, ce qu'a fait le syndic pour protester (ou alors : pourquoi les travaux ont-ils été si chers !).

Dans le deuxième cas, on **attend** le remboursement de l'assurance et il est possible qu'on arrive à un solde **ZÉRO**.

Donc dans un cas le solde débiteur est définitif ; dans un autre il n'est **que** provisoire.

Pour savoir dans quel cas on est, il faudra interroger le « compte », c'est-à-dire demander l'historique et poser des questions au syndic.

c/ Livret d'épargne

Là, c'est simple. Il s'agit du chiffre inscrit sur le livret de la copropriété. Une seule chose à contrôler : **le livret lui-même**.

N'hésitez pas à vous faire expliquer les éventuelles « sorties » d'argent (même si cet argent est revenu sur le livret quelques mois après).

Vérifiez bien que les versements possibles sur ce livret ont bien été effectués (donc que la copropriété a bien bénéficié des intérêts...).

d/ Compte « Banque » : 18 375 €

Rappelons que lorsque le solde bancaire est au débit (l'argent est détenu par la banque qui le **doit** donc à la copropriété), cela signifie que la copropriété a une trésorerie excédentaire.

Deux situations :

• La copropriété n'a pas de **compte bancaire séparé** : le solde de 18 375 € est ce qui résulte de la comptabilité, mais ne peut être **constaté** (il est exact si tous les autres comptes sont exacts).

• La copropriété a un **compte bancaire** (ou postal) : le solde de 18 375 € doit donc correspondre au relevé « bancaire ». Néanmoins, il est rare que le solde **théorique** corresponde au solde réel. En effet, certains chèques envoyés à des entreprises peuvent ne pas encore avoir été déposés en banque ; par ailleurs, certains versements de copropriétaires peuvent n'avoir pas encore été déposés sur le compte.

Il faut donc procéder à ce qu'on appelle un **rapprochement bancaire** pour expliquer l'écart entre les deux soldes.

Exemple :

. Solde bancaire	21 178 €	
. Solde de trésorerie	18 375 €	
. Chèques émis non débités		7 198 €
. Versements de copropriétaires non remis en banque	4 395 €	
Solde	2 803 €	
Solde de trésorerie	18 375 € + 2 803 € = 21 178 €	

Un conseil : demandez le **DÉTAIL de TOUS** les chiffres. Ainsi les 7 198 € de chèques émis non débités peuvent se décomposer de la manière suivante :

Entreprise X .	3 078 (règlement d'une facture du 1.07.1998)
Entreprise Y .	824 (facture du 1.09.2003)
Entreprise Z .	3 296 (facture du 3.12.2003)

Tout le problème sera de comprendre pourquoi un chèque émis en 1998 n'a pas été débité en 2004 ! Les réponses peuvent être diverses :

– entreprise en faillite,
– entreprise payée deux fois,
– etc.

De toute façon cette **anomalie** doit être traitée.

e/ Compte « Fonds de travaux »

Que veut dire ce compte ?

• Quand on engage des travaux on fait des appels de fonds. Les appels sont mis en crédit.

• Quand il y a des dépenses, celles-ci sont mises au débit.

Exemple N° 1

. Appel N° 1		30 000
. Acompte entreprise X.	15 000	
. Acompte architecte	450	
. Acompte syndic	300	
. Plomberie	1 200	
. Appel N° 2		30 000
. Supplément	1 200	
. Électricité	4 800	
. Syndic	500	
. Architecte	1 500	
. Solde entreprise X.	23 550	
	48 500	60 000
Solde	11 500	

Dans cet exemple on a 60 000 € d'appel et un certain nombre de factures. Il faudra contrôler ces factures, vérifier les devis correspondants, contrôler que le tout correspond bien au vote de l'assemblée générale. En dernier lieu on se demandera pourquoi il reste 11 500 € (le budget était-il surdimensionné ? Tous les travaux n'ont-ils pas été faits ?).

Exemple N° 2

. Appel N° 1		15 000
. Acompte entreprise X.	3 500	
Solde		11 500

Dans ce cas, on se demandera pourquoi le syndic n'a payé que 3 500 € d'acompte. Bien sûr, cela s'explique peut-être. Mais il est possible aussi qu'il n'y ait **aucune explication**.

Une étude du fonds travaux réservera le plus souvent bien des surprises.

f/ Compte « Intérêts perçus »

Il s'agit des intérêts du livret d'épargne. Les intérêts étant **dus** aux copropriétaires (en principe) sont à mettre dans cette colonne.

À noter : ces intérêts correspondent au cumul des intérêts perçus depuis plusieurs années et jamais redistribués. Ce compte n'étant, lui, que de 3 096 € cela signifie que ce compte ne sert pas beaucoup ou qu'il a été vidé récemment...

Le problème sera de savoir si l'assemblée générale ne peut pas, éventuellement, décider de reverser les intérêts aux copropriétaires.

g/ Fournisseurs non payés : 3 313 €

Encore un compte qu'il faut examiner attentivement :

- quels sont les fournisseurs non payés ?
- depuis quand ?
- n'a-t-on pas affaire à un solde ? En effet, souvent des **AVOIRS** ou factures payées deux fois sont inscrits dans ce compte.

Exemple :

Entreprise Y ..... (facture de 1997)		1 658
Entreprise Z	304	1 020
Entreprise A (avoir)	350	
Entreprise X		1 289

En fait, on s'aperçoit que la copropriété doit recevoir 654 € et qu'une facture de 1 658 € – toujours non payée – remonte à 1997 ! Cela justifie quelques questions au syndic, non ?

h/ Compte d'attente

Ce sont les comptes « fourre-tout ».

- Au crédit, ils permettent d'engranger des recettes qu'on oublie de restituer aux copropriétaires.
- Au débit, ils permettent de « masquer » des dépenses qu'il faudra bien répartir un jour ou l'autre.

Dans notre exemple le compte d'attente correspond à des remboursements de carte magnétique. Mais le syndic a oublié de passer la dépense dans ce compte et n'a passé que les recettes.

Ce qu'il aurait dû faire :

. Dépenses	2 396	
. Recettes		66,55 × 36 (copropriétaires)

Ce qu'il a fait :

. Dépenses	0	
. Recettes		66,55 × 36 (copropriétaires)

Si personne ne demande à ce syndic de rembourser cette somme, il la gardera en trésorerie (trésorerie qui lui rapporte, **À LUI**, des produits financiers).

i/ Compte « Intérêts de retard »

Il s'agit des intérêts imputés aux copropriétaires débiteurs et qui doivent – une fois versés – être crédités dans les charges.

Vérifiez attentivement que ces intérêts ne s'« effritent » pas et soient bien en totalité versés à la copropriété...

Conclusion

Il n'est évidemment pas question de conclure de façon péremptoire. On peut néanmoins suggérer quelques pistes :

• le solde « banque » est élevé (malgré de forts impayés) et, *a priori*, ne profite qu'au syndic (qui peut placer cet argent à son profit).

• pendant ce temps-là (et ceci explique cela) le syndic oublie de rembourser aux copropriétaires :

. les intérêts perçus,
. le compte d'attente,
. le fonds travaux.

Soit : 15 060 €.

Ce « remboursement » fait aux copropriétaires pourrait alléger la **dette de certains** et aider les autres à payer les charges.

Comme on voit, l'étude d'une situation de trésorerie permet non seulement de repérer les anomalies mais aussi de redresser une situation par apurement de certains comptes.

Le seul problème pour le syndic : il risque d'y avoir un peu moins d'argent qui « dort » après ce nettoyage...

NB : pour vous lancer dans le contrôle vous pouvez utiliser le REGISTRE mis au point pour les adhérents collectifs de l'ARC.

3. La future présentation normalisée de l'état financier et de l'état des dettes et des créances

Maintenant que vous avez réussi à comprendre les documents qui sont (souvent mais pas toujours) adressés jusqu'à présent par les syndics, vous n'allez avoir aucun mal à comprendre la logique du tableau normalisé appelé par le décret comptable : *« état financier »* et *« état des dettes et des créances »* et qui, à partir de 2008, devra être adressé à tous les copropriétaires de toutes les copropriétés.

a/ Un tableau en deux parties

Contrairement aux tableaux adressés aujourd'hui où la situation financière est souvent présentée en BAS du tableau, le nouvel état présente la situation financière en haut. Pour le reste, on retrouve les mêmes éléments, à peu près à la même place :

– les *« fonds »* ou *« avances »* qui sont en quelques sortes les *« capitaux »* de la copropriété sont en haut en droite ;

– les débiteurs et les créditeurs (ceux qui doivent de l'argent à la copropriété ou ceux à qui la copropriété doit de l'argent sont dans le deuxième tableau).

– les syndics seront donc obligés de présenter les comptes exactement selon ce tableau ; les numéros renvoient au plan comptable.

b/ Une innovation majeure : la suppression des *« comptes d'attente »*

On a vu plus haut que le problème, dans un état des *« dettes et des créances »*, était souvent lié à l'existence de comptes d'attente.

Désormais les syndics auront interdiction d'avoir des comptes d'attente et – au cas exceptionnel où ils ne pourront pas faire autrement – ils devront absolument donner le détail de ce compte en annexe.

À noter que l'interdiction nouvelle des comptes d'attente vient, en partie, du fait que, désormais, les produits devront être répartis, c'est-à-dire reversés aux copropriétaires (indemnités d'assurance ; recettes judiciaires, etc.).

c/ Une précision

De même le tableau normalisé va résoudre un vieux problème : il précise de façon claire l'obligation d'avoir à fournir la liste détaillée et nominative des débiteurs, alors que, jusqu'à présent, beaucoup de syndics s'y refusaient...

Voilà donc, en quelques mots, présenté le futur tableau.

Naturellement nous avons réalisé – à l'ARC – un guide spécial pour initier les copropriétaires à toutes les subtilités de ce dispositif comptable (voir chapitre 12). Pour l'instant l'essentiel était que vous commenciez à comprendre POURQUOI et COMMENT étudier un état des dettes et des créances assorti d'une situation de trésorerie.

SYNDICAT DES COPROPRIÉTAIRES
Adresse de l'immeuble

État financier après répartition au... (date de clôture de l'exercice)

I – SITUATION FINANCIÈRE ET TRÉSORERIE					
	Exercice précédent approuvé	Exercice clos		Exercice précédent approuvé	Exercice clos
Trésorerie			**Provisions et avances**		
50 Fonds placés			102 Provisions pour travaux		
			103 Avances		
51 Banques ou fonds disponibles en banque (1)			1031 Avances de trésorerie		
			1032 Avances travaux		
53 Caisse			1033 Autres avances		
			131 Subventions en instance d'affectation		
			12 Solde en attente sur travaux ou opérations exceptionnelles		
Total I Trésorerie disponible			**Total I**		
II – CRÉANCES			**DETTES**		
	Exercice précédent approuvé	Exercice clos		Exercice précédent approuvé	Exercice clos
45 Copropriétaires - Sommes exigibles restant à recevoir (2)			45 Copropriétaires - excédents versés (2)		
459 Copropriétaires - créances douteuses (2)					
Comptes de tiers			**Comptes de tiers**		
			40 Fournisseurs		
42 à 44 Autres créances			42 à 44 Autres dettes		
46 Débiteurs divers			46 Créditeurs divers		
47 Compte d'attente			47 Compte d'attente (3)		
48 Comptes de régularisation			48 Comptes de régularisation		
			49 Dépréciation des comptes de tiers (2)		
Total II			**Total II**		
Total général (I) + (II)			**Total général (I) + (II)**		
Emprunts montant restant dû :					

(1) Une somme affectée du signe « - » indique un découvert bancaire correspondant à une dette du syndicat
(2) Liste individualisée *(nom et montant)* ci-jointe
(3) Détail joint

Date et références du syndic

CHAPITRE 12

LE CONSEIL SYNDICAL ET LES NOUVELLES RÈGLES COMPTABLES

« *Comptabilité* ». Dès que le mot est prononcé, 99 % des non-comptables fuient et s'écrient : « *Ce n'est pas pour moi ; c'est une affaire de spécialiste ; c'est trop compliqué, etc.* ».

Dire cela est non seulement inexact, mais particulièrement dangereux. Car comment voulez-vous exercer pleinement votre rôle de « *contrôleur* » si vous renoncez à comprendre quoi que ce soit à la comptabilité. D'autant que des règles comptables strictes vont s'appliquer à toutes les copropriétés.

Si vous voulez non seulement ne pas être laissé sur la touche, mais pouvoir progressivement maîtriser ces sujets apparemment austères et compliqués pour contrôler efficacement la gestion financière de votre copropriété, nous vous conseillons ceci :

a/ lisez le présent chapitre ;

b/ lisez aussi le chapitre consacré au contrôle de la situation de trésorerie ;

c/ complétez votre information en vous plongeant dans le guide de « *vulgarisation* » mis au point par l'ARC sur ces sujets (voir la fin de ce chapitre) ;

d/ enfin assistez aux réunions de formation que l'ARC met en place sur ce sujet pour ses adhérents.

Un bon conseil : ne déléguez pas la compréhension de la comptabilité à des tiers (expert-comptable ; commissaire aux comptes...) ; vous ne vous en sortirez plus.

1. Ce que le décret comptable va apporter

Le décret va introduire des obligations comptables dont vous n'aurez pas forcément besoin de connaître ni de comprendre tous les détails.

Il va aussi introduire des **règles** propres à assainir et rendre plus claire la gestion FINANCIÈRE de votre copropriété. Et sur ce point il est indispensable que vous compreniez ce qui va se passer.

Nous allons essayer de donner les grandes lignes des apports du « *décret comptable adapté à la copropriété* » pour que vous puissiez comprendre ce qu'il va apporter et ayez envie d'aller plus loin.

2. Une nomenclature comptable obligatoire et adaptée à la copropriété

La comptabilité est une technique, mais c'est aussi un instrument de clarification. Chaque type d'activité dispose ainsi d'un *« plan de comptes »* ou d'une nomenclature comptable adaptée. La copropriété va donc aussi disposer maintenant d'un *« plan de comptes »* spécifique. Jusqu'à présent les syndics faisaient un peu comme ils l'entendaient ce qui veut dire que certains types de dépenses pouvaient être dispersés dans divers comptes, rendant difficiles l'analyse et le contrôle.

Ainsi les syndics seront-ils obligés d'utiliser ce *« plan de comptes »* pour établir les comptes et les copropriétaires auront moins de mal – aidés par leur association préférée – à aller à l'essentiel. Prenons un exemple simple pour non-comptables : le plan de compte prévoit – en ce qui concerne les honoraires de syndics – les comptes suivants :

« 62 - Frais d'administration ***et honoraires***
621 Rémunérations du syndic sur gestion copropriété
6211 Rémunération du syndic
6212 Débours
6213 Frais postaux
622 Autres honoraires du syndic
6221 Honoraires travaux
6222 Prestations particulières
6223 Autres honoraires »

Jusqu'à présent les *« honoraires de syndic »* pouvaient être comptabilisés un peu partout : dans un compte *« administration »* pour une partie, dans un compte *« expertise »* pour une autre ou dans un compte *« travaux »* pour une troisième, etc.

Désormais le syndic sera obligé d'inscrire ces dépenses dans les comptes du plan comptable. Ainsi plus de dissimulation possible et une plus grande facilité de contrôle pour les copropriétaires.

3. Des règles de comptabilisation strictes garantissant la *« sincérité »* des comptes

Prenons encore un exemple : le syndic engage une dépense au mois de décembre ; or le syndic a dépassé le budget ; la facture tarde à venir (ou le syndic le fait croire). Actuellement rien n'oblige un syndic à comptabiliser ou provisionner cette **charge** sur l'exercice, car il n'y a aucune règle **impérative**.

Ainsi votre syndic peut-il ne pas comptabiliser cette somme et la reporter sur l'exercice suivant avec, pour conséquence, de minorer les charges de l'exercice actuel, donc de déformer la réalité et de tromper les copropriétaires.

Le nouveau décret introduit des règles impératives concernant la comptabilisation des charges (quoi ; à quel moment ; dans quels comptes) qui, dans l'exemple cité, aurait obligé le syndic à prendre en compte cette dépense.

4. La suppression des comptes d'attente

Les copropriétaires – jusqu'à présent – ne s'intéressaient souvent qu'aux dépenses et pas aux comptes. Ainsi de nombreux syndics utilisaient certains comptes (dit comptes d'attente) pour masquer des opérations ou conserver de l'argent.

Prenons deux exemples parmi mille : traditionnellement lorsqu'il y a un sinistre, le syndic pouvait d'un côté imputer la dépense en *« charges communes »*, de l'autre mettre l'indemnité (lorsqu'elle était versée) sur un compte d'attente. Ainsi cette indemnité, au lieu de venir diminuer les charges, vient augmenter la trésorerie disponible ; or, dans la mesure à il y a 95 % des copropriétés qui ne disposent pas d'un compte bancaire séparé, cela profite uniquement au syndic.

Deuxième exemple : des provisions pour travaux sont votées et le syndic ouvre un compte *« comptable »* qui sera alimenté par les appels de provisions ; mais, souvent, tous les travaux ne sont pas faits ou bien il y a des contestations et les 5 % de retenue de garantie ne sont pas versés ; ou bien encore une entreprise dépose le bilan, etc. Là encore le solde, au lieu d'être restitué aux copropriétaires, *« dort »* (mais pas pour tout le monde) sur un compte d'attente et parfois cela va permettre à certains syndics de financer d'autres travaux non votés et non soumis au vote de l'assemblée générale.

Les nouvelles règles comptables vont interdire purement et simplement les comptes d'attente, sauf à titre exceptionnel et dans ce cas le syndic sera obligé – lors de la présentation des comptes – de justifier ce compte ligne à ligne.

Comme on le voit il s'agit d'une mesure très importante d'assainissement.

5. L'obligation de répartir les *« produits »*

Ce point est une conséquence ou une variante du précédent.

Une copropriété peut avoir des *« produits »* multiples (hors les règlements des copropriétaires, naturellement) : loyers ; intérêts de retard ; indemnités judiciaires ; contrats concernant la pose d'antenne de téléphonie sur le toit ; indemnités de sécurité sociale ou d'assurance, etc.

Désormais tous ces produits devront être répartis en fin d'exercice ou du moins faire l'objet d'une décision d'affectation par l'assemblée générale. Ainsi les copropriétaires bénéficieront-ils de LEUR argent plus vite et auront donc moins à débourser : ce n'est pas la même chose de demander 20 000 € et de laisser dormir 2 000 € que demander 18 000 €.

6. L'obligation de provisionner les pertes

Là encore, traditionnellement, les syndics se refusaient à *« répartir »* les pertes ou créances irrécouvrables, car RIEN ne les y obligeait. Si le logement d'un copropriétaire était vendu judiciairement et qu'il y avait un **solde** débiteur, celui-ci *« dormait »* dans les comptes, le syndic ayant trop peur des questions des copropriétaires ou bien trop peu de voir engager sa responsabilité.

Désormais le syndic aura l'obligation de constater la perte et de la combler, ce qui empêchera la fuite en avant constatée actuellement dans bien des copropriétés fragiles.

On le voit les nouvelles règles comptables vont introduire **clarté et rigueur**. En contrepartie il faudra que les copropriétaires (et surtout les membres du conseil syndical) se forment un peu et soit bien vigilants, ce que nous les aiderons à faire.

Espérons que ce petit tour d'horizon vous aura mis en appétit.

Pour aller plus loin, vous pouvez (devez)
vous procurer le guide de l'ARC spécialement
consacré à ces problèmes:
Copropriété : la comptabilité pour tous
(décembre 2005, éditions Vuibert, 384 pages).

CHAPITRE 13

LE BUDGET PRÉVISIONNEL ET LA MAÎTRISE DES CHARGES : L'ÉLABORER, LE SUIVRE

Il faut absolument le dire et le répéter : voter un budget prévisionnel en copropriété est important car le budget est l'instrument numéro 1 pour bien maîtriser les charges et obliger le syndic à les maîtriser. À défaut, c'est l'inflation assurée.

Le budget prévisionnel est un formidable outil de maîtrise des charges, à condition qu'on sache s'en servir.

Nous allons voir pourquoi et quelles sont les règles simples à appliquer pour aller dans ce sens.

1. Budget prévisionnel et engagement de dépenses

Le budget a deux fonctions :

a/ d'abord il permet de fixer les provisions trimestrielles (donc les « *appels de charges* »),

b/ ensuite, il permet de fixer des limites au syndic en matière d'engagement financier et **oblige celui-ci** (à condition que le conseil syndical veille, comme on le verra) à contrôler les dépenses pour que ce budget ne soit pas dépassé.

2. Un outil MAL utilisé la plupart du temps

On note trois problèmes majeurs courants concernant le budget prévisionnel :

a/ celui-ci est souvent voté trop « *large* »,

b/ celui-ci n'est souvent pas suivi (en cours d'exercice) par les copropriétaires,

c/ enfin, en cas de dépassement, les copropriétaires ont tendance à ratifier les dépenses plutôt qu'à sanctionner le syndic…

Ces trois défauts montrent – *a contrario* – ce qu'il faut faire :

- élaborer un budget « *serré* »,
- suivre le budget,
- intervenir en cas de dépassement.

Nous allons revenir sur ces trois points en commençant par le troisième.

3. Un syndic peut-il *« dépasser »* le budget ?

Pour répondre correctement à cette question, il faut décomposer le problème :

a/ sur certains postes le syndic ne PEUT pas dépasser le budget :
- exemple : le poste *« honoraires de base du syndic »* ;

b/ sur d'autres, il ne le peut que si une raison **très particulière** le justifie :
- exemple : budget *« petit travaux d'entretien »* ou budget *« ascenseur »* (en cas de problème de sécurité, par exemple ou de vandalisme).

Naturellement, l'assemblée générale pourra toujours refuser les justifications du syndic et, éventuellement, faire valoir le fait qu'il n'a pas respecté les dispositions concernant la consultation obligatoire du conseil syndical pour des dépenses dépassant le montant voté par l'assemblée générale.

c/ Enfin sur d'autres postes (chauffage, eau) il le peut, mais doit – là encore – pouvoir justifier (en cas de dépassement important) qu'il a fait ce qu'il fallait pour traiter le problème : un syndic ne pourra se contenter de dire que le dépassement du budget EAU est du à une *« malencontreuse fuite »* ; si celle-ci lui a été signalée et qu'il n'a pas agi immédiatement ou même s'il ne s'est aperçu de rien alors qu'il aurait pu (au vu des factures) s'apercevoir d'un problème, alors sa responsabilité peut être engagée (des exemples de condamnation existent à ce propos).

Conclusion pratique

Il faudra analyser les différents types de dépassement et vérifier, à chaque fois, la cause et la justification. Si les dépassements ne sont pas justifiés ou si le syndic n'a pas géré la situation correctement il faudra appeler l'assemblée générale à refuser ce ou ces dépassements.

4. Comment élaborer un *« bon »* budget ?

a/ Consultation obligatoire préalable du conseil syndical

Rappelons – ce que certains syndics ont tendance à oublier – que le conseil syndical doit être obligatoirement consulté AVANT diffusion du projet de budget aux copropriétaires (avec la convocation à l'assemblée générale). Ceci est prévu par l'article 26 du décret du 17 mars 1967.

N'hésitez pas à rappeler cette obligation à votre syndic, s'il est dans ce cas.

b/ Le budget peut être revu à la baisse en assemblée générale

Rappelons aussi qu'un projet de budget n'est QU'UN projet et que, naturellement l'assemblée générale **peut** modifier ce projet au cours de l'assemblée générale...

c/ Comment établir un budget ?

Il faut reprendre les dépenses par poste.

Mais au lieu d'attribuer un coefficient d'augmentation par poste, il faut procéder ainsi :

• vérifier que la dépense est normale (qu'il n'y a pas eu un dépassement accidentel dû à une cause précise),

• si ce n'est pas le cas, revenir à un niveau normal (hors dépenses exceptionnelles) et appliquer un pourcentage d'augmentation raisonnable (de 1 à 2 % maximum).

Si des renégociations de contrat sont prévues ou ont été réalisées récemment, il faut prévoir une BAISSE.

Même chose si vous avez mis en place des dispositifs économes (exemple : compteurs individuels d'eau).

5. Suivre le budget

Ne faites surtout pas ce que font 80 % des copropriétés qui n'assurent aucun suivi du budget.

Essayez (ceci vaut pour le conseil syndical), au moins en milieu d'exercice, de savoir où l'on en est de la « *réalisation* » du budget. Pour cela il suffit de demander au syndic une copie des factures parvenues et une copie des ordres de services émis.

Évitez de vous faire simplement remettre une liste des charges comptabilisées (ce document, compréhensible pour les spécialistes est parfois incompréhensible pour les profanes).

Si votre syndic refuse, rappelez-lui qu'il est obligé de fournir les copies des factures au conseil syndical à sa demande (article 21 de la loi du 10 juillet 1965) et, pour plus de sécurité, pensez à faire voter une résolution à la prochaine assemblée ainsi libellée : « *Le syndic devra adresser tous les.... mois au conseil syndical une copie de l'ensemble des factures parvenues et ordres de service adressés aux entreprises* ».

CHAPITRE 14

COMMENT CONTRÔLER ET NÉGOCIER LES PRIX ?

• Cette question est une des plus importantes, mais une des plus difficiles à traiter comme chacun s'en doute.

• En effet, après une longue période où les prix ont été « encadrés », « imposés », ou négociés (entre les pouvoirs publics et les professionnels), on est entré depuis 1987 dans l'ère de la liberté quasi totale des prix.

Il n'y a plus ni barème ni contrainte et c'est aux usagers de se débrouiller, en faisant, comme on dit, « jouer la concurrence »...

• Certes, il y a bien des pratiques propres à chaque profession, mais ces pratiques ne débouchent pas sur des barèmes. Ce sont des grilles ou simplement des façons d'établir les prix. Exemples :

– le fioul : les prix du fioul sont déterminés en fonction de la quantité livrée et de la zone géographique ; mais une fois établie cette grille, seule joue la concurrence ;

– les assurances d'immeuble : lcurs prix sont établis à partir du m^2 développé. Mais le prix du m^2 se discute âprement.

• Alors, comment savoir si tel prix pratiqué est normal, faible ou fort ?

Où trouver les meilleurs prix (on devrait d'ailleurs toujours dire : les meilleurs rapports qualité/prix) ? C'est, bien sûr, la question à laquelle chacun aimerait avoir une réponse claire et immédiate.

• La réponse semble être simple : il suffit de mettre des fournisseurs ou prestataires en concurrence. Le gros problème est que la concurrence elle-même n'est pas si facile que l'on pense à faire jouer. Pourquoi ?

– D'abord parce qu'il y a des « ententes » ; ententes sur les marges, ententes sur les prix « plancher », etc.

– Ensuite parce que certains fournisseurs ou artisans aux abois ou incapables de calculer leurs prix de revient risquent de faire des prix TROP faibles, ce qui peut avoir pour conséquence de se retourner contre le client (problèmes financiers de l'entreprise).

– Ensuite, également, parce qu'il n'est pas simple de comparer la qualité des fournitures, la qualité des prestations.

– Enfin parce qu'on peut, parfois, en plus des « ententes », avoir affaire à une concurrence FAUSSÉE (le prestataire casse les prix mais sait, d'emblée, qu'il ne fera pas ce qu'il doit faire ou ne fournira pas la qualité promise.

• Face à cette situation, les consommateurs sont démunis et ont besoin de pouvoir s'adresser à des gens qui connaissent le prix « correct » et sont capables d'analyser la qualité. Comment connaître le prix « correct » pour ces spécialistes? Le principe est simple. Prenons le prix du fioul :

– il faut d'abord connaître le prix d'achat (sur le marché d'Amsterdam),

– il faut connaître le cours du dollar,

– il faut connaître la marge minimum acceptable pour des entreprises normales, etc.

Avec tout cela, on va avoir une idée du prix de « revient » normal pour un négociant en France et on pourra, alors, faire appel à la concurrence. Mais, en fait, on « dicte » une fourchette de prix aux négociants.

On le voit, cela nécessite un travail quotidien effectué par des gens compétents et « de confiance ».

L'ARC, après avoir cherché ces personnes et ne les ayant pas trouvées, a fini par mettre en place une coopérative qu'elle contrôle et qui effectue, au jour le jour, ce travail d'analyse et de négociation pour le compte de ses adhérents.

Créée en 1990, cette coopérative qui est maintenant BIEN RODÉE, se fixe désormais TROIS objectifs principaux qui sont :

a/ de négocier les prix en permanence,

b/ de référencer des entreprises,

c/ d'élaborer des contrats-types.

Cette coopérative a deux avantages considérables :

a/ elle est contrôlée par les usagers utilisateurs eux-mêmes (qui en constituent le conseil d'administration),

b/ elle représente un « marché » réel pour les fournisseurs et prestataires, tel que ceux-ci ont tout intérêt :

– à maintenir des prix concurrentiels,

– à maintenir la qualité initiale.

Ainsi, grâce à cette structure, on peut savoir par exemple que tel produit, équipement ou même service (assurance) est trop cher car la coopérative a **effectivement** négocié le même produit, voire un produit amélioré, pour un prix moins élevé.

Deux guides indispensables pour négocier prix et services :

Le guide des produits et services

Ce guide (gratuit) est réalisé par la coopérative de l'ARC et permet de mieux connaître et négocier les produits et services.

Le Dictionnaire des économies de charges

Ce guide – complément du premier, mais payant (14 €) – permet d'aller plus loin sur différents produits et services et donne des ordres de grandeur de prix qui facilitent la négociation.

Vous pouvez vous procurer ces deux guides à l'ARC.

QUATRIÈME PARTIE

COMMENT CONTRÔLER LA NÉGOCIATION ET LE SUIVI DES CONTRATS CONCERNANT LA COPROPRIÉTÉ

De même que pour contrôler les comptes il ne faut pas être comptable, de même pour contrôler les contrats de la copropriété il ne faut pas forcément être un spécialiste.

Nous allons voir en quelques pages l'**essentiel** de ce qu'il faut savoir en ce domaine pour avoir une intervention efficace :

• les généralités sur les contrats,
• les points difficiles des contrats,
• les moyens de contrôler les contrats les plus importants :
. chauffage,
. ascenseur,
. assurance,
. relevés d'eau,
. les honoraires de syndic,
• des notions indispensables sur les « petits » contrats.

Là encore, vous serez peut-être tenté de dire : « mais nous payons un professionnel pour assurer le **contrôle des contrats** ». Le problème est le suivant :

. d'une part, beaucoup de syndics ont des connaissances **très** réduites en matière de contrat...

. d'autre part, les syndics n'ont pas toujours un intérêt direct à négocier et contrôler les meilleurs contrats (ils peuvent même, dans certains cas, avoir intérêt à laisser filer les contrats et n'être pas très regardants sur les prestations.

Alors, là encore, une seule solution : un Conseil Syndical vigilant et informé.

CHAPITRE 15

GÉNÉRALITÉS SUR LES CONTRATS

Pour présenter les généralités relatives au contrat, nous allons donner l'exemple d'un contrat simple.

	CONTRAT DE NETTOYAGE	
→ ***Les contractants*** ↔	Le présent contrat est conclu entre • la société BIEN-NET • la copropriété « Pas propre »	
	Il a pour objet le nettoyage des parties communes de la résidence selon le détail suivant : 1. Deux fois par semaine : balayage de toutes les parties communes, sauf les cours. 2. Une fois par semaine : nettoyage de toutes les parties communes, sauf les caves. 3. Une fois par mois : nettoyage des cours. 4. Une fois par mois : nettoyage des vitres, glaces et caves.	↔ → ***Définition des prestations prévues*** *On verra que tout réside dans la clarté de cette définition (qui peut receler parfois des exclusions cachées)*
→ ***Prix*** ↔	La copropriété versera une somme mensuelle de 609 € HT, le taux en vigueur de la TVA étant appliqué en sus.	
→ ***Durée*** ↔	Le présent contrat est conclu pour une durée illimitée.	
	Il pourra être dénoncé par lettre recommandée avec accusé de réception six mois avant la date anniversaire, par l'une ou l'autre des parties.	↔ → ***Délais de résiliation***
	En cas de non-respect du présent contrat, une pénalité pourra être appliquée, au plus de 1/10e du montant mensuel du contrat.	↔ → ***Sanction concernant le titulaire***
→ ***Modalités de règlement*** ↔	La copropriété s'acquittera mensuellement du montant du contrat en début de mois.	
	Au cas où le règlement ne serait pas effectué un mois après l'envoi de la facture, une pénalité de 2 % sera appliquée par mois de retard.	↔ → ***Sanction concernant la copropriété***
→ ***Clause de revalorisation*** ***(ici particulièrement floue)*** ↔	Le montant du présent contrat évoluera tous les ans au mois de janvier.	
	Pour la copropriété, ... Pour la société, M. Propre Fait à Paris, le 16 octobre 2003	↔ → ***Date de signature correspondant le plus souvent à la date d'effet mais pas toujours***

Les points CLEFS d'un contrat

Cet exemple très simple de contrat de nettoyage nous permet (d'un seul coup d'œil) d'appréhender les différents aspects d'un contrat.

Reprenons ceux-ci de façon détaillée.

1. La date d'effet

Souvent la date d'effet correspond à la date de signature. On contrôlera donc en premier lieu celle-ci :

- s'agit-il d'un vieux contrat ? d'un contrat récent ?
- en général, les vieux contrats sont plutôt chers (du fait de l'absence de remise en concurrence);
- mais parfois les vieux contrats présentent des surprises (exemple : formule d'indexation favorable au client et comprenant une partie fixe).

2. Les contractants

Ce sont les parties prenantes. À noter que le contrat n'est pas signé au nom du syndic mais au nom du syndicat des copropriétaires (cela signifie qu'en cas de changement de syndic, le contrat se poursuit sans possibilité de résiliation de ce fait).

3. L'objet du contrat

Nous verrons dans le chapitre suivant – consacré aux difficultés les plus courantes des contrats – à quel point cet aspect, qui peut paraître **simple**, est en fait complexe puisque – dans l'objet d'un contrat – ce qui est important est autant ce qui est prévu que ce qui est **exclu** implicitement ou explicitement.

Revenons à l'exemple du contrat de nettoyage : à première lecture, dans ce contrat tout paraît simple. Et pourtant on s'aperçoit que le dépoussiérage des boîtes à lettres n'a pas été prévu.... Que « nettoyage » ne veut rien dire en soi. S'agit-il de balayage plus lavage ?

Nous reviendrons sur ces problèmes.

Ici, il nous suffit d'évoquer une distinction majeure en matière de contrat. On peut, en effet, avoir affaire à deux grands types de contrats :

- les contrats de **MOYENS**,
- les contrats de **RÉSULTATS**.

Dans le premier cas, on fixe des moyens (on dira, par exemple, qu'on met à disposition de la copropriété du personnel trois fois par semaine pour faire telle et telle tâche ; dans un contrat d'entretien d'espaces verts, on dira qu'on mettra tant de kilos de gazon par m^2, qu'on effectuera douze visites d'entretien par an, etc.).

Dans le deuxième cas, on fixe des objectifs. Dans un contrat de chauffage, on garantira 19° dans les logements ; dans un contrat d'espaces verts, on garantira une herbe de telle qualité...

On peut, bien entendu, avoir des contrats **MIXTES** qui définissent des objectifs précis et précisent les moyens.

Le principal, pour le moment, est de bien comprendre cette distinction et l'intérêt qu'il y a – dans tous les cas – à être le plus précis et exhaustif possible.

À noter : en matière de nettoyage les contrats d'objectif sont rares, car difficiles à assumer : garantir que tel hall d'escalier ne sera pas sali au bout de deux heures n'a aucun sens.

4. Le prix

C'est l'élément essentiel du contrat. Comment est-il déterminé par les entreprises ? Évidemment plusieurs facteurs interviennent :

a/ Le nombre d'heures prévues ou prévisionnelles

Dans un contrat de nettoyage on sait (en gros...) combien de temps il va falloir consacrer ; dans un contrat de chauffage on écrit qu'on va faire tant de visites systématiques, on compte tant de dépannages et on obtient un nombre d'heures. Le problème est que, dans la réalité, on peut être très loin du compte, soit parce que le nombre d'heures pris en considération a été trop large, soit parce que le prestataire fait vite et mal ce qu'il a à faire.

b/ Le coût du matériel

Il peut s'agir aussi bien du matériel nécessaire au prestataire – exemples : faucheuse, taille-haie, etc. – que du matériel à entretenir ; si telle chaudière coûte 7 500 €, et a une espérance de vie de 15 ans, le prix du contrat incluant le changement de matériel sera déterminé en fonction de ces données.

c/ La capacité à négocier

Cela paraît évident et pourtant ! Si le « client » n'a aucune idée du prix d'une prestation, comment pourra-t-il peser sur les prix? La mise en concurrence n'est même pas, dans ce cas, une garantie, car la concurrence peut être plus ou moins pervertie par le jeu des ententes.

Pour pouvoir négocier, parfois, il faut presque imposer un prix qu'on sait être un juste prix.

Exemple : négocier un contrat de nettoyage des parties communes cela consistera à :

– calculer soi-même le nombre d'heures nécessaires (ce qui n'est pas très compliqué puisqu'il s'agit d'observer, le plus souvent, ce qui se passe),

– déterminer soi-même un coût horaire (sachant le prix du SMIC, la marge de l'entreprise, etc.),

– imposer donc un prix approximatif.

Parfois, cette négociation est facilitée par la connaissance des prix moyens raisonnables pratiqués. On sait, par exemple, que tel type d'ascenseur dessert tant de logements, requiert tant d'heures d'entretien par an, donc revient à tel coût.

Cela n'est pas à la portée d'un conseiller syndical isolé. D'où tout l'intérêt pour lui d'être adhérent à une association qui a l'accès à ces

informations, soit grâce au travail d'analyse qu'elle effectue, soit grâce aux données chiffrées qui lui sont communiquées par ses adhérents (**une association comme l'ARC évidemment !**).

5. La durée

Un contrat a une durée. *A priori* il vaut mieux se méfier des contrats à durée indéterminée renouvelables tacitement.

Il vaut mieux éviter aussi les contrats trop longs (un contrat trop long est souvent signe d'une mauvaise négociation). Mais cela ne veut pas dire non plus qu'il faille des contrats très courts. Si une entreprise est assurée de rester trois ans elle fera peut-être une proposition de prix plus intéressante.

Le problème est de ne pas fournir une rente à l'entreprise et d'avoir toujours le moyen de sanctionner ses carences (voir plus loin).

6. Délais de résiliation

On se méfiera des contrats qui prévoient des délais trop longs (dans l'exemple du contrat de nettoyage que nous avons pris, le délai est ridiculement long !).

7. Pénalité

Bien souvent, dans les contrats, aucune pénalité n'est prévue si le titulaire fait mal ou ne fait pas sont travail ! Difficile dans ces conditions d'obtenir réparation en cas de carence. Nous revenons sur ce problème crucial dans le chapitre suivant.

8. - 9. Modalités de règlement et pénalités

Ces points sont souvent négligés. Pourtant on est surpris par le nombre de contrats qui prévoient le règlement en une fois (ou deux fois) au début de contrat ou en début de chaque semestre. On sait bien que les entreprises ont besoin de trésorerie, mais pas à ce point.

10. Revalorisation annuelle

Il faut être très attentif à ce point. Nous reviendrons sur les difficultés concernant ce problème dans le chapitre suivant mais voudrions, ici, expliquer comment cela se passe concrètement.

• Schéma

Rapidement, disons que nous avons :

. un prix de départ,

. un indice de départ (prise d'effet du contrat),

. un indice d'arrivée (exemple : date anniversaire du contrat).

Cela donne ceci (exemple) :

. prix de départ : 1 500 €

. indice de départ : 302

. indice d'arrivée : 313

Le nouveau prix $= \dfrac{1\,500 \times 313}{302} = 1\,554{,}63$ €

• **Les formules**

Les formules peuvent être simples (comme celle indiquée plus haut) ou complexes. Dans ce cas elles associent plusieurs indices, chacun **pesant** un certain poids.

Exemple : une formule qui associe pour 70 % des salaires et 30 % des matériaux (cuivre) s'écrira :

$$\text{Nouveau prix} = \text{ancien prix} \times \left(\frac{\text{indice des salaires actuel}}{\text{indice des salaires de départ}} \times 0{,}70 + \frac{\text{indice du cuivre actuel}}{\text{indice du cuivre de départ}} \times 0{,}30\right)$$

En abrégé cela s'écrira :

$$P = Po \times \left(0{,}70\ \frac{S}{S0} + 0{,}30\ \frac{Cf}{Cfo}\right)$$

On peut aussi avoir une **partie fixe**. Cela veut dire que le prix initial n'est pas revalorisé à 100 %, mais par exemple à 85 %).

Exemple simple :

$$P = Po \times \left(0{,}15 + 0{,}85 \times \frac{S}{S0}\right)$$ (15 % ne sera pas indexé)

• **Les indices**

Souvent vous pouvez lire dans un contrat la clause suivante :

« Les prix seront revalorisés selon la formule suivante :

$$P = Po \times \left(0{,}75\ \frac{S}{S0} + 0{,}25\ \frac{Psdb}{Psdbo}\right)$$

S = indice des salaires
Psdb = indice des services

Les indices sont les suivants :
S au 2e trimestre 1994 = 417
Psdb au 2e trimestre 1994 = 820 »

Dans une telle clause, tout est simple. On vous donne l'indice de départ et la date de cet indice.

Curieusement, depuis quelques années on constate que dans beaucoup de contrats ne figurent pas les **indices** de départ, ce qui complique singulièrement la tâche des copropriétaires.

Dans un tel cas il ne faut pas hésiter à saisir le prestataire et à exiger de lui la fourniture des indices de départ (avec les références de publication) et les indices intermédiaires, ceci pour vérifier que tout a bien été fait dans les règles...

Vous avez suivi ? Alors entrons dans le détail des problèmes « classiques » liés aux contrats.

CHAPITRE 16

QUELS SONT LES PROBLÈMES PRINCIPAUX QUE L'ON RENCONTRE DANS LES CONTRATS ET COMMENT LES RÉSOUDRE ?

1. Imprécisions des prestations et/ou exclusions peu claires ou difficiles à repérer

a/ Imprécisions

Le problème majeur d'un contrat concerne bien entendu celui posé par son éventuelle imprécision. Il peut, en effet, n'avoir pas défini avec suffisamment de précision ce qui est inclus et ce qui ne l'est pas.

Dans notre contrat de nettoyage, le dépoussiérage de boîtes à lettres est-il **inclus** ou non ?

Dans tel contrat d'entretien des caissons de ventilation mécanique, on ne saura pas si le changement des courroies est (ou non) compris.

Dans tel contrat de chauffage on ne saura pas si le détartrage de l'échangeur est prévu.

Cela sans parler des contrats d'**assurance** qui sont souvent compliqués à lire (clause générale, clauses spéciales, clauses particulières) et où l'on ne sait plus trop bien, dans certains cas, ce qui est inclus ou non.

Seuls ceux qui ont une bonne expérience des contrats et des problèmes de gestion sont capables de faire en sorte que des contrats soient précis sur tel ou tel point.

Mais cela ne doit pas empêcher les Conseils Syndicaux de lire attentivement le détail des prestations prévues et de **repérer** déjà par eux-mêmes les éventuelles imprécisions.

Le rôle de l'**ARC** est évidemment de vous **AIDER** à y voir plus clair. Pour cela, l'ARC met au point des **contrats types**. Plusieurs types de contrats ont déjà été élaborés. Nous apportons les précisions nécessaires à ce sujet un peu plus loin.

b/ Les exclusions peu claires ou difficiles à repérer

Un exemple particulièrement frappant de ce genre de problèmes apparaît dans certains contrats d'ascenseurs dits « complets » où on lit ceci : *« Ne sont pas prévus dans le présent contrat les coûts concernant des améliorations apportées aux appareils »*. À première vue c'est très clair, mais dans la réalité cela donne :

• le jour où une pièce importante d'un vieil appareil doit être changée, on s'aperçoit que cette pièce n'existe plus,

• ou alors on s'aperçoit que la technologie correspondante est totalement périmée,

• dès lors, l'ascensoriste met une « pièce » ou un équipement différent ; il y a amélioration et **donc** l'intervention est facturée au prix **FORT** !

Cet exemple permet de mieux comprendre l'importance qu'il y a à repérer les exclusions imprécises.

2. Le problème du coût des prestations HORS contrat

Bien entendu, certains contrats peuvent être **TRÈS** clairs en ce qui concerne les exclusions. Dans ce cas, le problème n'est pas de savoir **ce qui est** exclu mais à quel prix seront facturées les prestations hors contrat.

Les exemples les plus classiques sont les suivants :

• tel contrat d'entretien (exemple : adoucissement de l'eau) ne concerne pas la fourniture des produits (ce qui est normal). Mais comme les produits sont commandés et fournis par le prestataire, on s'aperçoit alors qu'ils peuvent être facturés à un prix très élevé (ceci légalement puisque ce prix n'a pas été négocié dans le contrat),

• en ce qui concerne le coût du fioul dans certains contrats de chauffage prévoyant que le titulaire procédera à l'approvisionnement, on note le même problème que celui relatif aux produits de traitement de l'eau : à quel prix sera livré le fioul ? En fait à celui fixé par le chauffagiste,

• intervention hors contrat dans les ascenseurs.

Les contrats d'ascenseurs prévoient souvent l'impossibilité de faire intervenir un autre ascensoriste. Cela oblige à faire appel au titulaire. Mais à quel **PRIX** ?

Là encore les problèmes sont quotidiens, le titulaire pouvant légalement imposer ses prix. Si le « client », en l'occurrence la copropriété, n'a pas négocié un « **bordereau de prix** » (prix horaire de la main-d'œuvre, prix forfaitaire défini par type d'intervention), alors il sera obligé d'en passer par la volonté du prestataire. Inutile de faire un dessin !

3. Problèmes relatifs à la revalorisation annuelle

a/ Des formules défavorables

On pourrait croire qu'il suffit qu'un contrat comporte une clause de réactualisation pour que tout aille bien. Ce n'est pas le cas, et les clauses de revalorisation présentent diverses surprises.

Les formules de revalorisation ne sont pas toujours favorables (loin de là) au client. On voit des formules qui entraînent des augmentations de 6 % l'an alors que le taux d'indexation est de 2 % !

Essayons d'y voir un peu clair.

Il y a quelques années, les formules d'indexation étaient équilibrées. Elles tenaient compte du fait que les contrats incluaient de la main-d'œuvre, des frais fixes, du matériel ; certaines tenaient même compte des gains de productivité. Ainsi, on disposait de formules de révision plutôt correctes.

Au fil des années les formules sont devenues de moins en moins conformes à la réalité et de plus en plus avantageuses pour les entreprises :

- disparition de la partie fixe,
- réduction ou suppression de la part relative aux matériaux,
- valorisation excessive de la partie « salaire »,
- utilisation d'**indices « professionnels »**.

On peut donc avoir des **formules,** actuellement très désavantageuses pour les usagers et il convient parfois de se battre avec acharnement pour imposer une partie fixe ou un coefficient pondérateur.

b/ Des revalorisations « continues »

Autre évolution défavorable : il y a quelques années, il n'y avait **QUE** des revalorisations annuelles. Or, désormais on voit apparaître les revalorisations trimestrielles.

Prenons l'exemple d'un contrat annuel de 1 000 € payable par trimestre qui augmente de 4 % en un an.

Avant, cela donnait :
Année 0 = 1 000 € (250 × 4)

Maintenant cela devient :

Année 0, 1er trimestre =	250,00	= 250,00
2e trimestre	250,00 × 1,01	= 252,50
3e trimestre	252,50 × 1,01	= 255,025
4e trimestre	255,025 × 1,01	= 257,575
		1 015,10

Ainsi, dans l'année on aura payé 1,5 % de plus par un simple tour de passe-passe...

c/ Alors, pas de formule ?

On pourrait croire, alors, que le mieux est de n'avoir aucune formule et de renégocier tous les ans. C'est un peu vrai, mais pour cela il faut **POUVOIR NÉGOCIER** et y consacrer du temps. Seules les grosses sociétés peuvent se permettre cette renégociation permanente. Car à défaut de renégocier tous les ans, on s'expose à ce que le fournisseur ou le titulaire applique sa revalorisation sans discussion possible.

La solution est donc bien une **BONNE** formule d'indexation **ANNUELLE**, formule qu'il faut d'une part déterminer, d'autre part imposer !

Autre solution : négocier une formule et rajouter en plus : « Au cas où l'application de cette formule entraînerait une augmentation supérieure à celle résultant de l'indice des prix à la consommation (hors tabac,

France entière), c'est cette dernière valeur qui sera retenue ». Ceci est tout à fait légal.

4. Problèmes concernant le constat des « carences » et l'application de pénalités

Une autre difficulté des contrats concerne tout aussi bien les problèmes relatifs au constat de carence de la non-exécution (partielle ou totale), que ceux relatifs à la définition et à l'application de pénalités. Or, si ces problèmes ne sont pas réglés, on risque d'avoir du mal à faire appliquer correctement les contrats.

a/ Constat d'inexécution

Comment faire constater que le ménage n'a pas été fait pendant trois jours ; que l'entretien de tel équipement (ascenseur ; chaudière) n'a pas été fait correctement ? C'est évidemment souvent difficile. D'où l'importance, parfois, qu'il y a à fixer des contraintes précises :

• au lieu de mettre *« Balayage : deux fois par semaine »* on peut mettre *« Balayage deux fois par semaine de 14 h à 16 h »* ;

• on peut obliger les ouvriers d'entretien à tenir un carnet d'entretien (qui reste en chaufferie ou en machinerie), etc.

Pour chaque type de contrat, voire chaque type d'immeuble, il faudra mettre en place des modalités d'exécution qui permettent un contrôle :

• on peut également prévoir une clause de « contrôle externe » dont les frais seront supportés par le titulaire du contrat s'il s'avère qu'il ne l'a pas intégralement respecté (ce peut être le cas pour les contrats d'ascenseur ou de chauffage) ;

• enfin, on peut aussi prévoir des clauses de contrôle contradictoire. En matière de location de compteurs d'eau, par exemple, on peut prévoir un protocole de contrôle périodique d'une partie des compteurs, choisis au hasard (ceci par étalonnage contradictoire). Nous revenons sur ce problème un peu plus loin.

Nous pensons qu'il est de plus en plus important de fixer en commun – dans le contrat – des règles permettant de vérifier le respect de celui-ci.

b/ Pénalités

Inutile de constater les carences si cela n'entraîne aucune sanction (ou du moins aucune sanction sérieuse). En fait, peu de contrats prévoient de vraies sanctions (celles-ci devront se traduire par une diminution du montant annuel du contrat).

Actuellement, dans les contrats types que l'ARC met au point, nous essayons d'introduire de **VRAIES** pénalités, ce qui ne va pas toujours sans grincements de dents de la part des entreprises.

En tout état de cause, les conseillers syndicaux de copropriété sont souvent ceux qui sont le plus à même de **CONSTATER** des carences (par eux-mêmes et avec l'aide des gardiens ou employés d'immeuble) et ils doivent **TOUJOURS** intervenir pour que ces carences soient rapidement et fermement signalées aux prestataires par lettre recommandée avec avis de réception.

Le rôle de **VIGILANCE** du Conseil Syndical est un de ses rôles les plus importants et qui le deviendra de plus en plus. Pour cela quelques conditions simples :

- bien contrôler les contrats et savoir ce que les titulaires doivent faire,
- « ouvrir l'œil » ...

Conclusion sur les contrats

Trop souvent nous nous apercevons que les syndics :

- signent des contrats imprécis,
- laissent de côté des clauses importantes (exemple : pénalités),
- ne connaissent pas grand chose aux problèmes d'indexation.

Ainsi, c'est surtout le Conseil Syndical qui sait ce qu'il **FAUT** faire et est assez motivé pour faire signer des contrats bien « ficelés » (comme on dit de façon expressive). C'est lui qui peut vraiment intervenir pour négocier ou renégocier de bons contrats.

Les copropriétés et les contrats « à tacite reconduction »

Depuis le 2 août 2005, dans le cas d'un contrat dit « à tacite reconduction », de nouveaux droits ont été instaurés dont bénéficient aussi les copropriétés. En effet, l'article 1 de la loi du 28 janvier 2005 (dite de « protection du consommateur ») prévoit, qu'à partir de cette date :

- le prestataire doit informer le client avant la date possible de résiliation qu'il a la possibilité de résilier son contrat ;
- le client peut (si le prestataire ne lui a pas fourni cette informa tion) mettre fin à tout moment au contrat, sans indemnité.

Certains vous diront que cette loi ne concerne pas les copropriétés. C'est inexact. Il résulte, en effet, d'une lettre du ministre de l'Économie, Thierry Breton, que cette loi concerne aussi les copropriétés (voir unarc.asso.fr rubrique actualité – 18/05/05).

Nous allons voir concrètement, sur certains types de contrats, l'importance de **CONTRÔLE** du Conseil Syndical dans ces domaines.

Chapitre 17

CONNAÎTRE ET CONTRÔLER LES CONTRATS DE CHAUFFAGE

Dans les copropriétés équipées d'une installation collective, le chauffage est le premier poste (environ 30 %) des charges.

Il comprend :

• l'achat du combustible : fioul, gaz, charbon, électricité (dans le chauffage urbain : fourniture de chaleur),

• le coût d'exploitation de l'installation de chauffage et, le cas échéant, de celui de la production d'eau chaude sanitaire,

• le coût du gros entretien : remplacement ou réfection de composants importants de l'installation (brûleurs, vannes, pompes, chaudières, etc.).

Ce chapitre doit permettre aux conseillers syndicaux et copropriétaires vigilants, d'une part, de mieux comprendre comment et où agir en matière de chauffage, d'autre part, d'engager simplement une démarche de maîtrise progressive des charges correspondantes, qu'il s'agisse des frais de combustible ou de maintenance.

1. Principe de fonctionnement d'une installation type de chauffage

Dans une installation de chauffage central, la chaleur est produite par la combustion qui s'effectue avec un important dégagement de chaleur.

Les combustibles généralement utilisés sont le fioul domestique et le gaz naturel.

Au départ, les gaz brûlés chauffent l'eau circulant dans les éléments de la chaudière. Cette eau est envoyée dans les canalisations du réseau de distribution vers les radiateurs. Ceux-ci réchauffent l'air ambiant dans la pièce où ils sont installés.

L'énergie peut être également fournie par un réseau de chauffage urbain, généralement sous forme de vapeur surchauffée qui cède sa chaleur à l'eau de l'installation par l'intermédiaire d'un échangeur.

Nous allons passer en revue les éléments d'une installation type avec chaudière.

a/ La production de la chaleur

Les **brûleurs** assurent la combustion du gaz ou du fioul. Dans la plupart des cas, les fumées chaudes suivent un trajet en chicane en « léchant » un réseau serré de tubes, dans lequel circule de l'eau qui est ainsi réchauffée. Ces fumées sont ensuite évacuées par un conduit fixe (appelé carneau) relié à la cheminée.

Pour récupérer le maximum de la chaleur produite, la surface **d'échange** constituée par la paroi extérieure des tubes doit être la plus grande possible, ce qui n'est pas toujours le cas dans les anciennes installations.

Les fumées et la vapeur d'eau produites par la combustion restent encore à une température relativement élevée lors de leur évacuation. Il est possible de récupérer cette chaleur dans les chaudières dites « à condensation », en faisant passer les fumées dans un « **échangeur condensateur** » dans le cas des installations au gaz.

Ces différents dispositifs et un bon réglage des brûleurs permettent de récupérer, à la sortie de la chaudière, la quasi totalité du pouvoir calorifique du combustible qui peut atteindre un rendement de l'ordre de 95 % (mais il peut être inférieur à 70 % dans les chaudières anciennes).

b/ Le transport et la distribution de la chaleur

L'eau chaude circule entre la chaudière et les locaux à chauffer dans un **réseau de tubes** (généralement en acier ou parfois en matériaux de synthèse) dont la section est proportionnelle à la quantité d'eau qu'ils véhiculent.

Cette eau cède une partie de sa chaleur à l'air des locaux, en traversant un corps de chauffe : les **radiateurs.** Ils peuvent être en fonte, acier ou aluminium et leur forme doit permettre la plus grande surface de chauffe possible pour un encombrement limité.

Dans le cas de chauffage par le sol, le procédé est le même et les radiateurs sont remplacés par un **serpentin** noyé dans le béton. Après être passée dans les radiateurs ou serpentins, l'eau partiellement refroidie retourne à la chaudière.

Le réseau de distribution peut être :

• **horizontal :** les différents radiateurs de chaque appartement sont alimentés par un circuit horizontal privatif connecté à une colonne montante et une colonne descendante (disposition analogue à celle du réseau électrique) ;

• **en chandelle :** chaque radiateur est alimenté directement par des colonnes verticales situées à proximité ; les radiateurs sont placés l'un sous l'autre dans chaque appartement ;

• **en parapluie :** dans les anciennes installations.

La circulation de l'eau est accélérée par des **pompes.** Celles-ci doivent être correctement dimensionnées pour éviter, soit leur usure prématurée, soit des phénomènes d'apparition de bulles dans l'eau du circuit (cavitation).

Le coefficient de dilatation de l'eau étant plus élevé que celui de l'acier, le réseau est équipé d'un **vase d'expansion** ayant pour but de compenser les différences de volume provenant des variations de température, tout en assurant son remplissage dans toutes ses parties.

Il peut être ouvert et placé au dernier étage de l'immeuble, ou fermé et associé à une **soupape de sécurité** placée en chaufferie. Dans les chaufferies importantes il existe des maintiens de pression qui assurent, de plus, les compléments en eau.

Les radiateurs situés au niveau le plus élevé devraient être équipés de **purgeurs** (généralement automatiques) pour l'évacuation de l'air de tout ou partie du réseau lors de la première mise en service, en cas de vidange accidentelle ou de travaux, et ainsi permettre la circulation de l'eau jusqu'au sommet des colonnes montantes.

Chaque extrémité de canalisation verticale (pied de colonne) devra être équipée d'une **vanne** pour interrompre momentanément la circulation de l'eau et vidanger la partie du circuit alimentée par celle-ci, pour équilibrer les colonnes montantes entre elles.

c/ La sécurité

• **Une vanne d'arrêt,** dite de sécurité, située à l'extérieur de la chaufferie, permet l'arrêt de l'alimentation en combustible. Elle doit être clairement signalée.

• **Un clapet antipollution** (disconnecteur hydraulique contrôlable) devrait être installé (obligatoire pour les installations neuves ou en cas de transformation), pour empêcher une éventuelle pollution du réseau public d'eau potable par l'eau du réseau de chauffage.

• **Une soupape de sécurité** équipant la chaudière est raccordée à l'égout pour éviter une surpression anormale.

• **Une pompe de recyclage** assure un débit minimal de circulation, afin d'éviter des températures de retour d'eau trop basses susceptibles de générer un phénomène de condensation (et donc de corrosion).

d/ La régulation

Pour obtenir la même température dans les différents locaux, il doit être installé une régulation qui permet également une économie de combustible.

La régulation se compose :

• **d'une sonde extérieure** mesurant la température atmosphérique ;

• **d'une sonde à plongeur** ou à contact mesurant la température de l'eau du réseau au départ de la chaudière (voire parfois sur les retours) ;

• **d'une horloge** raccordée au régulateur commandant la marche normale de jour et celle, ralentie, de nuit.

Ces dispositifs permettent le fonctionnement d'une vanne trois voies motorisée : celle-ci mélange l'eau très chaude sortant de la chaudière avec l'eau refroidie revenant du circuit, afin de régler la température en fonction des besoins de chauffage, en tenant compte de la température extérieure. Sur certaines installations, il n'existe pas de vanne, le régulateur agissant directement sur le brûleur, si la chaudière a un usage spécifique au chauffage.

e/ L'équilibrage

Chaque logement, voire chaque radiateur, n'a pas besoin du même débit d'eau chaude (c'est-à-dire de quantité de chaleur). Il faut donc **équilibrer,** c'est-à-dire régler les débits, pour éviter que certains appartements soient surchauffés.

• Les radiateurs peuvent être équipés d'un **coude** ou **té de réglage** (généralement placé à la sortie) permettant une répartition du débit d'eau chaude.

Par ailleurs, les radiateurs sont équipés d'un **robinet d'arrêt** permettant un réglage, soit manuel soit thermostatique. Ce dernier type règle automatiquement le débit d'eau chaude dans le radiateur en fonction de la température ambiante. Ils sont intéressants dans les locaux largement exposés au soleil (apport gratuit de chaleur).

• **Une vanne de réglage** est également placée à chaque pied de colonne, ainsi qu'un **raccordement** avec le réseau privatif de chaque appartement, en cas de distribution horizontale.

Lors de la première installation, un réglage de l'ensemble est effectué. Il peut être nécessaire de procéder à un nouvel équilibrage en cours d'exploitation, par suite du déréglage de l'installation ou de modifications réalisées en parties privatives.

f/ La mise en cascade des chaudières

Principe : quand il y a deux chaudières, ou plus, ce système consiste à permettre une mise en service des chaudières en fonction des besoins de l'immeuble. Il concerne les chaufferies fonctionnant au gaz ou au fioul.

Intérêt : il permet une économie pouvant atteindre 10 % sur le poste combustible et assure une plus grande sécurité pour le fonctionnement des chaufferies (si une chaudière s'arrête, l'autre sera automatiquement mise en service, évitant toute interruption de chauffage).

g/ L'eau chaude sanitaire (ECS)

L'eau est chauffée par l'intermédiaire du fluide issu de la chaudière à une température de 55 à 60° environ. Le circuit de l'eau sanitaire est complètement indépendant du circuit d'eau de chauffage.

L'eau peut être réchauffée :

• **dans des ballons** (ce qui exige peu de puissance mais de la place) : **par accumulation** ;

• **par des échangeurs à plaques** (exige peu de place mais beaucoup de puissance) : **instantanée** ;

• **par un mélange des deux procédés,** méthode actuellement la moins coûteuse : **semi-instantanée**.

Le bouclage du système

Comme l'eau remplissant les canalisations se refroidit progressivement entre deux tirages, il faut attendre de longues secondes avant d'avoir de l'eau chaude si personne n'a tiré de l'eau un peu avant. Beaucoup d'eau est ainsi gaspillée à titre individuel. À titre collectif, il faut rappeler que l'eau froide soutirée avait initialement été réchauffée avant de se refroidir : on a donc un double gâchis.

D'où l'idée de boucler la distribution sur le générateur d'eau chaude (circulation d'eau chaude en permanence) et, à l'aide d'une pompe, de faire circuler cette eau chaude.

Mais attention :

• si les pompes sont trop puissantes le « bouclage » coûtera cher. Il faut donc limiter la puissance des pompes (les méthodes de calcul s'uniformisent et permettent de limiter la capacité de ces pompes) ;

• il faut utiliser la régulation de l'eau chaude sanitaire et donc diminuer la température pendant la nuit (10° de moins environ) ;

• il faut parfaitement calorifuger la distribution.

Dans certains logements récents, une technique différente est utilisée le **cordon chauffant :** une résistance électrique fixée à la canalisation d'eau chaude maintient l'eau à bonne température en l'absence de tirage. Le principe est de réchauffer uniquement les portions de canalisations refroidies. Cependant, le coût engendré par la consommation électrique peut être très important.

Il est bien évident que l'ensemble du circuit de distribution d'ECS doit être calorifugé pour éviter un maximum de perte de chaleur.

Le traitement de l'eau

Le chauffage de l'eau au-delà de 60° entraîne la formation de **dépôts** à l'intérieur des tubes de distribution de l'ECS. Ces dépôts engendrent une diminution de la section des tuyauteries (tartre), et leur vieillissement prématuré par corrosion (rouille).

Ces risques peuvent être diminués en réduisant la teneur en calcaire, grâce au traitement de l'eau par un **adoucisseur,** complété par un traitement filmogène. Ce système n'est pas obligatoire mais sa mise en œuvre permet d'éviter la dégradation prématurée de l'installation.

Enfin, une autre cause de mauvaise qualité du réseau : **les boues**. Celles-ci sont produites directement par l'eau utilisée (matières en suspension, micro-organismes divers), par l'introduction de poussières atmosphériques, et par le travail de l'eau (tartre non adhérent, oxydes de corrosion, etc.).

h/ Quelques mots sur le chauffage urbain

Le principe du chauffage urbain réside dans la production de chaleur dans une grosse unité, chaleur qui sera transportée dans les immeubles par voie de canalisations souterraines et, enfin, distribuée dans chaque appartement.

Ce système de chauffage a été largement diffusé dans certaines agglomérations (Paris), et dans les villes nouvelles (Cergy, Evry, Créteil), mais s'il apporte certains bienfaits, des inconvénients importants peuvent exister.

La production de chaleur

Trois grandes sources de chaleur pour le chauffage urbain existent :

• la chaleur produite par la **combustion,** dans les grosses chaufferies, de combustible liquide, solide ou gazeux ;

• la chaleur obtenue dans **l'eau chaude** du sous-sol et « récupérée » selon certaines techniques (la géothermie) ;

• la chaleur produite par certaines usines : **traitement** d'ordures ménagères, **centrales** nucléaires, **centrales** EDF, et qui est récupérée.

Le transport de la chaleur

La chaleur peut être transportée dans la ville sous trois formes :

• soit de vapeur ;
• soit d'eau très chaude ;
• soit d'eau à 100/110°C.

La distribution dans les immeubles

Pour utiliser la chaleur qui circule dans le réseau, il faut se raccorder à ce réseau. En fonction du mode de transport de la chaleur (vapeur, eau surchauffée, eau chaude) et du système de l'immeuble (chauffage à eau chaude ou chauffage vapeur basse pression, comme il s'en est fait pendant un temps), un équipement plus ou moins important associé à un compteur (l'équipement = le compteur + la sous-station), devra être installé entre le réseau et l'immeuble.

Cet équipement simple peut être peu coûteux à l'achat comme à l'entretien, ou au contraire, cher.

On distingue trois types d'équipement :

• Une simple **vanne de mélange** si le réseau fournit de l'eau chaude à 110°C. Cette vanne sert à mélanger l'eau chaude qui arrive, avec de l'eau froide, pour obtenir l'eau à la température désirée dans les radiateurs ou les panneaux de sol de l'immeuble.

• Un **détenteur** si le réseau fournit de la vapeur et que l'immeuble est équipé d'un chauffage vapeur basse pression. L'installation sera simple : une vanne de détente, une vanne de sécurité, un poste de renvoi. Le détenteur, ou vanne de détente, va simplement réduire la pression désirée dans l'installation.

• Un **échangeur** si le réseau fournit de la vapeur ou de l'eau surchauffée et que l'immeuble comporte un chauffage central à eau chaude. Cet équipement est beaucoup plus coûteux à l'achat comme à l'entretien. De plus, la dégradation du matériel est rapide.

Se rappeler qu'un échangeur est un appareil où l'eau surchauffée (ou la vapeur) va céder sa chaleur à l'eau froide en chauffant les serpentins dans lesquels circule cette eau froide. Malheureusement, dans la plupart des cas, il faut un échangeur, et il ne faudra pas oublier d'ajouter dans les calculs du coût du chauffage urbain, les frais liés à l'entretien d'une telle sous-station.

Pour aller plus loin sur le chauffage urbain et savoir comment AGIR au niveau TARIFAIRE, vous pouvez vous procurer la brochure spéciale réalisée par l'ARC sur le chauffage urbain. Par ailleurs, l'ARC coordonne et aide un certain nombre d'associations locales d'usagers de chauffage urbain. Vous pouvez nous demander toutes précisions à ce sujet.

2. Les différents types de contrats

a/ Les contrats d'exploitation

L'exploitation d'une installation de chauffage comporte au moins deux aspects :

• **la conduite,** c'est-à-dire la production et la distribution de la chaleur nécessaire pour obtenir les températures contractuelles dans les différents locaux et, le cas échéant, celle de l'eau chaude sanitaire ;

• **la maintenance,** c'est-à-dire le maintien en bon état de fonctionnement de l'installation, dont un entretien régulier permettra d'optimiser rendement et durée de vie.

La fourniture de combustible et les grosses réparations peuvent être incluses dans le contrat d'exploitation.

Il existe quatre types de contrats de base pouvant comporter différentes variantes :

• **contrat P1 :** la fourniture de combustible est confiée à l'exploitant ;

• **contrat P2 :** l'exploitant assure la conduite et la maintenance ;

• **contrat P3** (garantie totale) : il concerne les grosses réparations, celles-ci pouvant aller jusqu'à la réfection complète de l'installation. Ces prestations sont effectuées par l'exploitant à un prix forfaitaire annuel, pendant plusieurs années (généralement huit).

On distingue les **contrats P3 « transparents »** (l'exploitant doit tenir un compte des provisions et des dépenses) et les **contrats P3 « non transparents »** (l'exploitant doit simplement rendre l'installation en bon état).

• **contrat P4 :** il concerne l'amortissement ou le remboursement de l'installation, quand l'investissement a été effectué par l'exploitant.

Les contrats d'intéressement

Certains contrats, notamment pour l'exploitation d'installations importantes, comportent une clause d'intéressement à la gestion de l'énergie. Dans ce cas, on fixe un objectif de consommation. Si cet objectif est dépassé, l'exploitant prend en charge tout ou partie du surplus ; si l'on fait des économies, par contre, l'exploitant récupère une partie des économies. La définition de l'objectif nécessite une étude préalable par un ingénieur conseil ou un bureau d'études en chauffage, indépendant du chauffagiste et du syndic. Cette formule permet d'éviter les risques de dérive de la consommation de combustible mais peut amener l'exploitant à sous-chauffer.

Le tableau ci-dessous résume les avantages et les inconvénients des types de contrats les plus courants.

b/ Y a-t-il un bon type de contrat ?

En fait, aucun type de contrat n'est préférable à un autre :

• si vous avez un **P2** simple, certes vous pourrez **contrôler** les gros travaux, mais vous pourrez **aussi** vous faire imposer des travaux trop chers « en urgence » ;

• si vous avez un **P3,** certes vous éviterez les surprises, mais rien ne vous assure vraiment que vous ne payerez pas **beaucoup trop cher** la « garantie totale ».

Tout est affaire de **négociation,** au départ ; de **contrôle,** ensuite.

Nous allons essayer de vous donner quelques pistes pratiques pour vous permettre de mieux assurer, ou faire assurer, le contrôle et la négociation.

Type de contrat	Avantages	Inconvénients
P2 (conduite et maintenance)	• Coût (apparemment) peu élevé. • Marge de manœuvre du client pour négocier le prix du fioul, mettre en concurrence les entreprises pour les grosses réparations.	• Implication du client dans toutes les décisions techniques, ce qui n'est pas toujours de sa compétence. Certains exploitants jugent urgentes les grosses réparations en plein hiver pour les facturer au prix fort. • Risque de dérive de la consommation.
P1 + P2 (combustible + conduite et maintenance)	Même chose que P2. En plus : pas de surveillance par le client du niveau de la cuve de fioul.	Même chose que P2. En plus : • ajout d'un intermédiaire qui risque de facturer le fioul cher ; • risque de fortes dérives de la consommation.
P2 + P3 (conduite et maintenance + garantie totale (grosses réparations))	Même chose que P2. En plus : • paiement indolore des grosses réparations, voire de la réfection complète ; • pas de surveillance par le client de la maintenance.	Même chose que P2. En plus : • si l'exploitant est peu scrupuleux, il peut - faire durer le matériel usagé, d'où rendements médiocres ; - au contraire, changer systématiquement certaines pièces par d'autres plus chères, sous prétexte qu'elles n'existent plus sur le marché.
P1 + P2 + P3	• Responsabilité complète confiée à l'exploitant, ce qui libère (en théorie) le client de tout souci.	• Cumul des inconvénients des formules précédentes.

3. La négociation des contrats

a/ Les contrats « courants »

À quelques exceptions près, les contrats signés entre les copropriétaires et les chauffagistes présentent les « défauts » suivants :

• Ils restent « flous » sur un certain nombre de points. Par exemple :
– un calendrier précis des opérations n'est pas joint au contrat ;
– les opérations ou travaux **exclus** du contrat ne sont pas clairement définis ;
– le coût de la main-d'œuvre, en cas de travaux hors contrat, n'est pas précisé clairement ;
– etc.

• Ils restent incomplets :
– absence de pénalité ;
– obligations de l'entreprise insuffisantes ;
– etc.

Cette situation tient d'abord au fait que – contrairement à ce qui se passe dans le cadre des marchés publics – les **obligations contractuelles de base** sont très réduites en matière de marchés privés.

Cela tient ensuite au fait que les **syndics** de copropriété sont souvent **incompétents dans ce domaine** et peuvent signer n'importe quel contrat.

Cela tient enfin au fait que les copropriétaires hésitent souvent à faire appel à des **ingénieurs conseils** n'étant **jamais sûrs** qu'ils vont réellement **défendre leurs intérêts.**

Cette situation a amené l'ARC à établir un **contrat type** applicable aux marchés privés.

Le contrat-type de l'ARC

Se basant sur l'expérience de certains adhérents et sur le cahier des clauses techniques générales des marchés publics d'exploitation de chauffage, l'ARC a établi un contrat type P2 (conduite et maintenance avec petit entretien) avec intéressement éventuel à la gestion de l'énergie.

Il comprend les principaux points suivants :

• définition de l'installation ;
• obligations de l'entreprise (conduite, maintenance, incidents, état de l'installation, etc.) ;
• calendrier des opérations ;
• résultats ;
• prestations non conformes et pénalités ;
• prix ;
• durée du contrat et résiliation ;
• accords entre les parties ;
• intéressement.

Ce contrat a pour but d'aider les copropriétaires, d'une part, à mieux comprendre ce que doit être un bon contrat, d'autre part, à poursuivre la coopération avec leur chauffagiste, s'ils le souhaitent, mais sur des bases rééquilibrées, enfin, à faire jouer la concurrence au sein du marché de l'exploitation de chauffage.

Il est disponible auprès de Copropriété-Services.

b/ La négociation

Avant de lancer la consultation il faut vérifier que les entreprises pressenties possèdent la qualification nécessaire selon la puissance de l'installation et définie par Qualibat (l'affiliation des entreprises à cet organisme n'est cependant pas obligatoire).

Il faut demander également aux entreprises consultées une liste de références indiquant, pour les plus importantes, l'ancienneté du contrat, le nombre de logements (ou la puissance de l'installation), les noms et coordonnées des clients, en précisant le responsable du suivi. Ne pas hésiter à recueillir l'avis de quelques-uns d'entre eux sur la qualité des prestations effectuées par les entreprises les mieux placées. Le prix demandé pour le forfait P2 ne doit pas être le seul critère de décision : il faut tenir compte également pour les départager, de la compétence, du sérieux et de la qualité du service.

Il est indispensable, enfin, que les entreprises soient consultées sur la même base.

La liste des entreprises ayant signé l'engagement de qualité avec l'ARC est à la disposition de nos adhérents.

4. Les contrôles que l'on doit et peut exercer

Nous allons donner des indications permettant **simplement** à des non-spécialistes de faire les contrôles indispensables. Cela ne demande aucune compétence particulière, mais simplement un peu de temps et de patience.

a/ Contrôler les prix du combustible

Si vous êtes chauffé au charbon ou au fioul, vous avez intérêt à exercer une grande attention sur ce point, surtout si vous êtes lié au chauffagiste pour la livraison du fioul.

Première démarche à faire

Voir dans votre contrat sur quelle **base** est établi le **prix du fioul** et son évolution. Souvent, la clause est très **floue** et, avec un peu d'astuce, vous pourrez **refuser** les prix imposés par le chauffagiste et renégocier ceux-ci.

Deuxième démarche

Relever sur un ou deux ans **les prix** qui vous ont été appliqués et les **comparer** avec des prix **négociés.** Si vous êtes adhérent collectif à l'ARC, cela est simple, puisque **la coopérative de l'ARC négocie les prix tous les jours** pour ses adhérents et peut vous donner des références précises.

Si vous n'êtes pas adhérent collectif à l'ARC, vous pouvez, au moins, comparer avec les prix publiés par la DHYCA (Direction des Hydrocarbures du ministère de l'Économie) donnant des prix moyens (mais supérieurs à ceux négociés par l'ARC).

Troisième démarche

Agir auprès du syndic et de l'exploitant pour qu'ils vous livrent à un **tarif « négocié »** et non pas, comme c'est souvent le cas, au prix le plus élevé.

b/ Contrôler l'entretien de la chaufferie

Le contrôle est simple et d'une redoutable efficacité. Il suffit d'appliquer les règles suivantes :

– Visitez régulièrement la chaufferie

Donnez un coup d'œil sur les cahiers d'entretien (dont la tenue est une obligation légale) pour voir si les visites prévues ont eu lieu et si les prestations d'entretien sont bien effectuées conformément au calendrier de maintenance du contrat. Vous pouvez même photocopier ce cahier, ce qui permet un meilleur contrôle a posteriori.

– Effectuez quelques contrôles simples

Voici quelques points faciles à vérifier permettant, même à une personne relativement profane en ce domaine, de repérer des anomalies :

- propreté générale de la chaufferie ;
- propreté du (ou des) brûleur(s), du capot de protection (absence ou présence de graisses sur et sous celui-ci) ;
- présence ou non de corrosion sur les chaudières et les tuyauteries ;
- bon état de fonctionnement des ampoules de l'armoire électrique de commande ;
- propreté intérieure de cette armoire et absence d'objets étrangers ;
- dernière date de passage en chaufferie de l'entreprise d'entretien des extincteurs ;
- présence ou non de mauvaises odeurs dans le local et de flaques d'eau au sol ;
- enlèvement des suies sitôt effectué le nettoyage des chaudières et le ramonage des conduits de fumée ;
- fonctionnement correct des entrées et sorties d'air (qui ne doivent pas être obturées) permettant un bon tirage ;
- contrôle des températures de l'eau au départ et au retour du circuit de chauffage, et celle de l'ECS au départ du ballon.

Dans le cas où ces quelques vérifications feraient apparaître des anomalies laissant présager le non respect par l'exploitant de ses obligations contractuelles, il serait souhaitable de confier l'audit de l'installation à un spécialiste.

c/ Contrôler la rigueur de l'exploitation

Pour contrôler la rigueur de l'exploitation, le moyen le plus efficace est de **vérifier** que les **consommations** sont – au fil des ans – relativement **constantes,** compte tenu de la rigueur de l'hiver. En effet, une « mauvaise » exploitation est caractérisée par une augmentation progressive des consommations (rendement moins bon, équilibrages moins bien faits, etc.).

Étudions comment effectuer le contrôle des consommations dans le temps.

Faire le point des consommations

Si vous êtes alimenté en gaz, il n'y a pas de problème (sauf cas de forfaitisation de l'énergie par l'exploitant).

Si vous êtes chauffé au fioul ou au charbon, vous ne pouvez connaître les quantités consommées que si vous connaissez le stock en début et en fin de saison (par exemple : nombre de m^3 de fioul dans les cuves).

Si vous avez le chauffage **et** l'eau chaude collectifs, il va falloir décompter la part de combustible allant à la production d'eau chaude.

Enfin, quand vous aurez déduit la part pour l'eau chaude, il vous faudra ajuster la consommation à la rigueur de l'hiver. Pour cela, il vous faudra ramener la consommation à une saison **moyenne** calculée en degrés-jour-unifiés.

Voyons comment procéder.

Enlever la part qui va à l'eau chaude sanitaire

Quand il y a production d'eau chaude sanitaire, il faut donc arriver à dissocier la consommation de chauffage.

Pour cela il faut :

- **connaître** exactement le nombre **de m^3 d'eau chaude sanitaire** produits pendant l'année. Il suffit d'obtenir les **relevés annuels** du compteur d'eau froide réchauffée (en chaufferie).
- **connaître la quantité de combustible nécessaire** à la production de m^3 d'eau chaude sanitaire. Cela est plus difficile, parce qu'il n'y a pas une réponse unique : cela résulte de la puissance des chaudières, du rendement global de l'installation, etc.

En général, on part d'un besoin énergétique qui varie entre 12 et 14 litres de fioul domestique ou encore 130 à 150 kWh gaz ou encore 90 à 100 kWh en « chauffage urbain ».

Une fois que l'on a ces deux chiffres, on peut arriver à ventiler à peu près correctement les consommations qui vont au chauffage et celles qui vont à l'eau chaude sanitaire.

Exemple :

- la cité « Y » a consommé 400 m^3 de fioul soit 400 000 litres ;
- il y a eu dans l'année 10 000 m^3 d'eau chaude sanitaire produits.

• Si l'on considère qu'il faut 12 litres de fioul par m³ d'eau froide réchauffée, cela signifie qu'il aura été consacré à la production d'eau chaude sanitaire : 10 000 × 12 = 120 000 litres.

• Il est donc resté : 280 000 litres pour le chauffage.

On peut ainsi opérer les comparaisons d'une année sur l'autre.

Connaître les degrés-jour-unifiés (DJU)

Tous les jours de l'hiver, les services de la météorologie extérieure calculent les degrés-jour qui sont la différence entre la température moyenne et 18°. Ainsi, si tel jour la température moyenne est de zéro degré, on aura 18 degrés-jour. En fin de saison, on totalise les degrés-jour.

Sur 30 ans la moyenne des degrés-jour-unifiés (DJU) a été de 2 450 en Île-de-France, pour une saison de 7 mois (octobre à avril). Plus l'hiver est doux moins on a de DJU, et inversement.

Grâce aux DJU on peut comparer de façon rigoureuse les différentes saisons.

Si en 2002/2003 on a consommé 250 m³ de fioul pour 2 700 DJU et en 2003/2004 le même nombre de m³ pour 2 200 DJU, on saura qu'on a gaspillé du fioul en 2003/2004. On pourra chercher pourquoi (surchauffe, mauvaise régulation, mauvais équilibrage).

Les degrés-jour-unifiés sont établis par chaque station météo et sont disponibles, soit auprès de la station, soit sur le service Minitel : 3617 DJU.

La connaissance des DJU par mois peut faciliter le suivi des exploitations. Par exemple, si en janvier vous avez eu 400 DJU et consommé 200 000 kWh de gaz et qu'en février il y a eu 420 DJU pour 240 500 kWh, c'est que quelque chose de très anormal s'est passé dans l'exploitation du chauffage.

Ce contrôle est simplement « indicatif ». Il peut vous alerter sur le manque de « sérieux » de l'entreprise ou du moins des ouvriers chargés de votre immeuble.

d/ Contrôler les travaux hors contrat

Ce point mérite une vigilance particulière : en effet, le chauffagiste, après avoir « serré » son prix P2 pour emporter le contrat d'exploitation, sera peut-être tenté, une fois dans la place, de se rattraper en proposant des interventions pas toujours justifiées, et surtout en prenant des marges très fortes sur les prestations et travaux hors contrat – surtout s'ils sont urgents – qu'ils soient effectués par lui-même ou sous-traités.

Pour se prémunir contre ces pratiques il faut :

• **s'assurer du bien-fondé des travaux importants** proposés par l'exploitant.

Deux moyens pour cela :

– reconstituer, puis tenir à jour un tableau des grosses réparations sur la chaufferie. C'est le seul moyen de vérifier que l'on ne vous change pas tous les 5 ans votre vase d'expansion, ou tous les 4 ans telle ou telle pompe. Le tableau de durée moyenne de vie des équipements (voir page suivante) doit vous permettre de repérer les anomalies.

– Faire appel à un technicien « de confiance » (beaucoup plus difficile à trouver...).

• **Mettre en concurrence** votre chauffagiste avec d'autres entreprises, pour les grosses réparations (remplacement des brûleurs, d'une chaudière, d'un ensemble de vannes ou de purgeurs, par exemple). Il est fréquent que les prix du chauffagiste en place soient deux fois plus élevés que les prix « normaux » !

À noter : les devis, dans le cadre de travaux urgents, doivent indiquer l'origine et les caractéristiques du matériel proposé (ou facturé, avec, dans ce cas, le prix « public » du fabricant ou du grossiste sur lequel l'exploitant bénéficie, généralement, d'une remise de base de 30 %).

• **Consulter directement des entreprises spécialisées** pour les opérations de détartrage/désembouage/équilibrage, de ramonage, qui sont, de toute façon, généralement sous-traitées par le chauffagiste.

• **Ne pas inclure le traitement de l'ECS** dans le contrat et traiter directement avec une entreprise spécialisée (sauf pour les petites installations). Le coût du traitement par silico polyphosphates se situe entre 0,20 et 0,40 € TTC par m^3 d'eau traitée pour la fourniture des produits ; celui du suivi technique est compris entre 500 et 1 200 € TTC/an.

• **Dernier conseil :** après les travaux il faut **vérifier que le matériel posé** (exemple : pompes) **est bien neuf** et qu'il n'a pas simplement fait l'objet d'un échange « standard ». Ne vous fiez pas simplement à la peinture neuve... Pour ce faire, il est conseillé de référencer les numéros de série des gros matériels.

e/ Contrôler les contrats incluant les grosses réparations

Le problème des contrats **P3** réside d'abord dans la **négociation** initiale du « juste » prix.

Puis, il faut **« contrôler »** l'application du contrat. Rappelons que le chauffagiste aura tendance à **faire durer le matériel** le plus longtemps possible, ce qui risque d'entraîner deux effets :

– des pannes plus fréquentes ;

– une baisse de rendement.

Il faut donc contrôler qu'il assure un gros entretien normal.

Que votre contrat soit « transparent » (obligation pour le chauffagiste de vous fournir chaque année un compte P3 – pièces changées **et** coût) ou non, vous devez **établir un tableau** des grosses interventions, soit en partant des rapports annuels du chauffagiste, soit en partant des indications inscrites sur le livret de chaufferie.

Ce tableau est « parlant » puisqu'il vous permet de voir quel est le niveau des grosses interventions.

Pour finir et pour vous aider à mieux apprécier l'opportunité de tels ou tels travaux, nous vous communiquons une grille de durée de vie de certains matériels :

Chaudières	15/20 ans
Brûleurs	10/15 ans
Maintien de pression	15/20 ans
Vase d'expansion	7/10 ans
Régulation	10/15 ans
Vannes	20/25 ans
Pompes anciennes	10/15 ans
Pompes nouvelles	8/10 ans
Ballon d'eau chaude	25/30 ans
Armoire de commande électrique	20/25 ans
Purgeurs	10/15 ans
Purgeurs sur vapeur	5 ans
Radiateurs	au moins 30 ans

(si l'installation est bien entretenue).

CHAPITRE 18

ASCENSEUR : NOUVEAU DÉCRET ; NOUVEAU CONTRAT ; LE CONSEIL SYNDICAL EN PREMIÈRE LIGNE

Une nouvelle donne

Rappelez-vous : en 2002 deux accidents mortels d'ascenseur marquaient les esprits ; il s'agissait d'enfants tombés dans les cages d'ascenseurs.

Le Gouvernement décidait d'agir, en l'occurrence de faire voter une loi imposant aux propriétaires d'appareil (donc aussi aux copropriétés) de faire faire de nombreux travaux, propres, soi-disant, à sécuriser les ascenseurs (nous verrons au chapitre 32 ce qu'il faut en penser...). Ce fut l'article 79 de la loi du 2 juillet 2003 dit Urbanisme et Habitat.

Devant nos protestations (*« Les accidents sont dus surtout aux défaillances de la maintenance »*, disions-nous) le Gouvernement décidait, parallèlement, de renforcer les obligations en matière d'entretien des ascenseurs. Le décret d'application de l'article 79 (décret du 9 septembre 2004) plus un arrêté ont donc modifié la donne que l'on peut résumer ainsi :

1 – Abrogation de l'arrêté de 1977 qui déterminait jusqu'à présent les obligations en matière d'entretien.

2 – Mise en place de nouvelles dispositions : contrat avec des clauses impératives ; obligations plus contraignantes (on verra lesquelles).

3 – Surtout, obligation pour les propriétaires de signer un nouveau contrat avant le 30 septembre 2005 ou à l'échéance de leur contrat, si celle-ci est postérieure à cette date

On fera bien attention : les grands ascensoristes, au prétexte que les nouvelles obligations sont plus importantes que les anciennes, ont prévu d'augmenter les contrats ; nous allons voir que si vous faites bien les choses, ce ne devrait pas être le cas.

Nous allons organiser ce nouveau et essentiel chapitre en trois parties :

Première partie : rappel de la situation actuelle et de la façon dont les contrats sont bâtis.

Deuxième partie : présentation des nouvelles obligations.

Troisième partie : quelques conseils pour bien négocier son nouveau contrat.

Les problèmes concernant les nouveaux contrats d'ascenseurs sont complexes et lourds de conséquences financières.
En janvier 2005, l'ARC a réalisé un guide spécial intitulé : *Ascenseurs: comment éviter le pire ?* (le pire étant le coût excessif des travaux d'une part, les contrats défavorables d'autre part). Nous vous conseillons vivement, si vous êtes concerné par ces problèmes, de vous y reporter.

PREMIÈRE PARTIE : rappel de la situation présente

1. Contrat simple et complet

Jusqu'à présent (septembre 2004) tous les contrats devaient satisfaire aux dispositions de l'arrêté du 11 mars 1977. Celui-ci définissait deux types de contrats :

– contrat simple (il précisait les petites pièces que l'ascensoriste devait changer et la périodicité d'entretien) ;

– contrat complet (il prévoyait le changement de certaines grosses pièces).

En copropriété beaucoup de contrats étaient *« complets »*. On verra que, dans les nouveaux textes, ne reste plus qu'un contrat *« minimal »* (amélioré, cependant par rapport au contrat simple) et que – de ce fait – disparaît le contrat *« complet »*. Nous donnerons plus loin quelques conseils pour échapper aux conséquences de cette disposition.

2. Quels sont les principaux problèmes rencontrés ?

Nous n'allons pas revenir sur tous les problèmes que posaient les anciens contrats puisque la donne a changé.

Signalons d'ailleurs que les nouveaux textes tiennent compte des problèmes que nous ne cessions de soulever depuis des années, ainsi :

– l'absence de pénalité dans les contrats ;
– le problème de l'état des lieux contradictoire ;
– la garantie des pièces détachées.

Nous allons simplement aborder deux problèmes qui ne disparaîtront pas avec les nouveaux contrats et qui nécessitent votre vigilance.

a/ Le problème de l'évolution des prix
b/ Le problème du contrôle de la qualité de l'entretien quand on n'est pas technicien

3. Les évolutions de prix des contrats : comment cela marche-t-il ?

Le coût d'un contrat est fixé au départ à un prix qui va augmenter chaque année. De deux choses l'une : soit le contrat ne prévoit rien sur ce point et il faudra négocier chaque année les évolutions, ce qui veut dire (dans les faits) que l'ascensoriste fera ce qu'il veut ; soit le contrat prévoit une formule de réactualisation. Ce cas est préférable à condition bien sûr que la formule soit maîtrisée et contrôlée.

Nous allons voir l'importance qu'il y a à bien comprendre la logique des différentes formules de réactualisation qui existent et l'importance qu'il y a à bien contrôler l'application de ces formules.

• **Les notions de base**

Une formule de révision se présente comme une **ÉQUATION SIMPLE**.

P (prix révisé) = **Po** (ancien prix) × **K** (coefficient de révision).

Tout le problème est de savoir comment est déterminé K.

K est, en fait, égal au rapport entre un **indice nouveau** et un **indice ancien**.

Si, par exemple, l'indice est 100 en 2003 et 103 en 2004, K sera égal à $\frac{103}{100} = 1{,}03$.

L'application de ce coefficient correspond donc à une augmentation de 3 %. Il existe des indices des salaires, des services, des matériaux, etc.

Le coefficient K peut être simple (exemple : on ne prend qu'**un seul indice** : indice des prix ; indice de la construction) ou **complexe** : on prend plusieurs types d'indices qu'on pondère.

C'est justement le cas des contrats d'ascenseur que d'avoir un coefficient de révision complexe qui va intégrer une part de salaire, une part de prix du cuivre, une part de prix de l'acier, une part de prix des services. C'est normal d'ailleurs, puisqu'un contrat d'ascenseur intègre des salaires, des fournitures, des frais généraux de société, etc.

Si l'on décide, par exemple, que la part des salaires est de 40 %, la part des frais de société 40 %, la part du cuivre 20 %, on aura le coefficient suivant :

K = 0,40 × indice salaire + 0,40 × indice des prix des services + 0,20 × indice du prix du cuivre.

L'indice salaire va se noter : $\frac{S}{So}$ (S : nouvel indice ; So : ancien indice)

L'indice cuivre va se noter : $\frac{CF}{CFo}$

L'indice des prix des services va se noter : $\frac{PsdB}{PsdBo}$

La formule correspondant à notre exemple va donc se noter :

$$P = Po\left(0{,}40 \times \frac{S}{So} + 0{,}40 \times \frac{PsdB}{PsdBo} + 0{,}20 \times \frac{CF}{CFo}\right).$$

Ainsi s'explique la formule barbare de revalorisation du prix des contrats...

Dernier point à noter : rien n'oblige à indexer un prix à 100 %. On peut considérer une partie fixe de 15 % ou 10 %. On peut également introduire d'autres indices (exemple : celui du laminé acier).

On peut aussi avoir :

part fixe	:	15 %,
salaire	:	30 %,
cuivre	:	15 %,
laminé	:	15 %,
service	:	25 %.

Dans ce cas, la formule sera :

$$P = Po\,0{,}15 + \left(0{,}30 \times \frac{S}{So}\right) + \left(0{,}15 \times \frac{CF}{CFo}\right) + \left(0{,}15\,\frac{Lma}{Lmao}\right) + \left(0{,}25\,\frac{PsdB}{PsdBo}\right).$$

b/ Les différentes formules de réactualisation

La formule la plus courante dans les années 1980 était la formule suivante :

$$P = Po\left(0{,}10 + 0{,}65\,\frac{S}{So} + 0{,}15\,\frac{PsdB}{PsdBo} + 0{,}05\,\frac{CF}{CFo} + 0{,}05\,\frac{Lma}{Lmao}\right).$$

Depuis, tout l'art des ascensoristes a été, dans les formules proposées, de donner un maximum d'importance aux indices qui grimpaient le plus fort.

On a ainsi vu l'apparition de formule où CF (ou Lma) disparaissait (c'est le cas du contrat GOLD signé par le cabinet Loiselet-Daigremont avec OTIS et qui est, de ce fait, un médiocre contrat), puis disparaissait la part fixe (c'est le cas du contrat DIAMANT d'OTIS).

Cela explique pourquoi, selon l'application de telle ou telle formule on aura des augmentations très différentes; cela explique aussi pourquoi il faut ouvrir l'œil...

c/ Comment juger de la formule du contrat ?

Des explications précédentes, il faut retenir que dans le coefficient de révision de prix, plus fort est le poids de la variation des salaires, plus défavorable sera ce coefficient pour la copropriété.

Au contraire, le coefficient de révision de prix sera d'autant plus favorable que :

- la constante sera forte,
- le poids de la variation des salaires sera faible.

On peut éventuellement s'accorder avec les ascensoristes pour éliminer les variations du fil de cuivre et du laminé marchand en acier, trop sujettes à spéculation.

d/ Des contrats de moins en moins intéressants et, parfois, non respectés

• **Il vaut mieux être fort et bon en calcul**

L'information recueillie par l'ARC auprès de multiples copropriétés adhérentes confirme que les ascensoristes appliquent les formules les plus pénalisantes (celles qui augmentent le plus vite) aux petites copropriétés ou aux syndics mauvais négociateurs. Si vous êtes dans ce cas, il faudra négocier ou renégocier un contrat d'ascenseur ce qui sera l'occasion d'accorder une attention toute particulière à ce point.

• **Le contrat, un chiffon de papier**

Par ailleurs, les informations obtenues de nombreuses copropriétés adhérentes de l'ARC montrent aussi qu'à partir de 1986 les ascensoristes ont, à diverses reprises, oublié de respecter les formules de révision des contrats quand celles-ci les gênaient, **et ont pu appliquer des hausses bien supérieures**.

Il est donc important (et payant) de vérifier ce point avec la plus grande attention. Il suffit, ensuite, de mettre une pile neuve dans votre calculette. Bon courage.

4. Comment contrôler l'entretien de votre ascenseur

a/ Évaluer l'entretien sur le plan technique

Nous avons recensé un certain nombre de questions que nous devons résoudre pour savoir si l'entretien est fait correctement.

• **En machinerie**

La lumière fonctionne-t-elle ?

II faut savoir que le changement d'ampoules est à la charge de l'ascensoriste. Cela paraît normal mais on a quelquefois des surprises.

Y a-t-il un carnet d'entretien ?

Il doit y avoir un carnet d'entretien concernant chaque ascenseur. Celui-ci doit mentionner toutes les interventions des techniciens (arrêté de 1977), et il est disponible sur simple demande.

La position de la cabine sur les câbles est-elle matérialisée par un marquage à la peinture ?

Ce point est un peu délicat. En effet, pour bien positionner la cabine et éviter les différences de niveau au palier, il faut positionner la cabine et faire un marquage sur les câbles (peinture rouge avant 1981, jaune après). Cela a-t-il été fait ?

La machinerie est-elle propre ?

Trouve-t-on des taches d'huile et de saleté ? Là encore, l'ascensoriste doit maintenir la machinerie en état de propreté. Le contraire doit vous alerter.

L'armoire de commande est-elle propre ?
L'approche est la même que dans le point précédent. On sera particulièrement attentif aux fils qui « pendouillent ».

- **Sur les paliers**

Les oculus (vitres des portes palières) sont-ils cassés ou fêlés ?
Si oui, ils doivent être changés. Il faut savoir qu'actuellement, on n'installe plus d'oculus pour des raisons de sécurité mais des portes pleines.

Quand vous lâchez la porte battante au rez-de-chaussée, se ferme-t-elle en claquant ou seulement après un mouvement de réouverture en fin de course ?
Si elle se ferme en claquant, c'est le ferme-porte qui est à changer.

Les boutons lumineux fonctionnent-ils ?
Là encore, il faut rappeler que la maintenance des boutons entre dans le cadre des travaux d'entretien.

- **Le fond de fosse ou « cuvette »**

Celui-ci est-il propre ?
En effet, il doit être nettoyé au moins une fois par an. La présence de morceaux de journaux datés dans la cuvette peut permettre de contrôler depuis quand le nettoyage n'a pas été fait...

- **Le toit de la cabine**

Est-il propre ?
L'approche est la même que pour le fond de fosse.

- **La cabine**

Les boutons lumineux sont-ils allumés ?
Réponse identique à celle concernant les boutons situés sur le palier.

En essayant de retenir la porte quand elle se ferme se rouvre-t-elle facilement ?
Si elle se ferme franchement, cela signifie que les serrures et ferme-portes sont à revoir.

En montée, l'ascenseur vibre-t-il ?
Si c'est le cas, les coulisseaux doivent être réglés. En effet, les vibrations sont dues à leur manque de rigidité.

Quand l'ascenseur arrive à l'étage, tant en montée qu'en descente, y a-t-il une marche de plus de 2 cm entre le palier et le sol de l'ascenseur ?
. Dans le cas d'un appareil mono-vitesse cela est fréquent et difficile à régler par l'équipe d'entretien.

. Dans le cas où l'on a un appareil à deux vitesses ou à **variation de fréquence** ce genre de problème ne doit pas exister.

b/ Évaluer la qualité de la maintenance

- **Le taux des pannes**

Le nombre de pannes doit être inférieur à 5 ou 6 pannes par an et par appareil.

Pour des ascenseurs neufs ou de moins de 10 ans, le taux de pannes doit être égal à zéro.

- **Le temps passé**

L'entretien d'un ascenseur prend en moyenne une heure par mois. Si la copropriété dispose de quatre appareils, votre ascensoriste doit passer la matinée dans votre immeuble. À vous de contrôler.

- **La qualité de l'entreprise**

Elle est liée à deux aspects : la formation et l'encadrement du personnel, l'organisation de l'entretien.

- **La formation et l'encadrement du personnel**

Certains ascensoristes forment leurs techniciens en trois mois par un stage en alternance. C'est extrêmement rapide et explique certains déboires. En ce qui concerne l'encadrement, il faut savoir si celui-ci contrôle le taux de pannes par appareil et par salarié. Si oui, pourquoi ne pas communiquer ces taux aux copropriétaires ? Cela permettrait de savoir à partir de quel niveau un ascensoriste déclenche un contrôle interne de son personnel pour savoir si celui-ci est efficace.

L'expérience de l'ARC nous montre que le véritable contrôleur est trop souvent le Conseil Syndical qui, en se manifestant auprès de l'ascensoriste, lui apprend l'ampleur des problèmes.

- **L'organisation de l'entretien**

En général, les ascensoristes organisent leurs équipes de sorte que l'homme d'entretien fasse aussi des dépannages urgents. Conséquence : si un technicien est en train d'effectuer l'entretien d'un appareil et qu'il est appelé sur un appareil en panne, il quitte son poste de travail pour dépanner l'ascenseur.

Deuxième possibilité plus intéressante : il existe une équipe pour l'entretien et une équipe pour le dépannage, ce qui permet d'éviter les inconvénients que nous venons d'évoquer.

Quand on sait que dans la première hypothèse, un technicien d'entretien peut être chargé de l'entretien de 100 à 120 appareils, à quoi s'ajoutent les dépannages, on comprend pourquoi le temps consacré à la maintenance est parfois limité ! (Nous pensons que le ratio devrait être situé entre 60 et 80 ascenseurs pour un technicien, chiffre à pondérer, bien sûr, en fonction du rayon géographique dans lequel se trouvent ces appareils).

DEUXIÈME PARTIE : présentation des nouvelles obligations

1. Quelles sont les obligations de l'ascensoriste avant, pendant et après le contrat ?

I – Avant la signature du contrat

a/ Établissement d'un état initial de l'installation établi contradictoirement

Avant toute signature de contrat le prestataire doit faire un état des lieux. Ainsi il dira ce qui va et ne va pas et, à défaut de réserves de sa part, il devra assurer l'entretien à ses frais.

Cette disposition est bien entendu capitale. En effet si l'ascensoriste émet des réserves on pourra alors se retourner – avec des arguments – contre l'ancien titulaire.

À défaut le nouveau prestataire ne pourra pas se prévaloir de problèmes concernant l'appareil pour ne pas assumer son contrat.

b/ Établissement d'un PLAN d'entretien ou de maintenance des appareils

L'ascensoriste doit établir un plan d'entretien qui doit indiquer comment sont intégrées les données propres aux caractéristiques du site (y compris ses caractéristiques « *sociales* » ou la présence de populations difficiles), au trafic prévisionnel et à la technologie de l'appareil.

Le décret indique que ce plan d'entretien est remis « *à titre d'information* ». Qu'est-ce que cela veut dire ? Que ce plan est seulement « *indicatif* » ? Que si l'ascensoriste ne le respecte pas, il ne risque rien ? C'est ce que certains croient.

Or penser cela, c'est confondre : « *à titre d'information* » et « *à titre indicatif* ». Une information, en effet, peut valoir « *contrat* » et il faudra faire en sorte que cela soit le cas.

c/ Établissement d'un contrat incluant de nombreuses clauses obligatoires

L'ascensoriste doit désormais établir un contrat où il intègre obligatoirement des clauses minimales nombreuses. Nous étudions plus loin ces clauses minimales.

À noter : l'existence de clauses minimales n'empêche pas de négocier des clauses allant au-delà.

À noter encore : certains ascensoristes vont vouloir augmenter de façon importante le prix de leur contrat en raison de la présence de ces clauses. Nous verrons que cela ne doit pas être le cas et vous donnerons des arguments pour cela.

d/ Obligation d'assurance

L'ascensoriste doit avoir une assurance couvrant sa responsabilité (en cas de dommages corporels et matériels causés à l'occasion de ses interventions).

II – Pendant le contrat

a/ L'ascensoriste doit assurer des opérations d'entretien minimum et la réparation ou changement de certaines pièces

Le décret de 1977 est abrogé.

Il est fixé une nouvelle liste :

– des opérations d'entretien et de leur périodicité ;

– de la réparation ou changement de certaines pièces.

Nous donnons aux points 3 et 4 (un peu plus loin) la liste de ces opérations et pièces.

b/ L'ascensoriste doit assurer la tenue d'un carnet d'entretien

Le carnet d'entretien doit indiquer :

- la date, l'heure d'arrivée et de départ ; le nom et la signature du technicien ;
- les observations, les interventions, les travaux, les modifications, les remplacements de pièces qui ont été effectués ;
- en cas de dépannage, la date et la cause des incidents et des réparations.

c/ L'ascensoriste doit assurer l'information du propriétaire et des tiers

Là encore, décret et arrêté prévoient des obligations précises :

a. l'ascensoriste devra assurer l'accessibilité au carnet d'entretien,

b. si un système de *« traçabilité »* existe (c'est-à-dire un système informatique permettant de savoir quelles ont été les interventions effectuées) sur l'ascenseur, il devra en assurer l'accès gratuitement au client,

c. tous les ans il devra établir et fournir un rapport sur l'entretien des appareils,

d. à la demande du syndic il devra fournir une attestation d'assurance.

d/ Transparence des factures

L'ascensoriste devra adresser des factures comprenant :

a. les références de son assurance obligatoire,

b. les justifications (indices et calculs) en cas d'augmentation du prix du contrat.

III – En fin de contrat

Lorsque le contrat arrive à terme, n'est pas renouvelé et qu'il y a changement d'ascensoriste, les nouveaux textes prévoient une obligation ; on notera néanmoins un oubli.

a/ Remise de la notice d'instruction

Cette obligation doit permettre au successeur – surtout s'il n'est pas le constructeur – d'assurer plus facilement la maintenance.

À noter : si aucune notice d'instruction n'avait été remise au titulaire sortant en début de contrat, le décret prévoit que l'entreprise aura DÛ – pendant le cours de son contrat – élaborer cette notice. Pas d'échappatoire, donc.

b/ Établissement d'un état des lieux contradictoire

Nous n'avons pas encore obtenu satisfaction sur cette vieille revendication concernant l'obligation légale d'un état des lieux contradictoire en fin de contrat (entre l'ascensoriste et le client aidé, soit par le futur ascensoriste, soit par un bureau d'études). Nous reviendrons à la charge.

2. Quelles sont les clauses obligatoires qu'un nouveau contrat doit comprendre ?

Nous donnons la liste des clauses minimums obligatoires :

1– Mise en œuvre des dispositions minimales d'entretien et de changement de pièces (voir plus loin).

2 – Indication de la durée du contrat plus précision sur les modalités de reconduction et de résiliation. NB : *un conseil ; refusez que la durée de préavis dépasse trois mois.*

3 – Conditions de disponibilité et de fourniture des pièces de rechange.

4 – Indication du délai de garantie du remplacement des petites pièces.

5 – Dépannage et déblocage : délais pour les déblocages, les dépannages et les remises en service.

6 – Précision concernant l'obligation du transfert au prestataire successeur de la notice d'installation de l'ascenseur.

7 – Descriptif de l'état initial de l'ascenseur, établi contradictoirement.

8 – Pénalités encourues en cas d'inexécution ou retard d'exécution ou mauvaise exécution des obligations contractuelles.

9 – Modalités de règlement des litiges.

10 – Tenue du carnet d'entretien.

11 – Description des garanties apportées par les contrats d'assurance du prestataire.

12 – Identification des opérations de sous-traitance éventuelle avec leur modalité d'exécution.

13 – Conditions dans lesquelles peuvent être passés des avenants.

14 – Formule détaillée de révision des prix.
15 – La date de révision annuelle des prix doit être mentionnée.

L'ARC met au point un contrat type pour ses adhérents collectifs qui précise ces clauses et va au-delà ; si vous êtes adhérents collectifs vous pouvez vous procurer ce contrat type à prix coûtant.

3. Quelles sont les opérations d'entretien minimum obligatoires ?

1. Opérations de vérification régulières	
Toutes les six semaines	L'ascensoriste devra effectuer une visite toutes les six semaines[1] pour : • surveillance du fonctionnement des installations, • réglage, • mises à niveau nécessaires, • vérification de l'efficacité des serrures, • vérification des dispositifs antidéverrouillage.
Tous les six mois	Examen des câbles.
Tous les ans	• vérification des parachutes, • nettoyage de la cuvette, du toit, du local machine.
Autant que de besoin	Lubrification et nettoyage des pièces.

1. Une visite de dépannage ne peut tenir lieu de visite mensuelle.
À noter :
Jusqu'à présent, l'arrêté de 1977 prévoyait une visite mensuelle – donc toutes les quatre semaines. La nouvelle disposition va donc permettre à l'ascensoriste de gagner du temps, beaucoup de temps (donc de l'argent) ; nous estimons, à l'ARC, que ce **gain** devra compenser le surcoût lié aux nouvelles obligations. Conséquence : contrat nouveau = augmentation ZÉRO.

2. Opérations occasionnelles
• Assurer la réparation ou le remplacement des petites pièces usées ou hors d'usage (une liste de ces pièces est fournie par l'arrêté ; voir plus loin)
• Assurer les mesures d'entretien préconisées dans le cadre du contrôle technique périodique obligatoire
• Assurer les mesures permettant la désincarcération ou le dégagement des personnes bloquées en cabine
• Prendre les dispositions nécessaires pour assurer le dépannage des ascenseurs

4. Quelle est la nouvelle liste des pièces dont le changement est obligatoire ?

L'ascensoriste doit la réparation ou le remplacement de toutes les pièces suivantes. Nous avons obtenu que certaines pièces non prévues dans l'ancien contrat simple soient désormais intégrées dans le contrat de base. Voici les principales pièces :

Cabine : boutons de commande y compris **leur signalisation lumineuse et sonore**, paumelles de portes, contacts de porte, ferme porte automatique de porte battante, coulisseaux, galets de suspension et contact de porte, **interface usager d'appel de secours (boutons avec leurs signalisations, haut parleur)**, dispositif mécanique de réouverture de porte.

Paliers : ferme porte automatique de porte battante, serrure, contacts de porte, paumelles de porte, galets de suspension, patins de guidage des portes et boutons d'appel y compris voyants lumineux, contre poids ou ressort de fermeture des portes palières.

Machinerie : balais du moteur et tous fusibles.

Gaine : coulisseaux de contrepoids.

Éclairage : ampoules, cabine, machinerie et gaine, ainsi que l'éclairage de secours (batteries, piles et accumulateurs).

5. Quelles sont les autres obligations concernant les remplacements des pièces ?

1 – L'ascensoriste doit le remplacement (en s'adressant au fabricant d'origine ou non) des pièces prévues dans le contrat.

2 – Si l'adaptation est nécessaire elle se fera sous la responsabilité de l'entreprise de maintenance.

3 – Pour les pièces comprises dans le contrat l'ascensoriste a une obligation d'indiquer dans le contrat la durée de garantie de remplacement.

TROISIÈME PARTIE : quelques conseils pour bien négocier le nouveau contrat

La négociation des contrats sera difficile ; d'abord parce qu'il y a des risques que les principaux ascensoristes ne se soient entendus pour rendre celle-ci difficile (NB : les ascensoristes ont plusieurs fois été condamnés pour ententes en France et, actuellement, une enquête est en cours au niveau européen) ; ensuite parce que les délais assez courts fixés par les textes ne vont pas faciliter une réelle mise en concurrence.

À l'ARC nous mettons en place des moyens pour aider nos adhérents collectifs (guides ; contrats types...) et sommes même en train de négocier avec des PME d'ascensoristes ; n'hésitez donc pas à nous contacter. Néanmoins, en attendant voici quelques conseils.

1. Quand devez-vous signer un nouveau contrat ?

Deux cas de figure :

– Si votre contrat vient à échéance avant le 30 septembre 2005, vous devez renégocier un nouveau contrat avant cette date.

Un conseil : si vous êtes pris par le temps, vous pourrez signer un avenant au contrat actuel jusqu'au 30 septembre 2005 ; donc, pas de panique.

– Si votre contrat vient à échéance après, c'est la date d'échéance qui s'impose.

2. État des lieux de départ

En cas de changement du titulaire, la loi oblige désormais à faire un état des lieux « contradictoire » (en présence des deux parties). On fera bien attention à cet état des lieux, de façon :

– d'une part à savoir si l'ancien titulaire a bien fait son travail (et, sinon, se retourner contre lui) ;

– d'autre part à ne pas se retrouver au bout de quelques semaines avec un ascensoriste qui vous dit qu'il faut changer le moteur...

Vous pourrez avoir intérêt à vous faire assister dans cette opération.

3. Plan d'entretien

On a vu plus haut que le plan d'entretien n'était pas simplement une formalité et qu'il devait tenir compte des usages et du trafic ; en fait c'est un élément important du contrat et qui vous permettra un contrôle très efficace. À noter que dans les petits immeubles avec un trafic faible, cela peut être l'occasion de renégocier **à la baisse** le plan d'entretien et donc le prix du contrat.

Méfiez-vous de deux choses différentes :

– la première serait que l'ascensoriste vous demande de définir vous-même vos *« besoins »* (ce serait un piège) ;

– la deuxième serait que l'ascensoriste vous impose un plan très au-dessus du minimum requis pour justifier des hausses de contrat ; exemple : dans des secteurs difficiles on peut s'attendre à ce que les ascensoristes prévoient non pas une visite toutes les six semaines mais une toute les trois semaines (en doublant le contrat) et, en cas de refus, à décharger leur responsabilité...

Il serait trop long d'expliquer comment échapper au piège (si ce n'est de venir nous voir) ; sachez cependant qu'il faudra refuser de signer un plan avec réserve *(« l'ascensoriste préconise vingt-quatre visites par an et décharge sa responsabilité en cas de refus »)* ; signalez-nous ce genre de pratiques.

Autre point : le contrat devant être fonction du trafic, exigez de l'ascensoriste qu'il mette un compteur et qu'il prévoit un plan effectivement en fonction du trafic (nombre d'appels et de kilomètres parcourus) ; sans quoi demandez-lui comment il va faire...

4. Comment garder le bénéfice du contrat complet antérieur (si c'est le cas) ?

Si vous avez actuellement un contrat complet, pensez bien à mettre dans votre nouveau contrat une obligation concernant le changement des mêmes grosses pièces que dans l'ancien. À défaut vous perdriez le bénéfice de votre ancien contrat.

Lisez aussi le point suivant.

5. Pourra-t-on encore négocier un contrat complet ?

Dans sa première version le décret prévoyait un « *contrat de base* » et un « *contrat élargi* ». Le ministère, semble-t-il sur la demande du Conseil d'État, a supprimé cette deuxième version. Néanmoins pour échapper à la multiplicité des contrats « *élargis* » difficiles à comparer (donc pour échapper à une difficulté de mise en concurrence) l'AFNOR – dont fait partie l'ARC – va élaborer un modèle unique de « contrat élargi » qui permettra de faire des appels d'offre sur les mêmes bases. N'hésitez pas à nous en parler (l'ARC fait partie du groupe chargé d'élaborer ce contrat).

6. Augmentation du prix

Les nouveaux textes précisent de nouvelles obligations, comme on l'a vu ; dès lors les ascensoristes s'apprêtent à relever les prix de façon sensible (de 20 % à 30 % !).

Ceci serait inadmissible pour deux raisons :

a/ d'abord parce qu'alors que la périodicité des visites selon les anciens textes était de douze visites par an, elle ne sera plus que de huit visites par an, soit un tiers de moins ;

b/ ensuite parce que 80 % des contrats (et sans doute le vôtre) intégraient déjà des obligations nouvelles (exemple : entretien d'un téléphone mains-libres).

Une seule conclusion : refusez les augmentations ; et même mieux : si vous êtes dans un immeuble très tranquille et que le trafic est faible, négociez une baisse !

7. Pénalités

Les textes obligent maintenant à intégrer une clause de pénalité dans les contrats pour délais d'intervention non respectés, mais aussi pour tout manquement au contrat.

Faites attention, cependant, à ne pas vous laisser imposer une clause trop « légère ». Consultez-nous pour obtenir notre clause type si vous êtes adhérents collectifs.

8. Les travaux hors contrat

Exigez de l'ascensoriste qu'il précise bien les conditions des travaux hors contrat :

– prix horaire ;
– voire forfait pour certains types de travaux.
C'est ce qu'on appelle un bordereau de prix.

À défaut, vous seriez pieds et poings liés le jour venu.
Un bordereau de prix se présente ainsi :

« Bouton de cabine antivandale (changement pièce et main-d'œuvre)	*Prix HT au .... 2004 :*
Boîte à boutons de paliers avec voyant (changement pièce et main-d'œuvre) ».	*Prix HT au .... 2004 :*

***NB :** ces prix évolueront en fonction de l'évolution de l'indice... ; base : ... au ... 2004. »*

9. Téléalarme ou télésurveillance ?
Dans les devis pour l'installation ou la modernisation d'un ascenseur, on vous propose au choix :
– la téléalarme et téléphone *« main libre »* ;
– la télésurveillance.

Quel choix faire ? En fonction de quels critères : coût, fiabilité du système, avantages de l'un par rapport à l'autre ? Quelles sont les conséquences possibles si on décide de changer d'ascensoriste, les autres frais à prévoir, en particulier l'abonnement à France Télécom ?
Ce sont les questions les plus couramment posées et auxquelles nous allons répondre.
Au préalable, quelques explications sur les deux systèmes :
La téléalarme et le téléphone *« main libre »* permettent à la personne bloquée d'être en communication téléphonique avec l'ascensoriste en appuyant sur le bouton d'alarme.
La télésurveillance. En cas d'appel de l'usager bloqué dans la cabine, l'ascensoriste peut interroger l'appareil à distance en passant en revue un certain nombre de points de contrôle prédéfinis permettant de localiser l'origine de la panne.

Les coûts et les pièges à éviter

a/ Pour la téléalarme
Il faut compter environ 23 à 30 € TTC par mois pour un contrat de désincarcération, plus l'abonnement téléphonique et les communications d'appel. Pour la fourniture et la pose de ce dispositif, il faut compter environ 600 € TTC.

Attention aux systèmes loués ! Quand les copropriétés payent – parfois très cher – la mise en place d'une téléalarme, elles pensent être propriétaires du système. Or elles peuvent n'être que locataires et le jour où elles décident de changer d'ascensoriste, elles doivent :

– rendre le matériel,

– en racheter un nouveau.

Il faut donc bien vérifier ce point.

b/ Pour la télésurveillance

Il faut compter entre 46 et 61 € TTC de location par mois, plus les frais d'installation d'environ 1 500 € TTC.

En général, la copropriété n'est pas propriétaire du matériel, ce qui revient très cher, contrairement au téléphone *« main libre »*. En cas de changement d'ascensoriste, l'installation sera entièrement démontée et tout sera à refaire.

En outre, le coût des factures de téléphone est beaucoup plus élevé (jusqu'à 76 € pour deux mois). Enfin, le système n'est pas toujours aussi fiable que le présentent les ascensoristes. De nombreux dysfonctionnements nous ont déjà été signalés par nos adhérents : mauvaise interprétation des informations transmises par le système d'où erreur de diagnostic.

c/ Quel système privilégier ?

La téléalarme a de nombreux avantages par rapport à la télésurveillance. En effet, l'installation d'un simple téléphone d'appel en cabine peut permettre d'avoir un système remplaçable en cas de changement d'ascensoriste. La copropriété est (en général) propriétaire de son installation, alors que dans la télésurveillance elle paie une location élevée, permettant des gains de productivité dont profite l'ascensoriste, sans qu'il y ait diminution automatique du prix du contrat.

d/ Les délais d'intervention

Il faut négocier des délais courts dans votre contrat (entre une demiheure et une heure maximum) assortis de pénalités en cas de retard.

Rappel

Pour aller plus loin, consultez le guide de l'ARC :
Ascenseurs : comment éviter le pire, éditions Vuibert

CHAPITRE 19

LE CONTRAT DE SYNDIC ET LES HONORAIRES DE GESTION COURANTE ET PARTICULIÈRE

Nous avons décidé d'intégrer dans ce chapitre deux documents élaborés par l'ARC :

– Le guide de l'Analyse et de la Négociation des Contrats de Syndic.

– Le résultat de notre enquête sur les PRIX pratiqués par les syndics, prix réactualisé valeur 2004 et contrôlé par le journal Le Particulier (avril 2004).

Ces deux documents devraient permettre aux conseils syndicaux d'y voir plus clair dans un domaine complexe.

GUIDE POUR L'ANALYSE ET LA NÉGOCIATION DES CONTRATS DE SYNDIC

Nous allons passer enrevue les 23 points d'un contrat de syndic qui méritent attention.

I. LES CONTRACTANTS (SYNDICAT DES COPROPRIÉTAIRES ET SYNDIC)

PRÉSENTATION DU CABINET

Certains renseignements peuvent n'être pas fournis dans la présentation du cabinet comme contractant. Il faut donc être attentif.

a) La forme juridique de la société doit être fournie (SARL, SA). Si cette indication n'est pas mentionnée, elle doit être portée sur le papier à entête avec le montant du capital. L'absence de cette mention doit vous alerter sur une volonté de dissimulation.

b) Le numéro de registre de commerce doit absolument être communiqué (s'il n'y est pas, il doit être sur le papier à entête) ; cela permet de retrouver facilement « l'état civil » de la société au Registre du Commerce ; faîtes attention en cas d'absence de mention, ce n'est pas vraiment un signe de transparence… ;

c) Vous devez pouvoir connaître la place exacte au sein de la société de la personne qui représente le cabinet dans le contrat : gérant, PDG, associé, salarié, etc. Si ce renseignement n'est pas fourni, il faudra le demander.

d) Références de l'assurance de responsabilité civile professionnelle : la loi n'oblige pas le syndic à fournir ce renseignement précieux, mais suite à l'action de l'ARC (référentiel) les syndics fournissent maintenant plus facilement cette information (nous invitons les copropriétaires à se méfier des syndics qui refusent de fournir leur numéro de police).

e) Raisons ou dénominations sociales formées de noms composés ou associations de noms : on se méfiera, a priori, de cette situation. Il y a, en effet, risque de TRANSFERT du portefeuille d'immeubles entre deux syndics, un absorbant et un absorbé, sans vote préalable de l'assemblée générale.

II. DURÉE DU MANDAT

Il y a de très nombreuses formules utilisées par les syndics pour préciser la durée de leur mandat.

a) Formule traditionnelle (non satisfaisante)

Cette formule est la suivante :

« Le présent contrat est consenti pour une durée de ..... ans, il entrera en vigueur en date du ..... pour se terminer lors de l'assemblée générale qui statuera sur les comptes arrêtés au ..... ».

Cette clause fixant la durée du mandat est très confortable pour le syndic : elle lui permet de convoquer quand il lui plaît la prochaine assemblée générale et de rester syndic jusque là.

Pour les copropriétaires elle est dangereuse pour deux raisons :

– d'abord, parce qu'elle ne fixe pas vraiment de date butoir ;

– ensuite, parce qu'elle ne résout pas le problème de la 2e lecture (si le syndic est révoqué en 1re lecture ou s'il n'obtient pas la majorité, la copropriété peut se retrouver en administration judiciaire dans le cas où le contrat ne précise pas que le syndic est syndic jusqu'à l'assemblée générale qui élira valablement un syndic).

b) Formule traditionnelle adaptée

Dans cette formule, le syndic rajoute à la formule vue précédemment la précision suivante : « ou jusqu'à l'assemblée générale pouvant valablement désigner un syndic en 1re ou 2e lecture ».

Cette clause fixant la durée du mandat permet au syndic d'abuser de la situation, car il n'y a aucune date limite.

c) Formule souhaitable

La formule souhaitable est une formule qui fixe un évènement comme échéance, prévoit le cas où la copropriété pourrait se retrouver dépourvue de syndic, mais impose en tout état de cause un BUTOIR absolu.

Certes, cela constitue une limite flottante, mais empêche que le syndic ne repousse trop loin cette limite. Nous donnons ci-dessous un modèle :

« *Le présent contrat est consenti et accepté pour une durée de ..... qui entrera en vigueur le jour de l'assemblée générale d'élection du syndic pour se terminer lors de l'assemblée générale ayant à statuer sur les comptes clos le ..... et au plus tard le.....* »

« *Lorsque les conditions de majorité de l'article 25 de la loi 65-557 du 10 Juillet 1965 ne sont pas réunies lors de l'assemblée générale, la durée du mandat est prolongée jusqu'à l'assemblée générale se tenant en 2e lecture, cette dernière ne pouvant avoir lieu plus de deux mois après la 1re, le mandat du syndic se terminant alors et au plus tard le .....* ».

d) La clause à proscrire

Pour les juristes purs et durs, un contrat de syndic doit avoir une durée FIXE (ex : « un an de date à date » ou « du 1er avril 2003 au 31 mai 2004 ».

Ces juristes ont certainement raison mais les suivre sur ce terrain serait suicidaire car de nombreux aléas (calendrier des réunions du syndic, difficultés pour obtenir une salle, date des vacances scolaires, maladie du syndic, etc.) peuvent venir empêcher de tenir l'assemblée générale dans les temps, ce qui peut mettre la copropriété en difficulté (absence de « syndic de droit » et mise sous administration judiciaire).

e) Contrat de 3 ans à résiliation annuelle

Il faut se méfier des contrats de 3 ans, mais encore plus des contrats de 3 ans qui prévoient une possibilité de résiliation annuelle qui fait croire aux copropriétaires qu'en fait ils ont un contrat d'une année.

Étant donné la difficulté qu'il y a à faire jouer la possibilité de résiliation annuelle, ces contrats apparaissent BIEN pour ce qu'ils sont, à savoir des contrats de 3 ans. Donc à éviter à TOUT PRIX.

III. POSSIBILITÉ DE RÉSILIATION ANTICIPÉE

Beaucoup de contrats (souvent peu satisfaisants d'ailleurs) incluent les clauses traditionnelles suivantes :

« *Le contrat ne pourra être résilié pendant cette période par le syndicat que pour motif grave et légitime porté à la connaissance du syndic par lettre recommandée avec accusé de réception et de l'assemblée générale qui devra alors statuer à la majorité de l'article 25 de la loi du 10 Juillet 1965.*

Le syndic, de son côté, pourra pendant la même période mettre fin à ses fonctions à condition d'en prévenir par lettre recommandée avec accusé de réception, au moins trois mois à l'avance, en indiquant les raisons fondées et graves de sa démission, le président du conseil syndical ou à défaut chaque copropriétaire ».

a) Ces clauses de résiliation anticipée sont critiquables pour diverses raisons :

1) L'assemblée générale doit pouvoir révoquer un syndic sans avoir à « motiver » sa révocation pour « motif grave ».

2) Le syndic n'a pas à être prévenu par lettre recommandée avec accusé de réception. De toute façon, si un copropriétaire ou un groupe de copropriétaires veulent engager la révocation du syndic en cours de mandat, ils doivent impérativement (article 8 du décret du 17 Mars 1967) saisir le syndic par lettre recommandée avec accusé de réception pour convoquer une assemblée générale. L'exigence contractuelle prévue dans la clause n'a donc strictement aucun sens.

3) De son côté, le syndic peut démissionner mais il ne doit pouvoir le faire, selon nous :

– qu'après en avoir prévenu les copropriétaires suffisamment à l'avance (pour leur permettre de trouver un nouveau syndic) ;

– qu'en convoquant l'assemblée générale pouvant élire valablement son successeur (à défaut, la copropriété se retrouverait en administration judiciaire).

C'est pourquoi nous suggérons très fortement aux copropriétaires de rejeter la clause analysée et de lui substituer la formule suivante :

b) *« Le contrat ne pourra être résilié par le syndicat de copropriété, que pour motif légitime et sur une décision de l'assemblée générale. Conformément aux dispositions de l'article 8 du décret du 17 mars 1967, le syndic doit répondre favorablement à la demande formée par lettre recommandée avec accusé de réception, soit par le conseil syndical ou par plusieurs copropriétaires représentant au moins 25 % des voix de l'ensemble de la copropriété pour convoquer une assemblée générale. Cette assemblée générale devra alors statuer à la majorité des voix de tous les copropriétaires, article 25 de la loi du 10 juillet 1965.*

Le syndic pourra mettre fin à ses fonctions, à condition d'en prévenir par lettre recommandée avec accusé de réception au moins trois mois à l'avance le président du conseil syndical, en indiquant les raisons fondées et légitimes de sa démission. Le syndic s'engage en ce cas à convoquer une assemblée générale afin de désigner un successeur ».

IV. GESTION COURANTE

TOUS les contrats de syndics comportent une 1re partie appelée « gestion courante » et une 2e appelée « prestations particulières ».

Des honoraires seront fixés pour la « gestion courante » et des barèmes pour les tâches de gestion particulière.

Les syndics expliquent la situation ainsi :

– La gestion courante concernant tous les actes de gestion prévisibles, obligatoires, répétitifs et concernant tout ou partie de la copropriété ;

*– Les « prestations particulières » concernant les actes non prévisibles (**ex** : gestion d'une expertise dommages-ouvrage) non obligatoires ni répétitifs (**ex** : procédure contre le syndicat) et privatifs.*

On peut admettre cette logique, mais on s'aperçoit que les syndics eux-mêmes ne la respectent pas toujours :

***Ex** : La tenue de l'assemblée générale annuelle en soirée qui est obligatoire, prévisible et qui concerne la copropriété n'est, en général, pas incluse dans la « gestion courante ».*

Par contre, l'embauche d'un gardien (fait NON prévisible et rare) est presque toujours incluse en gestion courante…

Les tâches de gestion courante posent plusieurs problèmes :

***a**) D'abord, elles sont différentes d'un syndic à l'autre, ce qui rend difficile les comparaisons (or, tous les essais pour tenter d'élaborer une liste acceptée par tous les syndics ont échoué).*

***b**) Ensuite, elles sont souvent imprécises dans leur définition (on verra cela au fur et à mesure).*

***c**) Enfin, on s'aperçoit que certains syndics jouent habilement de ces imprécisions pour VIDER la gestion courante de son sens et rajouter des tâches de prestations particulières DONC des honoraires supplémentaires.*

*(**exemple** : Le contrat prévoira en gestion courante – pour le personnel : « Établissement du contrat de base ». Cette formule, en apparence anodine fera que, dès qu'un avenant devra être établi (même si cet avenant est obligatoire légalement), le syndic en profitera pour facturer des honoraires supplémentaires.*

Tout ceci rend difficile la lecture d'un contrat. D'où l'intérêt du présent guide…

V. ASSEMBLÉE GÉNÉRALE

Les contrats commencent tous par faire la liste de ce que fait ou non le syndic concernant les assemblées générales dans le cadre de sa gestion courante et donc de ses honoraires de base. Nous allons voir les points à examiner.

a) *Restrictions explicites de certaines clauses*

• « Préparation de l'assemblée générale ordinaire »

Quand le contrat précise « ordinaire » cela signifie que la préparation de toute assemblée générale supplémentaire fera l'objet d'une facturation spéciale. Soyez vigilant, certains syndics prévoient en prestations particulières des sommes très significatives pour « préparer » les assemblées NON ordinaires.

• « Tenue pendant les heures OUVRABLES »

Cette formule signifie que la tenue des assemblées générales hors heures ouvrables sera facturée.

Dans ce cas, il faudra bien faire attention à la définition des heures ouvrables (en général jusqu'à 18 heure, mais se pose le problème du samedi matin).

Un conseil : négociez de ne payer – en cas d'assemblée hors heures ouvrables – que la différence entre le prix hors heures ouvrables et heures ouvrables.

• « Exécution des décisions de gestion courante »

Cette restriction (« gestion courante ») passe souvent inaperçue mais peut avoir des conséquences financières importantes. Sa présence est destinée à permettre aux syndics de facturer des honoraires pour exécution des décisions « non courantes » (**ex** : travaux votés en assemblée générale, mais aussi, par exemple : publication au Fichier Immobilier de décisions d'assemblée générale).

En ce qui nous concerne, nous pensons que cette formule doit être bannie. Dès lors, le syndic devra supprimer « courante ». Si lui-même trouve que c'est dangereux et refuse cette exigence, alors il faudra lui demander de supprimer purement et simplement l'ensemble de la formule (qui n'apporte RIEN).

b) Restrictions non explicites

Quand un contrat inclue une clause libellée ainsi : « **notification** des procès-verbaux » sans plus, il faut savoir que cela veut dire : « envoi des procès-verbaux en lettre recommandée avec accusé de réception aux seuls opposants et absents », dans ce cas, le syndic n'est pas tenu d'adresser le procès-verbal en lettre simple aux présents non-opposants. Il faudra donc le faire rajouter.

c) Pièges

Lorsqu'un contrat indique « présence du syndic et/ou des collaborateurs aux heures ouvrables », cela veut dire que le syndic aura le choix de faire venir ou non ses collaborateurs. Dans ce cas, si l'assemblée générale a lieu hors heures ouvrables, le syndic pourra facturer sa présence et aussi celle de ses collaborateurs.

Il faut donc négocier la formule suivante : « présence du syndic ou d'un collaborateur... ».

d) Ce qui n'est pas prévu

Ce qui n'est pas prévu est aussi important à repérer que ce qui est prévu. Ainsi, on cherchera à repérer ce qui est nécessaire et NON prévu.

Exemple :
– « tenue d'un conseil syndical AVANT l'assemblée générale » ;
– « diffusion du procès-verbal À TOUS les copropriétaires » ;
– « envoi d'un ordre du jour complémentaire ».

À noter : Très peu de contrats prévoient explicitement ce dernier point ; beaucoup de syndics ne facturent d'ailleurs pas de vacations pour ce travail éventuel supplémentaire, mais certains syndics appliquent des frais (en plus des frais de timbres et de photocopies) en s'appuyant sur le fait que cette tâche n'est PAS prévue en tâche de gestion particulière. On se méfiera donc.

e) Les « plus »

Suite à l'action de l'ARC des « plus » ont été introduits dans cette rubrique, gage d'une meilleure qualité de gestion. Ainsi :

· « Le syndic propose, en concertation avec le conseil syndical, les spécialistes (architecte, avocat, expert…) appelés à intervenir pour le compte du syndicat ».

· « Le syndic met à la disposition des conseillers syndicaux, ainsi que de leurs conseils, l'ensemble des documents comptables et financiers avec les justificatifs correspondants, à tout moment dans ses locaux et après en avoir été avisé ».

· « Le syndic élabore le budget prévisionnel et l'ordre du jour de l'assemblée générale avec le conseil syndical ».

f) Les questions à se poser

Pour éviter la mauvaise surprise, il faudra vous poser des questions, exemple :

– Qu'en est-il des frais de préparation d'une assemblée générale supplémentaire (à noter : certains syndics – rares, heureusement – prévoient des honoraires spéciaux pour la préparation de la 2e lecture !!) ?

VI. LES RELATIONS AVEC LE CONSEIL SYNDICAL

Sous l'impulsion de l'ARC, certains syndic ont créé une rubrique spéciale conseil syndical. En général, cela permet de préciser certains points, voire de prévoir certaines nouveautés (**ex** : « préparation de l'ordre du jour avec le conseil syndical » ou « mise à disposition de tous les documents concernant la copropriété à la demande de tout conseiller syndical »).

En général, la création de cette rubrique est bon signe, mais certains syndics peuvent avoir introduit dans leur contrat des dispositions nouvelles sans pour autant avoir créé de rubrique.

Exemple d'une autre disposition innovante : « Le choix des conseils du syndicat des copropriétaires (architectes, avocats, experts) se fera après consultation et accord du Conseil Syndical ».

VII. COMPTE DE CHARGES COURANTES

Il s'agit souvent de la 2e rubrique de la partie relative à la gestion courante.

On trouve souvent le libellé classique suivant dans cette rubrique :

– « Tenue de la comptabilité générale de la copropriété

– Tenue des comptes individuels des copropriétaires

– Appel des provisions pour les charges courantes

– Paiement des factures courantes et répartition des dépenses entre les copropriétaires

– Présentation des comptes de gestion, état des dettes et des créances, situation de trésorerie, budget prévisionnel ».

Ce libellé est extrait d'un ancien « contrat type » qui se contente, d'ailleurs, de décrire des opérations élémentaires.

Pourtant, ce libellé classique pose déjà deux problèmes :

• « Appel des provisions pour charges courantes »

Que signifie ce libellé, *a priori*, restrictif ?

Cela signifie t-il que le syndic ne fonctionne QUE par système de charges provisionnelles ? À vérifier, naturellement avant d'accepter le contrat, sauf si cela vous convient.

• « Présentation des comptes de gestion … » ?

Que signifie ce libellé ?

Cela veut-il dire « envoi à tous les copropriétaires des comptes, etc. » ou « présentation (au cabinet) de ces documents avec réponses aux questions » ? Il faut faire préciser.

Partant de cette base, de nombreux syndics ont :

– soit amélioré ou aménagé cette liste ;

– soit introduit des formulations ambiguës destinées à tromper les copropriétaires ;

– soit introduit des restrictions voire même des pièges très subtils.

a) Les formulations trompeuses

La plus spectaculaire des formules trompeuses est bien la suivante : « Tenue d'une comptabilité séparée du syndicat dans les formes prévues par la loi du 10 Juillet 1965 ».

En écrivant cela, le syndic essaye de faire croire qu'il ouvre un COMPTE séparé pour la copropriété, alors qu'il ne fait que tenir une comptabilité séparée pour le syndicat, ce qui est obligatoire... !!! Méfiez-vous de ces syndics qui essayent de vous faire prendre des « vessies pour des lanternes ».

b) Les pièges

• « Présentation du budget prévisionnel et, après approbation par l'assemblée générale, ajustement systématique du fonds de trésorerie ».

Il s'agit là d'un piège très subtil.

Grâce à ce libellé, le syndic a réussi à faire en sorte que le « fonds de roulement » soit réajusté automatiquement alors que – si le règlement ne prévoit rien – seule une décision spécifique de l'assemblée générale peut le permettre !

• « En cas de mutation, le syndic n'établira pas de prorata temporis entre les parties sur l'appel de fonds correspondant à la période ».

Cela veut dire que le syndic pourra appeler DEUX fois le trimestre (une fois sur le vendeur, une fois sur l'acquéreur) et ne régularisera qu'après approbation des comptes.

c) Les restrictions

« Paiement des factures et répartition des dépenses entre les copropriétaires (sauf en cas de comptage de l'eau) ». Il faut se méfier de cette restriction.

Qu'est-ce que cela veut dire, en effet ?

Tout simplement que la répartition des frais d'eau, en cas de compteurs individuels, n'est PAS comprise dans la « gestion courante » et sera donc facturée EN PLUS.

d) Les « ambiguïtés »

• « Paiement des factures courantes à 30 jours après avis du président du conseil syndical ».

On est en pleine ambiguïté.

Cela signifie-t-il : « paiement à 30 jours, sauf si le président du conseil syndical n'est pas d'accord pour payer la facture » ou « paiement à 30 jours après que le président ait donné son avis » ? À faire préciser, naturellement.

• « Versement de toute somme ou valeur reçue pour le compte du syndicat sur un compte ouvert au nom du syndic... ».

Dans un 1er temps, on peut penser que cette clause (qui impose le compte unique hors vote spécifique de l'assemblée générale) est illégale.

En fait, ce n'est pas si simple. Si le contrat du syndic n'indique pas – en honoraires de gestion particulière – les conditions de tenue d'un compte bancaire séparé, alors le contrat est illégal (car il ne donne pas les indications permettant aux copropriétaires de se prononcer).

Mais si ces indications existent, alors la clause n'est PAS illégale (le syndic se contente, en effet, simplement de dire que ses honoraires de gestion courante s'entendent pour une gestion financière passant par le compte unique du syndic).

e) Un point spécifique

« Établissement et mise à jour de la liste des copropriétaires ».

Lorsque ce travail est inclus dans les tâches de gestion courante il n'est pas normal de prévoir – en prestations particulières – la facturation aux acquéreurs de frais de « création de fichier ». Car, comment mettre à jour la liste des copropriétaires sans créer de fichier et vice versa ?

Il y a donc, là, une espèce de DOUBLON qu'il faut supprimer.

VIII. ASSURANCE

Cette rubrique est traditionnellement la reine de la restriction et de l'ambiguïté. Nous allons voir cela.

a) Souscription du contrat

« Souscription du contrat d'assurance multirisques ».

Ce libellé signifie que **SEULE** la souscription du contrat d'assurance multirisques est incluse en « gestion courante », le reste étant facturé EN PLUS.

Notre suggestion : limiter la phrase et libeller ainsi la clause : « Souscription des polices », ce qui empêchera le syndic, par exemple, de facturer des honoraires en cas de souscription de polices dommages-ouvrage.

b) Sinistres concernés

• La formule « Déclaration des sinistres concernant les parties communes et non causés par un copropriétaire ou locataire » est trop restrictive et entraîne des facturations supplémentaires.

Notre conseil est de négocier le libellé suivant : « Déclaration des sinistres concernant les parties communes ».

• Déclaration n'est pas « gestion » !

Comme la plupart des contrats prévoit en gestion courante, « la déclaration » et le « versement des indemnités aux bénéficiaires » tout le monde croit que la « gestion » des sinistres est incluse en gestion courante. Erreur fatale ! Cette gestion peut même être facturée fort cher.

Précipitez-vous à la rubrique « gestion » des sinistres des prestations particulières pour examiner ce qu'il en est et négocier en conséquence.

d) Innovation

« Vérification annuelle du rapport sinistres à primes et négociation éventuelle de l'indexation annuelle de la prime ». Il s'agit, là, d'une innovation intéressante.

Espérons, néanmoins, que cette innovation n'est pas un faux nez. En effet, certains assureurs font un état de la sinistralité qui inclut tous les sinistres, y compris les sinistres faisant l'objet de recours et les sinistres n'ayant fait l'objet d'aucune indemnité auprès de l'assureur du responsable. Le conseil syndical devra donc être vigilant sur ce que le syndic appelle « rapport sinistre à primes ».

IX. GESTION DES PARTIES COMMUNES

Voilà une rubrique dans laquelle traînent depuis des années des expressions peu précises, là encore issues d'un contrat type ancien. Les clauses les plus répandues sont les suivantes :

a) « Visite des locaux communs par le syndic ou son représentant »

Cette clause issue d'un vieux contrat-type n'est pas satisfaisante.

Le rédacteur du contrat type a mis « locaux » au lieu de « parties communes ». Le problème n'est cependant pas là, mais dans le fait que « visite » ne veut pas dire grand chose :

– Combien de visites par an ?

– Avec qui ? (le conseil syndical est-il convoqué) ?

– Y a t-il un compte-rendu obligatoire de visite ?

On le voit, tout cela a besoin de précision.

b) « Commande et surveillance des travaux relevant de la gestion courante »

En ce qui concerne cette clause, on se demande :

– Que veut dire « commande » ? Celle-ci doit-elle avoir été précédée d'une mise en concurrence ?

– Que veut dire « Surveillance ». Cela signifie-t-il qu'il y a contrôle (pendant, après) ? Comment est établi ce contrôle ?

À noter : Avec l'expression « travaux relevant de la gestion courante », on entend généralement les travaux qui ne font pas l'objet d'un vote spécial en assemblée générale. Mais ce serait bien de le préciser.

c) « Commande et surveillance des travaux ne dépassant pas x euros »

Cela veut dire que des honoraires supplémentaires sur les travaux courants seront prélevés dès que leur montant dépassera x euros.

Cette disposition est curieuse et doublement inflationniste. Elle doit donc être rejetée avec fermeté.

d) « Souscription des contrats d'entretien et surveillance de leur exécution »

Cette disposition est floue (que veut dire exactement « surveillance de leur exécution » ?) et dangereuse (elle laisse au syndic la latitude de « souscrire » des contrats). Cela signifie t-il que le syndic n'est pas obligé d'en référer à l'assemblée générale ou au Conseil Syndical ?

Une telle clause doit être réécrite complètement. Nous vous proposons : « *Souscription – après accord de l'assemblée générale ou du Conseil Syndical, selon le cas – et mise en concurrence des contrats d'entretien et contrôle de leur bonne exécution en particulier : prestations, clauses contractuelles, évolution des prix, pénalités* ».

e) Un modèle d'ABUS particulièrement MALIN

Dans le contrat d'un syndic NANTAIS, nous avons pu découvrir cette perle : « Dispositions relatives à la sécurité : souscription d'un contrat avec un organisme de contrôle agréé en vue des opérations de contrôle réglementaire (chaufferie, installation électrique, moyens de secours et de protection contre l'incendie, ascenseurs, IGH, ERP) ».

Ne manque que l'amiante, le plomb, les termites !

Cette clause est HONTEUSE puisqu'elle permet au syndic – sous couvert de sécurité – de signer n'importe quel contrat, donc de générer des dépenses non contrôlées, bonnes uniquement à assurer la sécurité juridique et éventuellement matérielle du syndic...

X. CONCIERGES ET EMPLOYÉS D'IMMEUBLE

Dans cette rubrique, on peut noter 3 grands classiques.

a) « *Recherche (hors frais d'annonces), engagement, établissement du contrat et du salaire DE BASE* ».

Se fondant sur cette expression restrictive (salaire de « base »), certains syndics n'hésitent pas à facturer l'établissement des avenants (légaux ou contractuels).

Notre conseil : Rajouter l'expression « et des avenants éventuels ».

b) Certains syndics oublient de prévoir que sera assurée la gestion des remplacements. Dès lors, on risque de voir fleurir des « vacations » au moindre remplacement.

Notre conseil : Rajouter la clause : « Assurer les remplacements en cas de congés ou maladie ».

c) « Licenciement ». Là encore, si la liste des tâches ne prévoit pas « licenciement », on aura la surprise de se voir facturer le temps consacré par le syndic à la procédure de licenciement. Comme on le voit, on n'est jamais assez prudent (d'autant que, de leur côté, certains syndics savent parfaitement gérer ce genre de « trous »).

XI. DIVERS

Dans cette rubrique, on trouve souvent des « évidences » du genre :
– « Tenue des archives » ;
– « Tenue et mise à jour de la liste des copropriétaires ».
Cela permet de « meubler », mais n'apporte aucune information.

Lorsque le syndic a mis en « gestion courante » la clause « Tenue et mise à jour de la liste des copropriétaires », il ne doit pas pouvoir facturer des frais de « création de fichiers » à l'acquéreur en cas de vente en prestations particulières. À notre sens, c'est un DOUBLON. Il faut donc refuser le paiement des honoraires pour « création du fichier »(de toute façon, comme on le verra, cette dernière clause n'étant PAS opposable aux acquéreurs, ces frais peuvent être rejetés pour un autre motif).

XII. PRESTATIONS PARTICULIÈRES

Nous avons déjà vu – en expliquant pourquoi il y avait des prestations dites de « gestion courante » – pourquoi les syndics avaient introduit dans leur contrat une partie intitulée « prestations particulières ».
Une grande partie de la difficulté dans l'analyse d'un contrat consiste précisément à étudier ces « prestations particulières ».

Problème : lorsque le syndic n'indique pas que sa liste de prestations est LIMITATIVE, ceci est la porte ouverte à tous les abus. Nous vous invitons donc à exiger du syndic qu'il précise que la liste de ses prestations particulières est limitative.

XIII. PRIX (HT/TTC)

Il faut préciser que les prix d'un syndic (commerçant) s'adressant à des non commerçants (car même si il peut y avoir des commerçants dans un syndicat de copropriétaires, les syndicats de copropriété sont des personnes morales non commerçantes) doivent être exprimées toutes taxes comprises. Certains syndics s'obstinent, néanmoins, à exprimer les prix en HT pour donner l'impression que leurs tarifs sont moins chers. Pire : certains mélangent le HT et le TTC (pour ajouter peut-être à la confusion). Ces comportements se passent de commentaires mais doivent alerter les copropriétaires.

XIV. HONORAIRES D'ASSEMBLÉE GÉNÉRALE ET DE CONSEIL SYNDICAL

a) Qui assure la tenue des assemblées générales ?

Trop de contrats ne prévoient pas combien de personnes du cabinet seront présentes (et donc « facturées ») aux assemblées générales.

Pour certaines assemblées générales, le syndic en arrive à facturer :

– sa présence ;
– celle d'un gestionnaire ;
– celle d'une secrétaire ;

C'est pourquoi la seule tenue de certaines assemblées générales peut coûter cher (exemple : la bagatelle de 2 000 € pour une copropriété de 145 logements). Comme il faut souvent une deuxième assemblée générale, on constate que cette prestation peut revenir fort cher à la copropriété.

Il faut donc obtenir des précisions sur ce point (**ex.** : « Seule la présence du syndic fera l'objet d'une facturation »).

b) Coût horaire progressif

Dans la mesure où il y a un prix différent entre heures ouvrables et heures non ouvrables, nous pensons que la progressivité ne se justifie pas et doit être rejetée.

c) Les honoraires pour additif, 2e lecture, assemblée générale supplémentaire

Presqu'aucun syndic ne facture la préparation de l'assemblée générale ordinaire.

Par contre, depuis quelques années on voit fleurir les honoraires pour préparation d'assemblée générale supplémentaire (c'est un peu normal car cela demande du travail mais ses honoraires doivent rester raisonnables), ainsi que des honoraires pour le temps passé à convoquer l'assemblée générale en 2e lecture (CE QUI EST SCANDALEUX) ou pour envoyer un ordre du jour complémentaire (ceci, naturellement EN PLUS des frais de photocopie ou des frais de poste). Il faut donc être très vigilant.

Certains syndics vont même jusqu'à appliquer des forfaits (jusqu'à 15 € le lot) : ainsi une 2e lecture ou une assemblée générale supplémentaire dans un immeuble de 100 lots va coûter :

(15 x 100) + (5 x 100) [PTT] + (12 [pages] x 0,23 x 100) = 2 276 €, ceci sans compter les frais de tenue d'assemblée générale (avec ceux-ci on peut arriver à 3 200 €).

d) Conseil Syndical précédent l'assemblée générale

Rappelons qu'on a deux types de contrat :

• Ceux qui prévoient en gestion courante la tenue (souvent pendant les heures ouvrables) du conseil syndical précédent l'assemblée générale ordinaire ;

• Ceux qui ne le prévoient pas.

Les premiers contrats sont préférables aux seconds.

e) Contrôle des comptes

Refusez toutes clauses qui prévoient que les contrôles de comptes « légaux » (d'un copropriétaire ou d'un conseil syndical) pendant les heures ouvrables seront facturés. Et méfiez-vous des syndics qui pratiquent ainsi et qui n'ont souvent en tête que de dissuader les copropriétaires d'exercer leur droit de contrôle.

f) Frais d'assemblée

On a vu au point 3 que la préparation d'une assemblée générale supplémentaire ou de l'assemblée générale en 2e lecture pouvait être facturée en plus.

• On se gardera des contrats qui prévoient des « forfaits » pour les frais d'assemblée générale que sont les convocations, les photocopies, les envois de procès-verbaux (il vaut mieux être aux frais réels) ;

• On se gardera des contrats qui prévoient des frais divers supplémentaires (feuilles de présence, pouvoirs, etc.).

XV. HONORAIRES SUR LES TRAVAUX

Un bon contrat doit permettre de répondre sans ambiguïté à certaines questions très précises :

a) Travaux concernés

Il faut refuser les honoraires pour travaux dépassant un certain montant (5 000, 10 000, 15 000). Seuls les honoraires pour gros travaux VOTÉS en assemblée générale hors budget courant sont admissibles.

b) Ce que fait le syndic

Il faut obtenir le maximum de précisions à ce sujet.

Si le contrat indique « gestion administrative et comptable », il faut savoir que cela recouvre simplement le travail de relation financière avec les entreprises (paiement des factures, ...) et la gestion des appels de fonds auprès des copropriétaires. Il est, néanmoins, important que cela soit précisé et détaillé.

c) Une justification à prendre avec des « pincettes »

Lorsque le syndic indique dans son contrat que les honoraires perçus pour « tâches administratives et financières » sont justifiées par le SURCROÎT DE PRIME À VERSER À SA CAISSE DE GARANTIE (plus on a de fonds, plus il faut déclarer de fonds à sa caisse), il faut se méfier.

Il faut savoir que cette raison est en grande partie fantaisiste et qu'en aucun cas – en cas de travaux votés par une assemblée générale – le syndic ne déclare les fonds supplémentaires détenus ni bien sûr ne paye de surprimes.

Méfiez-vous donc de cette explication « mirage ».

d) Pour nous, le travail administratif et comptable doit être entendu au sens large.

C'est pourquoi on peut s'étonner du fait que de nombreux syndics facturent, EN PLUS des honoraires de gestion « administrative et comptable », des honoraires pour établissement des ATTESTATIONS FISCALES (attestations pour déduction fiscale, pour déclaration foncière, etc.). Évidemment, dans un tel cas, il faudra marquer son refus.

e) Quand le contrat prévoit une possibilité pour le syndic d'assumer la « **gestion technique** », il faut exiger que le syndic précise ce que cela recouvre exactement. À titre informatif, voilà ce que nous avons négocié dans le cadre du contrat « syndi-label » :

« Ces honoraires pour travaux sont perçus au titre des prestations en tant que représentant légal du maître d'ouvrage :

– Établissement du planning des appels de fond correspondant aux conditions des marchés passés avec les entreprises exécutant les travaux ;

– Répartition des travaux ;

– Attestation pour déclaration fiscale si nécessaire ;

– Présence aux rendez-vous de chantier ;

– Règlement de situations et mémoires aux entreprises (avec contrôle s'il n'y a pas de maître d'œuvre) ;

– Réception des travaux.

Si l'assemblée générale décide de travaux sans maître d'œuvre, le syndic qui n'intervient qu'en qualité de mandataire du syndicat maître de l'ouvrage, avisera le conseil syndical du jour de sa présence sur le chantier, des réceptions de travaux, et l'informera par écrit des problèmes rencontrés ».

f) Attention, certains contrats ne précisent PAS DU TOUT que le syndic pourra assurer un service technique. Cela veut dire – très concrètement – que le syndic risque d'obliger la copropriété à prendre un maître d'œuvre pour les travaux votés en assemblée générale si elle veut que les travaux soient suivis techniquement. À vérifier auprès du syndic.

Ajoutez alors au contrat « la gestion technique » telle qu'elle est précisée ci-dessous :

– Établissement du planning des appels de fonds correspondant aux conditions des marchés passés avec les entreprises exécutant les travaux ;

– Répartition des travaux ;

– Attestation pour déclaration fiscale si nécessaire ;

– Présence aux rendez-vous de chantier ;
– Règlement de situations et mémoires aux entreprises (avec contrôle s'il n'y a pas de maître d'œuvre) ;
– Réception des travaux.

g) Si le syndic qui prévoit pourtant dans son contrat des honoraires pour « suivi technique » inclut, néanmoins, la formule restrictive suivante : « Le syndic n'intervient qu'en qualité de mandataire de maître d'ouvrage et non en qualité de maître d'œuvre », il faudra se méfier.

Cela veut dire que le syndic prend des honoraires pour gestion technique, mais ne veut pas assumer ses responsabilités . Curieux !

Cette formule doit être supprimée. De deux choses l'une : soit le syndic accepte d'assurer la gestion technique et se fait rémunérer pour cela, et dans ce cas, il doit assurer ses responsabilités. Soit il ne veut pas de ces responsabilité et alors il faut qu'il n'accepte ni la tâche ni les honoraires.

h) La rémunération

Le syndic peut prendre des honoraires HT sur le montant des travaux TTC (à prescrire) ou des honoraires HT sur les travaux HT ou TTC sur le HT ou TTC sur le TTC ?

Il faudra faire bien attention.

Notre conseil : Obtenir des honoraires annoncés TTC sur un montant de travaux HT.

i) Lorsque le contrat ne prévoit qu'un taux de rémunération fixe, il faut rejeter cette clause et négocier une rémunération dégressive.

j) « L'assiette » ?

Autre problème qui requiert de la précision : les honoraires sont-ils pris sur le montant des travaux ou sur le montant du « budget travaux » (incluant, en plus, les honoraires d'architecte éventuel, les assurances, etc.) ? À faire préciser, car le résultat ne sera pas le même...

XVI. GESTION « BANCAIRE » ET FINANCIÈRE

Les frais de tenue de « compte séparé »

Les frais de tenue d'un compte bancaire séparé sont discutables. En fait, s'il est vrai qu'il peut y avoir un surcroît de travail (établir un chèque par facture) – bien que des comptes séparés puissent fonctionner informatiquement – le vrai problème concerne le « manque à gagner » relatif aux intérêts bancaires (perçus par le syndic en cas de compte unique et non en cas de compte séparé).

Les coûts sont, cependant, souvent lourds, ce qui se comprend de la part des syndics puisqu'ils ont surtout un objectif dissuasif... À négocier, donc.

XVII. HONORAIRES DE PRISE EN CHARGE ET DE TRANSMISSION DE DOSSIERS AU SUCCESSEUR

a) La position de l'ARC

Pratiquement tous les contrats incluent des honoraires de prise en charge et de remise de dossier.

C'est assez paradoxal, car quand un client confie un contrat à quelqu'un il est assez rare (dans les autres secteurs de l'économie) que celui-ci fasse payer un droit d'entrée. C'est un peu le monde à l'envers. Par ailleurs, quand on veut quitter un prestataire, là aussi, il est assez rare que le prestataire vous fasse payer votre désir de liberté.

Nous sommes donc plutôt hostiles à ces frais, même si dans le cadre du contrat de « syndi-label » nous avons toléré des frais de transmission à deux conditions :

1) Que les délais soient respectés (1 mois + 2 mois pour transmettre les archives et les fonds) et que les obligations du syndic soient aussi respectées (remettre TOUS les documents demandés, TOUS les comptes, etc.).

2) Que ces frais ne soient pas prélevés si le syndic est démissionnaire.

b) Le calcul de frais de transmission

Bien que la commission des clauses abusives aient – dans son avis publié au Journal Officiel le 24 Janvier 1996 – indiqué que devaient être considérés comme « abusifs » (donc illégaux) des honoraires forfaitaires en cas de remise de dossiers au successeur, on est très surpris de constater que de nombreux syndics continuent à appliquer des honoraires forfaitaires (pour tout ou partie).

Est-ce parce que ces syndics se moquent de la loi ?

Est-ce parce qu'ils ne la connaissent pas ?

De toute façon, cette situation est symptomatique, doit être refusée et doit inquiéter les copropriétaires.

c) Application des frais

Il nous semble particulièrement immoral qu'un syndic prévoit des frais de remise de dossier quand c'est LUI qui démissionne (ou quand il se met lui-même en situation de devoir remettre le dossier à un successeur ; **exemple** : Quand la copropriété est mise en administration judiciaire par la faute du syndic qui a laissé passer la fin de son mandat sans se faire réélire).

On se méfiera donc des contrats qui ne prévoient pas de restriction.

XVIII. HONORAIRES POUR RECOUVREMENT DES IMPAYÉS

a) À qui incombe ces frais ?

Il y a deux sortes de contrats : ceux qui ne précisent PAS à qui incombent ces frais et ceux qui le précisent. Parmi ces derniers, il y a également deux sortes de contrats : ceux qui précisent que ces frais seront à la charge du syndicat et ceux qui précisent qu'ils seront à la charge exclusive des débiteurs (cas le plus fréquent).

Dans un tel cas, les copropriétaires pensent : « Pourquoi négocier les prix puisque de toutes façons ces frais seront à la charge des débiteurs ? Ils n'ont qu'à payer leurs charges ? ». Et ils laissent passer toutes les clauses.

C'est dangereux pour plusieurs raisons :

– d'abord, parce que c'est illégal ; en effet, seuls certains frais sont à la charge des débiteurs : frais de mise en demeure, frais de commandement d'huissier préalables à la prise d'hypothèque, frais d'exécution après jugement, frais d'opposition après la vente forcée ; en particulier les honoraires de syndic ne peuvent PAS légalement être imputés sur les débiteurs, or, ces honoraires constituent la plus grande partie des frais de recouvrement non judiciaires) ;

– ensuite, parce que si les débiteurs refusent de payer ces frais (en faisant valoir qu'ils sont illégaux) le syndic va les reporter sur les autres copropriétaires ;

– ensuite, parce que – même si les débiteurs ne se plaignent pas – ces frais sont immédiatement prélevés sur la trésorerie de la copropriété.

– enfin, parce que le montant des frais effectivement payés par les débiteurs peut être faible par rapport à ce qui leur est débité (si sur 1 500 € débités seulement 900 € sont payés, la copropriété aura avancé au syndic 1 500 € et devra prendre en charge – en définitive – 600 €).

Tout cela implique qu'il faut être vigilant.

Par ailleurs, on doit être attentif à divers problèmes, que nous allons passer en revue :

b) Les frais pour relance « simple »

En principe, on ne devrait pas avoir à relancer les copropriétaires par relance simple. Ceux-ci sont sensés payer à 15 jours ou 1 mois. S'ils ne le font pas, il faut simplement adresser une lettre recommandée avec accusé de réception (mise en demeure).

Les syndics répondent qu'il est préférable (pour des raisons commerciales) de ne pas brusquer les copropriétaires et donc de faire une relance.

Ceci dit, c'est leur problème (de syndic). On ne voit pas pourquoi ils « taxeraient » les copropriétaires, voire la copropriété, pour des raisons qui leur sont propres.

Notre conseil : Si les syndics veulent garder la relance simple, exigez qu'elle soit gratuite (pour la copropriété comme pour le copropriétaire).

c) Le coût des « mises en demeure »

La mise en demeure (qui fait courir les intérêts de retard) est une procédure désormais simple (des logiciels spéciaux permettent de déclencher cette opération automatiquement.

Il faut donc se méfier des coûts trop élevés (qui, là encore, sont des rentes pour les syndics) e se méfier au-dessus de 10 €.

d) Les mises en demeure à répétition

Il faut bannir les clauses qui précisent :

– « lettre recommandée avec accusé de réception .... x € »

– « honoraires pour mise en demeure (par huissier) .... x € »

Ceci est anormal. En effet, la lettre recommandée avec accusé de réception EST une mise en demeure tout à fait correcte et valable. Ce dédoublement (qui coûte cher à la copropriété, même si cela ne se voit pas), doit être rejetée fermement.

e) Honoraires de mise à l'huissier et de mise à l'avocat

Si le dossier à constituer pour l'avocat – en cas d'assignation – est compliqué et requiert de collecter de nombreuses pièces et documents, il n'en est pas de même pour le dossier de mise à l'huissier (l'huissier n'a besoin d'avoir que le montant de la dette et l'origine).

Or, trop souvent, les honoraires de « mise à l'huissier » et ceux de « mise à l'avocat » sont à peu près semblables, ce qui ne se justifie pas.

f) Honoraires pour « ouverture d'un dossier contentieux »

On est dans le flou absolu. Que veut dire cette expression ? « Ouverture d'un dossier contentieux », cela veut-il dire simplement mise à l'huissier ? Il faut évidemment se méfier et demander des précisions.

g) Honoraires pour « suivi de dossiers »

Il s'agit d'une porte ouverte aux abus. D'ailleurs de plus en plus de syndics prévoient des vacations minimum systématiques trimestrielles, voire mensuelles, pour suivi de dossiers (Ex. : 70 € par trimestre, soit 280 € annuel au minimum, cela n'incite pas forcément le syndic à accélérer les procédures).

h) Calcul des intérêts de retard

Ces calculs étant désormais « automatiques », nous pensons que ces honoraires ne se justifient nullement.

i) Demande de relevés hypothécaires

De nombreux contrats prévoient des frais – parfois élevés – pour cette prestation – très simple (il suffit d'adresser une demande au Fichier des Hypothèques en donnant quelques renseignements : numéro de cadastre, numéro des lots, ...). En quoi cela justifie-t-il des honoraires pouvant facilement se monter à 50 € ?

j) Prise d'hypothèque légale

La prise d'hypothèque demande un certain travail (recueil de données et de documents) mais ne doit en aucun cas être facturée trop cher (une vacation horaire doit suffire).

XIX. HONORAIRES EN CAS DE VENTE

Les honoraires de mutation font rarement l'objet de discussion, mais certains syndics abusent un peu de la situation.

Ceci dit, il faut reconnaître que les formalités – en cas de vente – peuvent être importantes et peuvent engager la responsabilité du syndic, surtout en ce qui concerne « l'opposition ».

Les honoraires, assez classiques, appellent les commentaires suivants :

a) Réponse aux notaires

La réponse aux questionnaires du notaire est importante, mais justifie t-elle vraiment des honoraires qui approchent parfois 200 € ? Certainement pas.

Répondre à ces questionnaires requiert tout au plus une heure de travail (nous l'avons écrit, publié et diffusé il y a 3 ans et attendons toujours un démenti sur ce point !).

b) Établissement du compte prorata temporis entre vendeurs et acquéreurs

Depuis le 1er septembre 2004, le syndic n'a plus à effectuer des comptes prorata entre vendeur et acquéreur de lots.

Donc ces honoraires n'ont plus lieu d'être.

c) La répartition des frais

La répartition des frais entre acquéreur et vendeur **est, à notre avis, totalement illégale** et l'acquéreur qui n'a pas été appelé à voter le contrat ne peut se le voir opposer, **ni** avoir à payer des frais spéciaux concernant le calcul de ces charges, que sont les frais de gestion courante.

À noter : les frais imputés au vendeur ont, d'ailleurs, aussi été jugés illégaux par certains tribunaux.

d) Honoraires de création du « fichier » d'un nouvel acquéreur

Ces frais qui sont mis à la charge de l'acquéreur sont, à notre avis, illégaux, car il s'agit de frais de gestion courante qui n'ont absolument pas à être mis en charges particulières ni privatives. De plus, le contrat du syndic est inopposable à l'acquéreur.

Nous pensons que ces frais sont à bannir.

e) Frais d'opposition

L'opposition (comme la réponse au notaire) constitue un vrai travail (impliquant la responsabilité du syndic) minutieux et dans certains cas compliqué (répartition des dettes par année).

Nous pensons qu'un coût raisonnable est une vacation horaire de syndic (soit de 60 à 70 €).

f) Frais de tenue de compte vendeur (ou compte « cédant »)

Il s'agit, là, d'une des « indélicatesses » les plus fâcheuses des contrats et qui concerne la facturation des frais de tenue de compte vendeur, ce qui est un comble puisque le syndic fait déjà de l'argent grâce à ces comptes (intérêts financiers).

L'astuce est la suivante : au lieu de détourner les soldes de ces comptes, comme certains syndics le faisaient il y a encore quelques temps, ils préfèrent VIDER progressivement et contractuellement ces comptes en prélevant des honoraires pour un travail fictif.

Il est évident que la présence d'une telle clause dans un contrat est un très mauvais signe. Si cela n'est pas suffisant pour vous faire changer de syndic, au moins faites supprimer cette clause (**NB** : il est préférable que les soldes créditeurs des comptes vendeurs restent acquis à la copropriété, surtout si la copropriété a quelques soucis financiers, ce qui est souvent le cas).

XX. HONORAIRES CONCERNANT LES EMPRUNTS EN CAS DE TRAVAUX

a) Lorsque le syndic obtient un prêt pour les copropriétaires qui le souhaitent, il facture des honoraires. Il faut se méfier parce que les coûts cumulés de ceux-ci peuvent s'avérer très élevés, alors qu'on a souvent l'impression qu'ils sont indolores.

b) Frais d'ouverture de dossier

Pour le travail d'ouverture du prêt, le syndic prélève une somme forfaitaire par copropriétaire concerné qui peut être élevée.

Or, le travail est, la plupart du temps, très simple :

· le syndic ne négocie pas le prêt ;

· le syndic se contente de remplir un dossier général, plus une fiche par copropriétaire.

(Par ailleurs, certains syndics peuvent toucher une commission de la part de la banque).

Dès lors, on se méfiera des honoraires qui dépassent une demi-vacation par dossier.

c) Encaissement

Dans ce cas, le syndic se fait payer des honoraires pour encaissements et versements à la banque !

À noter : le travail correspondant est à peu près nul (les sommes sont appelées en même temps que les charges et les trimestrialités sont prélevées). Le coût réel pour le syndic est limité à un éventuel surcoût des garanties financières (de l'ordre de 0,5 %).

Là encore, il faudra éviter les prix excessifs et donc ne pas accepter beaucoup plus que 0,5 % des sommes concernées.

XXI. HONORAIRES CONCERNANT LES COMPTAGES

a) Le principe

Des honoraires pour gestion de comptage sont loin d'être abusifs, sauf si les compteurs sont DÉJÀ installés lorsque le syndic est élu pour la première fois.

En effet, dans ce cas, il sait qu'il y a des compteurs dans l'immeuble et donc il DOIT inclure ce travail dans ses honoraires de gestion courante.

À défaut, il y a une espèce de tromperie (en effet, les copropriétaires sont en droit de penser que les honoraires de gestion courante incluent cette prestation).

b) Le prix

La formule : « coût par compteur et par relevé » est à bannir.

Lui substituer : « coût par lot et par an ».

XXII. HONORAIRES POUR PLACEMENTS DES FONDS

Les honoraires pour placement des fonds doivent être limités au maximum voire être bannis.

Certains syndics expliquent que ces honoraires sont liés au fait qu'ils sont obligés de payer un complément de garantie. D'après ce que nous savons, c'est INEXACT car les syndics ne déclarent pas « au coup par coup » ces sommes qui sont noyées dans la masse (ces frais sont inclus dans les frais généraux du cabinet). De toute façon, demandez au syndic de vous en apporter la preuve.

XXIII. FRAIS DIVERS

a) Photocopies

. Absence d'indication de prix

Attention si aucun prix n'est indiqué. Il faut le faire repréciser et le négocier.

. Absence de dégressivité

Négociez un prix dégressif.

. Forfait
À éviter.

b) Frais de timbres HT
La TVA n'est pas due sur les frais de timbres détaillés.

c) Frais informatiques
Ces frais doivent être rejetés. C'est une façon anormale de baisser artificiellement les honoraires de gestion courante, donc de tromper les copropriétaires.

d) Forfait pour envoi trimestriel de comptes
Ces frais doivent être rejetés. C'est une façon anormale de baisser artificiellement les honoraires de gestion courante, donc de tromper les copropriétaires.

e) Honoraires pour calcul de la TVA et des charges récupérables
Ces calculs étant réalisés par le syndic pour son propre compte (comme gérant de certains lots), il est curieux voire anormal qu'il fasse payer ce travail EN PLUS.

f) Frais de papeterie, téléphone, télécopie...
Ces frais doivent être supprimés. Leur présence est mauvais signe.

XXIV. INDEXATION DES HONORAIRES

a) La meilleure formule d'indexation annuelle est basée sur l'indice INSEE du coût de la construction.

b) Indexation périodique
Il faut bannir les clauses qui prévoient une augmentation à chaque modification d'indice (cela signifie une augmentation trimestrielle !).

c) Indices « maison »
Il faut éviter les indices issus des professions immobilières.

d) Double indexation
Il faut refuser :
– une indexation pour les honoraires de base ;
– une autre (ou parfois rien) pour les prestations particulières.

LES HONORAIRES DE SYNDICS

(Enquête ARC – Réactualisée en avril 2004)

I – HONORAIRES DE BASE (gestion courante)

Donner une idée des prix pratiqués en honoraires de base par les syndics n'a pas beaucoup de sens, pour au moins TROIS raisons :

a – d'abord parce que certains syndics peuvent pratiquer des prix BAS en honoraires de base et pratiquer des honoraires supplémentaires très élevés ;

b – ensuite parce que les honoraires peuvent – dans un même cabinet – être très différents en fonction de la taille de la copropriété ;

c – enfin parce que le paramètre régional voire départemental est très important, les prix moyens étant très différents à PARIS, BORDEAUX, LILLE, LYON, STRASBOURG, MARSEILLE, etc. ; au sein d'une même région il peut aussi y avoir des disparités importantes (ex. : en Île-de-France entre la Seine-Saint-Denis et les Hauts-de-Seine).

Nous avons beau répéter ce discours à longueur de temps, cela n'empêche pas les copropriétaires de nous reposer en permanence la question : « **Oui, d'accord, ça n'a pas de sens mais donnez-nous quand même une idée !** »

Pour essayer, donc, d'avoir une idée de ce qui se passe, nous avons :

– étudié les prix pratiqués en Île-de-France (plus de 1 000 immeubles) pour isoler le facteur régional ;

– étudié les prix en fonction de la taille des immeubles en retenant cinq catégories : 2 à 20 lots, 21 à 50 lots, 51 à 100 lots, 101 à 150 lots, 151 lots et plus ;

– étudié uniquement les prix sur les immeubles pris en gestion par les syndics dans les deux dernières années, ceci pour être sûr d'avoir les prix **actuellement** pratiqués.

Nous communiquons les résultats obtenus en demandant au lecteur de se rappeler que ces résultats sont à accueillir avec beaucoup de précautions.

PRÉSENTATION DES RÉSULTATS

(Prix TTC – TVA 19,60 %)

Rappel : il s'agit de prix « Île-de-France », sachant que sur les autres régions les prix moyens peuvent être de 10 à 30 % moins élevés selon les régions.

Nous donnons ci-dessous les prix constatés par tranche, par lot principal et toutes taxes comprises. Nous communiquons : le prix le plus bas constaté, le prix le plus haut (en enlevant les prix visiblement HORS NORME) et le prix MOYEN (mais pas la moyenne arithmétique de tous prix, mais la moyenne arithmétique des prix situés dans les deuxième et troisième quart, ce qu'on appelle l'interquartile).

1 – Copropriété de 20 lots et moins : on va de 180 € TTC à 240 € TTC par lot principal ; moyenne : **215 €**.

Ces prix sont loin d'être « faibles » surtout si l'on songe aux « moyennes » qui circulent parfois dans les journaux (142 € à 160 € du lot).

Ce niveau de prix signifie, pour nous, que sur ce « segment » (les petits immeubles) les honoraires ont déjà été revalorisés.

En effet, si l'on étudie les prix pratiqués dans des immeubles pris en gestion au-delà de deux ans, on s'aperçoit que les tarifs sont – curieusement – beaucoup plus faibles (de 117 € à 166 €). Cela veut dire clairement qu'au cours des deux dernières années, les tarifs ont été – sur cette tranche d'immeubles – nettement revalorisés. Nous y reviendrons.

2 – Copropriétés de 21 à 50 lots : on va de 77 € (sic) à 170 € ; moyenne : **165 €**.

Deux constats : d'abord la différence est très forte avec la première tranche ; ensuite la dispersion est elle aussi beaucoup plus importante. Ceci, à notre avis, tient d'une part au fait que les immeubles de cette tranche peuvent être de nature très diverse (ex : immeubles anciens sans équipements ou immeubles récents très sophistiqués), d'autre part au fait qu'il y a **beaucoup plus de concurrence** sur cette tranche (les syndics sont PLUS intéressés par ces immeubles que par les touts petits ou les très gros immeubles).

En fait, c'est sans doute sur ce segment qu'il y a le plus d'immeubles et surtout le plus d'immeubles faciles et « intéressants » à gérer (ni trop gros, ni trop petits) ; on trouve donc en concurrence toutes sortes de syndics.

Lorsque les syndics disent que leurs honoraires sont trop faibles, sans doute cela vient-il de la sur-représentation de cette tranche.

3 – Copropriétés de 51 à 100 lots : on va de 101 € à 176 € : moyenne **155 €**.

La dispersion est ici beaucoup moins forte, et la moyenne est plus faible, ce qui est normal. Néanmoins les tarifs ne sont pas sensiblement plus faibles, ce qui est un peu étonnant et va se vérifier dans les tranches suivantes.

4 – Copropriétés de 101 à 150 lots : on va de 98 € à 169 € : moyenne **150 €**.

Là encore on constate un tassement relativement peu important entre cette tranche et la précédente.

En fait, l'effet « d'échelle » joue assez peu, ce dont les syndics oublient de parler.

5 – Copropriétés au-delà de 150 lots : on va de 88 € à 145 € : moyenne **132 €**.

Encore une fois on est un peu surpris de la faible différence avec le palier précédent, car nous pensions que la différence était plus forte.

Si nous tentions une explication, nous dirions ceci : dans les gros immeubles, la concurrence est MOINS forte, ce qui explique que les syndics arrivent plus facilement à imposer leurs prix.

Dernier constat général : sur l'ensemble des tranches on constate des moyennes significativement différentes entre les départements dits « populaires » (exemple : Seine-Saint-Denis, Val d'Oise et les autres, l'écart pouvant être de 20 % !).

ENSEIGNEMENTS

Cette analyse permet de dégager – avec prudence – quelques conclusions intéressantes.

1 – Pour les très petits immeubles et contrairement à ce que disent souvent les syndics, le niveau moyen des honoraires semble avoir été sensiblement relevé ces dernières années et être devenu correct.

2 – Sur le « segment » le plus encombré (les 21/50 lots) la dispersion des honoraires est très forte et les prix subissent un décrochement, ce qui veut dire:

– que certains syndics font du « dumping » (ces syndics, souvent, se rattrapant sur les honoraires de gestion particulière ; en général il faut se méfier des syndics qui pratiquent des prix trop faibles) ;

– que la « concurrence » joue très fortement et tire, en effet, les prix vers le bas.

3 – L'autre enseignement très intéressant est celui-ci : même si – au-delà de 20 lots – on constate une dégressivité des tarifs, on est surpris de constater que cette dégressivité n'est pas toujours aussi sensible qu'elle pourrait l'être : en fait les « grosses copropriétés » ne profitent pas assez de l'effet d'échelle, ce qui veut dire que les GROS cabinets de syndic (qui ont plus de facilité à gérer ces immeubles) ne répercutent pas sur les copropriétés les « gains d'échelle ».

CONCLUSIONS
sur les honoraires de BASE

Il ressort de ce qui précède que le mouvement de revalorisation des honoraires de base a largement été amorcé dans les tout petits immeubles et les plus gros, même si – dans la tranche sensible des 21-50 lots – cette revalorisation est freinée par une concurrence âpre et pas toujours très « loyale » (baisse artificielle des honoraires de base compensée par un transfert sur les honoraires particuliers).

Il ressort aussi que les « grosses » copropriétés s'avèrent beaucoup plus « rentables » que ce que les syndics veulent bien en dire.

Tout ceci nous confirme dans notre stratégie actuelle : obliger les syndics à commettre moins d'abus en matière d'honoraires de gestion particulière, ce qui rétablira une concurrence plus saine en matière de gestion courante et évitera les opérations de « dumping » dont pâtissent **et** les copropriétaires **et** les « bons » syndics.

La chasse aux abus que nous amorçons dans la deuxième partie de ce guide, va donc BIEN dans le sens d'une clarification et d'une amélioration générale des conditions de rémunération des BONS professionnels.

II – HONORAIRES SUPPLÉMENTAIRES

Pour permettre aux copropriétaires de lutter plus facilement contre les abus en matière d'honoraires HORS gestion courante, nous avons établi le document qui suit qui permettra à chacun de se situer dans l'amplitude des prix pratiqués et de connaître les prix MOYENS pratiqués.

À noter : En aucun cas les prix moyens ne doivent être considérés comme des prix de référence ; ce sont simplement les prix les plus souvent pratiqués.

Nous avons considéré les dix rubriques d'honoraires particuliers les plus courants et avons donné à chaque fois trois chiffres :

– le plus bas constaté ;

– le plus haut (en éliminant, cependant les prix HORS NORME) ;

– la moyenne (celle-ci n'est pas une moyenne arithmétique, mais la moyenne des prix les plus fréquents ; ex : si nous avons constaté que tel tarif était de 76 € dans 50 % des cas et 92 € dans 30 % des cas, nous aurons une moyenne à 82 €, même si les tarifs vont de 38 € à 243 €.

NB : là encore il s'agit des prix pratiqués en Île-de-France.

Nous communiquons ci-après les chiffres BRUTS sans commenter les pratiques abusives ; pour cela vous pouvez vous reporter au « Guide pour l'analyse et la négociation des contrats de syndic ».

COMMENT UTILISER CES 3 CHIFFRES

Prenez le tarif pratiqué de votre syndic et situez par rapport au 3 prix indiqués.

1 – S'il est au-dessus de la « moyenne », c'est qu'il est à coup sûr trop cher.

2 – S'il est situé près su chiffre bas c'est bon signe.

3 – S'il est situé dans la « moyenne » cela ne veut pas dire qu'il pratique des prix corrects, car certains prix moyen peuvent être eux-mêmes surévalués.

Ex : Le prix « moyen » de la photocopie est 0,21 € TTC. Or ce prix est excessif, surtout quand il s'agit de tirage en nombre.

Donc si votre syndic se situe dans la moyenne cela n'empêche pas de négocier. Encore une fois ces chiffres sont destinés à permettre de MIEUX se situés.

Nous donnons les chiffres TTC avec une TVA à 19,6 %

Vacations horaires

I – Vacations pendant les heures ouvrables (prix par heure)

	on va de	à	moyenne
Syndic ou Principal :	38 €	140 €	76 €
Gestionnaire	26 €	80 €	50 €
Autre	22 €	50 €	37 €

II – Hors heures ouvrables

	on va de	à	moyenne
Syndic	60 €	202 €	96 €
Gestionnaire	40 €	158 €	64 €
Autre	30 €	53 €	41 €

Abus particuliers constatés

A - Toute heure commencée est facturée.

B - Le temps de déplacement est compté en plus.

C - Les heures comptées à partir de 18 heures, même si la réunion a lieu à 20 heures !

Frais d'assemblée générale ordinaire ou annuelle

I - Situation dominante

La situation constatée la plus répandue (70 %) est celle où le syndic facture :

– la tenue de l'assemblée générale en dehors des heures ouvrables ;

– les frais de poste (convocation – procès-verbal) réels ;

– les frais de photocopies.

– Les prix horaires constatés pour la tenue de l'assemblée générale sont ceux indiqués dans les points précédents (vacations HORS heures ouvrables).

– Frais de photocopies : on va de 0,05 € à 0,37 € ; moyenne : 0,19 €.

NB : rares sont les syndics qui pratiquent un prix dégressif en fonction du nombre de photocopies !

– Le Problème à résoudre (en général **NON-TRAITÉ** dans le contrat) est le NOMBRE de personnes du cabinet présentes à l'assemblée générale et donnant lieu à facturation.

Si vous êtes dans cette configuration, il faut donc :

– veiller à éviter les prix abusifs (ou excessifs) ;

– négocier un prix de photocopie **dégressif** ;

– régler le problème du nombre de personnes **dans le contrat**.

II - Situation NON-DOMINANTE

Un certain nombre de syndics préfèrent appliquer un **FORFAIT** par **LOTS** principaux (frais postaux + photocopies).

Les forfaits vont de 8 € à 24 €.

À noter :

• Souvent, à notre avis, les forfaits sont surdimensionnés et ne prévoient pas toujours **TOUT** !

• Ils sont souvent fixés par **LOTS** principaux et non par **COMPTE**. (Or un propriétaire possédant 3 logements ne sera **PAS** convoqué **TROIS** fois !)

Regardez donc ces points sérieusement si vous êtes « au forfait ».

III – Autres abus particuliers constatés

On a noté divers abus qui semblent se répandre :

– facturation de la « mise sous pli » des convocations (deux ou trois heures de secrétariat...) ;

– facturation pour le temps passé à envoyer un « additif » (ou FORFAIT, de 2 € à 13 € par lot !) ;
– facturation pour le temps passé à convoquer en **2e lecture** (ou FORFAIT) ;
– multiplication des frais annexes : enveloppes ; feuilles de recommandé ; feuilles d'émargement ; feuilles de présence ; étiquettes ; etc. !

Frais d'assemblées générales supplémentaires

Se développe la pratique de la facturation au temps passé ou au **FORFAIT** pour la préparation des assemblées générales extraordinaires, en plus des frais de **TENUE** d'assemblée générale, des frais postaux et des frais de photocopies.

Lorsque la facturation se fait au temps passé (non souhaitable), le coût est incontrôlable. Les forfaits vont de 5 € à 17 € - moyenne : 10 €.

Honoraires pour recouvrement des charges

Deux types d'abus sont constatés :
– ceux liés au tarif ;
– ceux liés à la multiplication des prestations.

1 – Relance simple :
On va de 5 € à 22 € ; moyenne : 9 €

2 – Mise en demeure :
On va de 16 € à 60 € ; moyenne : 25 €

NB 1 : certains font une première mise en demeure par lettre recommandée avec accusé de réception ; puis une deuxième par huissier (qui ne sert à rien) ; certains adressent même, après la mise en demeure, des « lettres d'avocat » !!

NB 2 : chez de nombreux syndics, les frais postaux sont facturés EN PLUS sans que cela soit signalé clairement.

3 – Honoraires de mise à l'huissier :
On va de 40 € à 218 € ; moyenne : 105 €
(Il faut naturellement compter **en plus** les frais d'huissier).

4 – Honoraires de remise du dossier à l'avocat :
On va de 79 € à 475 € ; moyenne : 174 €

NB : pour les points 3 et 4, certains syndics prévoient des honoraires calculés au pourcentage de la dette. On va de 3 % à 8 %.

5 – Suivi des dossiers :

Cette rubrique est en train d'exploser !

a) La plupart des syndics facturent un suivi à la vacation (ce qui est incontrôlable).

On va de 60 € à 107 € ; moyenne : 63 €

b) D'autres facturent un « forfait de suivi » (par an, voire par trimestre, ou voire par mois!) Méfiance...

On va de 74 €/an à 363 €/an ; moyenne : 149 €/an

6 – Honoraires pour établissement de protocole d'accord :
On va de 60 € à 160 € ; moyenne : 92 €

7 – Demande de renseignements hypothécaires :
On va de 20 € à 100 € ; moyenne : 77 €

8 – Prise d'hypothèque :
On va de 69 € à 495 € ; moyenne : 190 €

9 – Opposition sur vente judiciaire :
On va de 98 € à 454 € ; moyenne : 196 €

Honoraires en cas de travaux

I. SITUATION DOMINANTE

Une majorité de syndics pratiquent ainsi :

A/ Honoraires au pourcentage, basés sur le montant du budget travaux TTC (et non Hors Taxes…).

B/ Honoraires NON dégressifs.

C/ Honoraires « administratifs » et financiers se cumulant éventuellement avec des honoraires « techniques ».

Dans ce cas, on constate les prix suivants :

• **Honoraires « administratifs et financiers »** : on va de 1 % HT à 6,2 % HT du montant TTC.

• **Honoraires « techniques »** : on va de 2 % HT à 8 % HT du montant TTC.

II. VARIANTES

• Certains pratiquent le suivi technique « à la vacation » (incontrôlable).

• Certains pratiquent un coût au lot (à éviter), pour les « appels » (5 € à 7 €).

NB : un fort pourcentage de syndics (environ 30 %) continuent à appliquer des honoraires (de 2 à 4 % HT sur le TTC) pour les travaux de gestion courante dépassant un certain montant (parfois 825 € TTC !!).
À BANNIR ÉVIDEMMENT

Honoraires pour déclaration et gestion de sinistres

En général, la déclaration des sinistres sur parties communes, non causés par un copropriétaire ou un locataire, est incluse dans la gestion courante.
Les syndics facturent donc en plus :

a/ La déclaration hors les cas signalés : on va de 26 € à 205 € – moyenne : 58 €.

b/ La gestion des sinistres (réduite le plus souvent à sa plus simple expression).

Dans ce cas :
- soit ils reprennent le barème des honoraires travaux (voir ce point).
- soit ils appliquent un barème spécifique au sinistre :
  - . au pourcentage : cela va de 2 % à 10 %
  - . à la vacation (voir tarif des vacations horaires).

Honoraires pour tenue d'un Compte séparé

I. TARIF AU POURCENTAGE DES HONORAIRES DE BASE :
on va de 12 % à 30 %.
NB : il y a souvent un **minimum** qui va de 198 € à 995 €.

II. TARIF AU « LOT » :
on va de 10 € par an à 55 €.
NB : là aussi, il y a souvent un **minimum** (de 152 € à 460 €)

Rappelons que ces « honoraires » ont surtout une fonction « DISSUASIVE » (faire renoncer les copropriétaires au compte séparé).

Honoraires en cas de Mutations/Ventes

I – Tâches de base :

1 – Réponse au questionnaire du notaire :
On va de 80 € à 318 € ; moyenne : 151 €
(part vendeur + acquéreur).

2 – Calcul du « prorata temporis » entre vendeur et acquéreur :
On va de 36 € à 318 € ; moyenne : 109 €
(part vendeur + acquéreur).

3 – Modification du fichier :
On va de 20 € à 159 € ; moyenne : 73 €

4 – honoraires pour opposition :
On va de 19 € à 335 € ; moyenne : 116 €

II – Autres tâches :

Certains syndics n'hésitent pas à multiplier les tâches de façon plus ou moins abusive.

1 – « Nouvelle réponse » au questionnaire.
(quand la 1re vente n'a pas été conclue).

2 – Gestion des « comptes vendeurs ».
On va de 77 € par an à 128 € par an

NB : Il s'agit là d'un véritable détournement de fonds contractuel...!

Prise en charge de la copropriété / transmission en fin de mandat

On a souvent une **BASE**, plus une partie variable en fonction du nombre de lots (ce qui est **PARFAITEMENT** abusif, voire illégal).

PRISE EN CHARGE

a/ Base : on va de 163 € à 691 €.

b/ À quoi se rajoute un prix par lot :
on va de 6 € à 19 € – moyenne : 11 € (autre solution : un trimestre d'honoraires...)

TRANSMISSION

a/ Base : on va de 99 € à 594 €.

b/ À quoi se rajoute un prix par lot :
on va de 10 € à 20 € – moyenne : 14 €.

CHAPITRE 20

LES CONTRATS DE NETTOYAGE ET DE SORTIE DES POUBELLES

Pour assurer le nettoyage et la sortie des poubelles, la copropriété peut :

– soit passer un contrat avec une entreprise;
– soit embaucher un ou plusieurs employés.

Ce dernier système revient, en principe, sensiblement moins cher que le premier puisque vous échappez :

– à la TVA
– à la marge bénéficiaire de l'entreprise,

et pouvez bénéficier d'une baisse de charges pour emploi à temps partiel.

En contrepartie il faut que le syndic puisse – en cas de congés ou maladie – assurer un remplacement rapide et efficace, ce qui n'est pas toujours le cas.

Autre problème – et c'est celui que nous voulons signaler dans ce chapitre – les contrats sont souvent très mal négociés. Or, il n'est pas très compliqué, soit de les négocier, soit de les renégocier. Comment faire ?

1. Déterminer le nombre d'heures par semaine

Sauf si votre immeuble vient d'être achevé, il n'est pas très difficile de savoir combien d'heures réelles sont consacrées par semaine à ces tâches dans votre copropriété.

2. Calculer le prix

Une fois établi le nombre d'heures, il faut multiplier par un prix horaire. Sachant que le personnel est rarement payé plus que le SMIC, qu'il faut tenir compte d'un taux moyen d'ancienneté, des frais de l'entreprise, de sa marge bénéficiaire, cela donne un prix horaire hors taxe en 2004 de l'ordre de 15 €.

Ainsi, vous pouvez déterminer un prix correct global puis :

– comparer avec le coût actuel
– renégocier le contrat.

À noter : de tels contrats doivent être des contrats « courts » (1 an, voire 6 mois) incluant un délai de préavis également court (un mois maximum), ce qui vous permettra de vous séparer rapidement des entreprises qui ne font pas l'affaire.

CHAPITRE 21

SAVOIR CONTRÔLER SON CONTRAT D'ASSURANCE MULTIRISQUES IMMEUBLE

Être copropriétaire dans un immeuble bien assuré permet à la fois :

• de faire des économies de charges : prime d'un niveau correct, remboursements normaux en cas de sinistres,

• de dormir tranquille (garanties nombreuses et suffisamment larges).

Voilà pourquoi il est important de pouvoir disposer d'un « bon » contrat. Pour cela il faut un minimum de connaissances sur le fonctionnement d'un contrat dit « multirisques immeuble ».

1. Qu'est-ce que l'assurance multirisques immeuble ?

a/ Cette assurance sert tout d'abord à garantir les **dégâts matériels** faits aux bâtiments en cas d'événements accidentels, tels un incendie, une tempête, un dégât des eaux, un bris de glace, etc., ainsi que les **conséquences** de ces dégâts (exemples : privation de jouissance ou perte de loyers après un incendie, honoraires d'architecte, etc.).

À noter que cette assurance ne couvre pas forcément **QUE** les parties communes, mais peut aussi couvrir ce qui, dans les parties privatives, est dit « immeuble par destination » (exemples : peinture, papiers peints, etc.). Par contre, bien sûr, cette assurance ne couvre pas le mobilier personnel des copropriétaires.

b/ Cette assurance sert, en second lieu, à garantir les biens et le mobilier collectifs (exemple : vol du matériel de la copropriété).

c/ Enfin, cette assurance couvre ce qu'on appelle la **RESPONSABILITÉ** de l'immeuble ou des copropriétaires. On distingue :

. la responsabilité qui découle d'un événement garanti (exemple : responsabilité vis-à-vis de voisins en cas d'incendie),

. la responsabilité qui découle d'un événement non garanti (exemple : responsabilité en cas de chute de visiteur dans l'escalier, chute due à un défaut d'entretien).

Bien entendu, l'ensemble des garanties évoquées ou possibles ne sont pas **OBLIGATOIREMENT** prévues dans tous les contrats. Il ne s'agit là que de possibilités, l'objectif des usagers restant d'obtenir des contrats d'assurance très complets pour des coûts raisonnables.

2. Comment est fait un contrat d'assurance immeuble ?

Un tel contrat se décompose en plusieurs parties :

a/ Les conditions générales

Cette partie traite de la vie du contrat et des droits et obligations des parties (rappel plus ou moins complet du code des assurances).

b/ Les conditions particulières (souvent dactylographiées)

Cette partie, à l'opposé de la précédente, personnalise le contrat et précise quels sont les événements et les pertes assurés.

c/ Un intercalaire (éventuellement)

Celui-ci étend et adapte le champ des garanties et le régime d'indemnisation pour mieux répondre à la demande des usagers.

NB : l'ARC a négocié un tel intercalaire pour ses adhérents.

Comme on le voit, dans l'optique de l'assureur la garantie est fractionnée en termes de « garanties de base » (par exemple : incendie, explosion, chute de la foudre) et d'extensions facultatives concernant soit des événements, soit d'autres dommages, de sorte que **seules les clauses validées aux conditions particulières dactylographiées seront mises en jeu**, ce qui doit inciter à une très grande vigilance.

Les trois parties d'un contrat doivent être lues avec beaucoup d'attention. Il faut à cet égard savoir qu'une certaine **terminologie**, en usage dans les documents contractuels, comme : les « agencements », les « aménagements », etc., n'ont pas de base légale (le code civil les ignorant). D'où l'importance qu'il y a à se reporter à la partie intitulée **LEXIQUE** ou **DÉFINITIONS** à laquelle, souvent, un astérisque renvoie, pour bien comprendre le détail du contrat.

Néanmoins, il faut savoir aussi qu'une règle de droit veut que les clauses d'un contrat doivent être exemptes d'interprétation, ce qui, en clair, veut dire qu'aucune clause **ne doit être ambiguë** (si c'était le cas cela devrait, en définitive, profiter à l'assuré).

3. Comment analyser son contrat ?

Pour un non-spécialiste, étudier un contrat paraît un tel casse-tête qu'il a vite envie d'y renoncer.

En fait, si l'on décompose bien le problème, on peut arriver à se faire une bonne idée de la qualité de son contrat. On s'attachera, pour cela, à répondre à quatre séries de questions :

. quelles sont les garanties précises assurées par le contrat ?
. quels sont les montants de ces garanties ?
. quels sont les niveaux de franchise ?
. quelles sont les restrictions éventuelles ou les limitations ?

Reprenons ces différents aspects.

a/ Les garanties

Pour répondre à cette question, il faudrait disposer d'une liste de **toutes** les garanties possibles et pouvoir **comparer** entre cette liste et ce qui est proposé.

À défaut, il va falloir faire le tour des garanties souhaitables pour votre immeuble et vérifier si elles sont ou non prévues :

. avez-vous pensé à la chute des arbres et aux dégâts provoqués ?

. les dégâts provoqués par la fuite des canalisations enterrées sont-ils couverts ?

. les conséquences immatérielles de sinistres sont-elles toutes prévues (perte de loyers, perte de jouissance, etc.) ? Pendant quelle durée ?

. les risques encourus par les bénévoles qui exercent des fonctions pour la copropriété sont-ils couverts ?

. les machines et appareils électriques sont-ils couverts ? Dans quelles conditions ?

Certaines garanties sont presque automatiques (incendie, dégât des eaux, etc.) ; d'autres sont très rares (par exemple : dégâts causés par les déménagements).

Par ailleurs, il peut exister des « trous » :

. exemple : les glaces séparatives de balcons, dont on ne sait pas, en l'absence de précisions, si elles entrent dans le champ des garanties collectives ou si elles sont couvertes par l'assurance personnelle du propriétaire;

. autre exemple : un boîtier de commande d'ouverture de portes de parking ne fait pas partie, à la lettre, du « bâtiment » (ne faisant pas corps avec lui). Aussi, si l'on n'y prend pas garde dans le contrat, les dommages résultant d'une introduction avec usage de fausses clefs, ne seront pas assimilés, par l'assureur, aux « **détériorations immobilières** » garanties en vol.

b/ Le montant des garanties

Les contrats prévoient souvent des montants maximum de garantie : ceux-ci sont exprimés soit en francs, soit en fonction d'un indice (exemple : quatre mille fois l'indice des assurances en cours), soit d'un pourcentage.

Il va donc falloir vérifier impérativement que les montants ou les pourcentages ne sont pas trop faibles, ce qui demande parfois un calcul nécessitant la connaissance des indices.

À côté de cela, il faudra se demander si le contrat prévoit ou non l'application d'un taux de **vétusté**. Cette question est **primordiale** dès lors qu'il s'agit du problème de la reconstruction éventuelle de l'immeuble : celui-ci est-il garanti « valeur à neuf **sans** application de vétusté » ou « **avec** application » ? Il vaut mieux ne pas se poser la question après l'incendie.

c/ Les franchises

La franchise, comme chacun sait, est la somme qui reste à la charge de l'usager. Cette franchise est exprimée très souvent en fonction d'un indice. Il faut donc la calculer. Prenons un exemple : si la franchise est de cinq fois l'indice et que l'indice est 521, le montant de la franchise est de 2 605 F ; si l'on a affaire à un petit dégât des eaux, un tel niveau de franchise est très élevé et réduira à presque rien le montant remboursé.

d/ Les restrictions et limitations

Dernier point à vérifier : quelles sont les restrictions et limitations prévues dans un contrat ?

Exemple : le contrat peut prévoir de n'assurer que les parties communes. Dans ce cas, les aménagements et embellissements de chaque copropriétaire peuvent être écartés des garanties !

Autres exemples :

. les objets assurés en bris de glace peuvent être limitativement énumérés ; dans d'autres cas, on peut avoir affaire à une limitation du nombre de m² de glaces ou vitres assurées,

. la définition des « bâtiments assurés » peut exclure les clôtures extérieures (s'il y en a),

. la garantie, en cas de recours des voisins, peut exclure les dommages immatériels,

. les conséquences de la rupture des canalisations enterrées sont souvent exclues.

Nombreux sont les exemples qui doivent inciter à la vigilance.

e/ Le prix des contrats

Le prix des contrats est établi, dans l'assurance, à partir du nombre de m² développés. Le nombre de m² développés est calculé ainsi :

. pour les étages d'habitation ou de commerce, on prend la surface hors œuvre (surface des étages y compris les murs extérieurs),

. pour les étages de parking ou combles on prend la moitié de la surface hors œuvre.

Attention : à plusieurs reprises ces derniers temps nous avons constaté que les surfaces prises en compte par les assureurs étaient **largement surévaluées**. Une vérification s'impose donc.

Il ressort d'une étude effectuée par l'ARC, que les prix en 2004, vont de 0,90 € TTC au m² développé à 2 €. Comme on le voit, l'amplitude est très forte. Par ailleurs, les augmentations annuelles peuvent être très variables selon le principe retenu dans le contrat ou les pratiques de l'assureur. On sera donc très vigilant sur les évolutions. Actuellement, on s'aperçoit qu'on peut avoir des augmentations allant de 4 à 7 % l'an pour des immeubles où il n'y a pratiquement pas de sinistre. Cette pratique est inadmissible et doit vous inciter à faire jouer la concurrence et à changer d'assureur.

Ce qui surprend dans l'étude menée, c'est que la différence de coût ne correspond pas à une plus ou moins grande « qualité » des contrats, mais à des facteurs externes.

Les prix élevés s'expliquent en effet souvent :
. soit en raison de l'ancienneté des contrats (jamais renégociés et revalorisés automatiquement),
. soit en raison de la multiplication, au cours des années, d'avenants tous plus chers les uns que les autres,
. soit en raison des pratiques des divers intervenants situés entre la compagnie d'assurance et la copropriété.

Bien sûr, la négociation ou renégociation individuelle peut déjà permettre d'obtenir des montants de primes plus faibles, mais l'expérience montre qu'un excellent moyen d'obtenir des prix compétitifs est la négociation d'un contrat de groupe.

Il est bon de savoir que, quelles que soient les clauses de votre contrat en cours, vous pouvez :
. résilier votre contrat **tous les ans** (même s'il s'agit d'un contrat de trois ans),
. résilier celui-ci moyennant un préavis de **deux mois** (même si votre contrat prévoit un délai plus long).

• Si vous êtes syndic non-professionnel, vous n'aurez pas de problème pour engager une résiliation (qui doit être faite par lettre recom mandée avec accusé de réception).

• Si votre copropriété est gérée par un professionnel, il faut savoir que celui-ci n'acceptera pas facilement de résilier le contrat en cours (pour diverses raisons, l'un d'elles, très fréquente, étant qu'il est commissionné sur ce contrat).

Dès lors, pour l'obliger à résilier l'assurance en cause et à prendre une autre assurance, moins chère et plus performante, il faut mettre la question à l'ordre du jour d'une assemblée générale et faire voter une résolution ainsi rédigée : *« L'assemblée mandate le Conseil Syndical pour choisir un contrat d'assurance différent de celui en cours, à condition qu'il apporte des garanties supplémentaires pour un coût égal ou inférieur au contrat en vigueur ».*

Mais, en général, si votre syndic est un professionnel correct, il acceptera, sur simple demande argumentée du Conseil Syndical, de résilier le contrat en cours et de signer un contrat plus efficace et moins cher.

Que contrôler ?	Quelles questions se poser ?
1. Les garanties	• Qu'est-ce qui est garanti et surtout qu'est-ce qui ne l'est pas ?
2. Le montant des garanties	• Pour quelles garanties y a-t-il des plafonds, et quel est leur montant ?
3. Les franchises et limitations diverses	• Quel niveau de franchise, pour quel risque ?
4. La surface développée	• Quelles restrictions ?
5. Le prix	• La surface indiquée dans le contrat est-elle la bonne ?
6. Les augmentations des trois dernières années	• Quel est le prix au m^2 développé : proche de 0,90 €, ou proche de 1,5 € ? • Les augmentations suivent-elles l'indice ou le dépassent-elles largement ? (depuis 3 ans l'indice est situé entre 3 et 4 %). • Y a-t-il une raison à des augmentations fortes ?

CHAPITRE 22

L'ENTRETIEN DES ESPACES VERTS

En ce qui concerne ce poste, il y a deux types très différents d'intervention :

– négocier ou renégocier le contrat ;

– mettre en place des moyens particuliers pour obtenir des économies.

1. Négocier ou renégocier le contrat

Celui-ci est complexe, parce que les tâches et travaux à accomplir sont très diversifiés : nettoyage, tonte, arrosage, maintien en état des massifs, des haies, etc.

C'est pourquoi il faudra d'abord s'assurer que la copropriété possède un relevé exact des espaces extérieurs : nombre de m^2 de pelouse ; de m^2 de massifs de fleurs ; nombre de mètres linéaires de haies, nombre d'arbres, surface des allées sablées, etc. À défaut, il faudra l'établir soi-même.

• Le relevé servira d'une part à mieux définir les tâches, d'autre part à consulter plus facilement les entreprises.

• Le deuxième point à régler sera d'essayer de déterminer le temps réel consacré à chacune des opérations effectuées. Exemple : il n'est pas très difficile d'évaluer le nombre d'heures consacrées à la tonte par an : une équipe de deux personnes vient tant de fois par an pendant tant d'heures.

À noter : en matière de contrat d'entretien des espaces verts, le coût horaire moyen hors taxe se situe à environ 30 €.

Muni de ces deux séries de données, vous pouvez engager la négociation ou renégociation du contrat.

2. Répartir le travail différemment

Il est également possible de répartir le travail. Par exemple, confier le travail le plus « simple » (tonte) au gardien ou à un employé d'immeuble et réserver le travail le plus spécialisé à une entreprise. Des économies de l'ordre de 30 à 50 % peuvent être faites de cette façon, généralement à la satisfaction de tous.

3. « Redessiner » les espaces

Le mot « redessiner » est très fort. Nous voulons indiquer que, parfois, pour faciliter l'entretien et obtenir des économies, il peut y avoir transformation partielle de l'existant pour corriger ce qui ne va pas.

Exemples :
- il y a trop de recoins difficilement accessibles
- des massifs de fleurs sont situés trop près des espaces de jeux.

4. Le problème de l'arrosage

Ce problème est de plus en plus préoccupant, compte tenu du prix prohibitif de l'eau dans certaines communes. Plusieurs actions sont à envisager :

a/ modérer les ardeurs de certains gardiens qui n'hésitent pas à sur-arroser des espaces verts,

b/ faire installer, dans certains cas, un système de « goutte à goutte » avec arrosage automatique, ce qui permet d'arroser pendant la nuit, ce qui évite l'évaporation et limite les consommations,

c/ mettre en place un système pour ne pas utiliser l'eau potable (qui coûte cher), par exemple en faisant creuser un puit, ou bien négocier une alimentation spéciale permettant de demander une exonération des taxes d'assainissement des m^3 consommés (en effet, l'eau d'arrosage n'étant pas retournée dans le réseau, il n'y a pas de raison de payer les taxes d'assainissement qui sont de plus en plus élevées).

On le voit, les possibilités d'intervention sur les coûts d'entretien des espaces verts sont diverses et relèvent, le plus souvent, du simple BON SENS. Tous à vos sécateurs !

CHAPITRE 23

LES CONTRATS D'ÉLECTRICITÉ

L'électricité pèse de plus en plus lourd dans les charges communes, ce qui s'explique principalement pour trois raisons :

1. D'une part, les consommations électriques sont de plus en plus importantes et diversifiées : minuterie, ascenseur, brûleur de chaufferie collective, extracteur de ventilation mécanique contrôlée, suppresseur, loge de gardien, etc.

2. D'autre part, le système de distribution et les contrats peuvent être devenus inadaptés à la tarification et à ses principes :
- il peut y avoir beaucoup de compteurs, donc beaucoup d'abonnements, ceux-ci intervenant pour un prix important dans la facture globale ;
- il peut y avoir de vieux contrats qui ne tiennent pas compte de la consommation et de sa répartition dans le temps (jour/nuit, été/hiver).

3. Enfin, il peut y avoir surestimation des puissances souscrites pour plusieurs raisons :
- le ou les contrats sont souscrits sans étude préalable des besoins ;
- la puissance nécessaire baisse suite à la disparition ou au remplacement d'équipements ;
- une nouvelle disposition de l'éclairage réduit la puissance nécessaire ;
- on a même vu des puissances **souscrites** lors de gros chantiers de travaux maintenues **bien après** la fin des travaux !

Comment réagir ?

1. La première chose à faire est d'établir, par vous-même, un état des lieux :
- nombre de compteurs ;
- étude des factures (consommation, coût annuel de l'abonnement, puissance, tarification).

Cela permettra de cerner, en gros, vos problèmes d'électricité et vérifier qu'aucune anomalie n'existe. (Exemple : si vous avez des consommations faibles et des puissances souscrites fortes, il y a anomalie.)

2. Ensuite, il vous faudra étudier :

• D'une part, les contrats les plus adaptés à votre situation (nous avons récemment rencontré le cas d'un immeuble où tous les contrats de minuterie étaient des contrats de 12 KW, alors que des contrats de 3 KW auraient été suffisants). Faire changer la puissance souscrite ne coûte rien et peut parfois amener des économies de 20 à 30 %.

• D'autre part, le coût d'un groupage de certains compteurs, groupage accompagné éventuellement de l'acquisition de compteurs divisionnaires.

Rappelons enfin qu'il est toujours utile de faire l'analyse des consommations sur plusieurs années, ce qui permettra de voir si certaines dérives ne se produisent pas. Ensuite, il faudra chercher la cause de ces dérives, l'une d'elles étant le vieillissement de certains appareils ou moteurs.

Le problème de l'énergie réactive (contrats VERTS)

Une installation électrique appelle deux types de puissance: de la puissance active, et de la puissance réactive. Cette dernière est essentiellement nécessaire aux circuits magnétiques des moteurs (ascenseurs) et transformateurs (transfos de puissance, tubes fluorescents).

De la composition de la puissance active et de la puissance réactive résulte la puissance apparente, celle qu'EDF ou tout autre producteur doit produire dans ses centrales et transporter sur ses lignes.

Le rapport de l'énergie réactive sur l'énergie active consommée est appelé **tangente phi.**

La production et le transport supplémentaires nécessités par l'énergie réactive obligent à surdimensionner les installations. Or, l'énergie réactive peut être simplement produite chez l'abonné par l'installation d'une batterie de condensateurs.

EDF pratique donc un tarif incitatif. L'énergie réactive consommée est facturée au client (cela ne concerne que les contrats VERTS) pendant l'hiver (de novembre à mars inclus). Cette facturation porte sur la partie qui excède la tangente phi = 0,4 par rapport aux consommations des heures de pointe et heures pleines.

Un exemple est nécessaire :

pour un mois d'hiver (électrique), on relève les consommations suivantes :

• **énergie active**

heures de pointe	5 500 kWh
heures pleines	15 500 kWh
heures creuses	17 000 kWh

• **énergie réactive**

35 700 kvahr (kilo volt ampère heures réactifs).

On calcule la tangente phi
tg phi = 35 700/(5 500 + 15 500)
tg phi = 35 700/21 000
tg phi = 1,7

La consommation d'énergie réactive non facturée est de :
21 000 × 0,4 = 8 400

EDF facture donc
35 700 – 8 400 = 27 300 kvahr

Cela peut représenter une somme de l'ordre de 4 500 € par an. Dans ces conditions, il est indispensable d'étudier si l'acquisition d'un condensateur ne sera pas très vite rentabilisée.

Par ailleurs, une fois ce condensateur installé, il faudra contrôler qu'il n'y a plus (ou presque plus) d'énergie réactive facturée (en effet, il arrive que certaines installations ne fonctionnent pas bien de la faute des installateurs). Il faut donc ouvrir l'œil...

La mise en concurrence des fournisseurs

Depuis le 1er juillet 2004, les copropriétés peuvent changer de fournisseur et mettre EDF en concurrence.

Nous attendons d'avoir un peu plus de recul sur ces problèmes pour pouvoir vous donner des conseils judicieux, que nous intégrerons dans la prochaine édition de ce guide.

CHAPITRE 24

LES CONTRATS UTILES ET INUTILES

Outre les contrats que l'on a passés en revue, il existe une série de « petits contrats », dont on se demande s'ils sont vraiment utiles et, si oui, à quelles conditions. Nous allons essayer de voir ce qu'il en est.

Contrat de désinsectisation	Ce genre de contrat peut être utile, à condition : 1. que tous les logements soient traités, 2. que le syndic négocie et fasse bien jouer une garantie de six mois, 3. que les prix soient correctement négociés (on a des amplitudes de 1 à 4 !). Pour faire en sorte que tous les logements soient traités, l'assemblée générale peut voter des pénalités pour ceux qui « n'ouvriraient pas leur porte »; le contrat peut prévoir un passage en semaine et **un** passage le samedi.
Contrat de dératisation	Souvent très cher pour ce que c'est (mettre quelques paquets de graines une fois par an). Il peut être supprimé si un copropriétaire ou un employé d'immeuble est chargé de déposer ces paquets de graines.
Contrat d'antenne télévision	En fait, ce contrat ne concerne que l'antenne, à l'exception des amplificateurs. Il se résume à vérifier, une fois par an, la fixation. Ce genre de contrat est peu utile.
Contrat de nettoyage de terrasse inaccessible	Ces contrats sont souvent très chers. On peut s'en passer et – une fois tous les deux ans – négocier un passage avec une entreprise (enlèvement des mousses et de l'herbe ; épandage de désherbant).
Entretien des extincteurs	Ces contrats sont, bien sûr, indispensables mais doivent être surveillés (prix des pièces de rechange ; prix des extincteurs périmés ; date de péremption). Les prix vont de 1 à 3. Attention aux abus.
Contrat d'entretien des digicodes ou gâches électriques	Ces contrats sont, en soi, totalement inutiles, aucun entretien préventif n'étant fait. Le seul avantage est celui-ci : si vous avez un contrat, l'entreprise viendra rapidement vous dépanner ; si vous n'avez pas de contrat, elle vous fera patienter. Vous avez dit « chantage » ?
Ventilation mécanique contrôlée	Autre abus : l'entretien d'un caisson de ventilation mécanique contrôlée consiste à changer une courroie tous les ans. Pour cela les prix peuvent être prohibitifs et on peut donc utilement négocier. Dans certains cas (ventilation mécanique contrôlée avec chaudière à gaz) le contrat est obligatoire.
Vide-ordures	La désinfection des vide-ordures est obligatoire deux fois par an. Impossible d'échapper à ce contrat. Les prix vont de 1 à 3. Renseignez-vous...

CINQUIÈME PARTIE

LE CONSEIL SYNDICAL ET LE PERSONNEL D'IMMEUBLE

Pas question pour le Conseil Syndical, évidemment, de « gérer » le personnel. C'est le rôle du syndic, et de lui seul. Par contre, le Conseil Syndical doit pouvoir contrôler que le syndic « gère » bien le personnel, c'est-à-dire :

1. Que le syndic a correctement établi le contrat de travail.
2. Qu'il calcule correctement les salaires (sans faire d'erreur **ni** au détriment du salarié **ni** en sa faveur).
3. Qu'il gère correctement les remplacements de maladie ou de congés annuels, les éventuelles carences.

Avant d'aborder ces trois types de problèmes, nous allons donner les points essentiels qui concernent la gestion du personnel, c'est-à-dire les dispositions les plus importantes de la « convention collective des gardiens et employés d'immeubles » (brochure 3144 du *Journal officiel*), dont nous reproduisons la quasi-intégralité en annexe de ce guide, en espérant que nos lecteurs s'y reporteront.

NB : en juin 2000, le ministère du Travail a officiellement reconnu l'ARC comme représentative des employeurs en matière de copropriété ; nous siègeons donc à la commission paritaire nationale de la convention collective, ce qui nous permet d'une part de défendre les intérêts des copropriétaires, d'autre part de connaître parfaitement les problèmes souvent difficiles à résoudre.

CHAPITRE 25

LES NOTIONS ESSENTIELLES CONCERNANT LA GESTION DU PERSONNEL D'IMMEUBLE

1. La convention collective des gardiens et employés d'immeuble

En 1979 a été signée la convention collective nationale qui régit le personnel d'immeuble.

Depuis, régulièrement, des avenants à cette convention viennent la compléter.

De très importantes modifications à la convention collective nationale des gardiens et employés d'immeubles ont été rendues applicables à partir de début 1995.

2. Salariés de catégorie A et salariés de catégorie B

En matière de personnel d'immeuble, il faut bien comprendre qu'on a affaire à deux catégories de salariés très différentes :

• les gardiens dont le salaire est fonction du nombre d'unités de valeur (catégorie B), dont on verra plus loin comment elles sont calculées ;

• les employés d'immeuble (femme ou homme de ménage, jardinier, personnel de sécurité, etc.) dont le salaire est fonction du nombre d'heures (catégorie A).

Il est important de bien faire cette distinction dès le départ pour comprendre la logique qui préside à la « gestion » de chacune de ces catégories de salariés.

3. Les niveaux de classification de la convention collective

La convention collective nationale définit très précisément six niveaux hiérarchiques, chacun assorti d'un coefficient (coefficient qui permettra , comme on le verra, de calculer les salaires). Nous donnons ci-dessous le tableau qui définit chacun des niveaux à partir des tâches, « postes repères » et niveau de formation.

NIVEAU ET COEFFICIENT	LES TÂCHES ET NIVEAU DE RESPONSABILITÉ	POSTE REPÈRE	NIVEAU DE FORMATION
NIVEAU 1 Coefficient hiérarchique 235	L'employé exécute des tâches simples d'exécution ne nécessitant pas de connaissances particulières, selon les consignes précises de l'employeur.	**Employé d'immeuble** chargé des tâches matérielles dans l'ensemble immobilier, exécutant des travaux de nettoyage et/ou de manutention courante et/ou d'espaces verts (tonte de gazon, arrosage, ramassage des feuilles et propreté).	Ces postes n'exigent **pas de formation au-delà de la scolarité** obligatoire ou professionnelle sanctionnée ou non par un diplôme.
NIVEAU 2 Coefficient hiérarchique 255	L'employé spécialisé exécute les tâches d'entretien courant et de **gardiennage** à partir de directives générales. Il a une certaine **initiative** dans le choix des moyens lui permettant d'accomplir ces tâches. Il peut être amené à assurer, sur instructions précises, des tâches administratives ou techniques, simples et limitées (encaissements du terme par exemple).	**Gardien-concierge** chargé de l'entretien courant et de la surveillance d'un immeuble ou ensemble immobilier, pouvant accomplir des tâches administratives ou techniques simples et limitées.	Les connaissances requises sont celles fixées au **Niveau Vbis** de l'Éducation Nationale (le niveau Vbis correspond à un niveau troisième + 1 année) acquises par la formation initiale, professionnelle ou continue, ou par une expérience équivalente.
NIVEAU 3 Coefficient hiérarchique 275	L'employé qualifié exécute toutes tâches d'entretien, de gardiennage et administratives et s'assure du fonctionnement normal des installations. Il apporte une assistance technique et sa collaboration dans les relations de l'employeur avec les occupants de l'immeuble et les entreprises extérieures. Il fait preuve d'**initiative** dans l'organisation de son travail qu'il exerce seul ou avec l'aide d'un ou plusieurs autres employés dont il **organise et surveille le travail**.	**Employé d'immeuble qualifié**, chargé de l'entretien courant assurant le fonctionnement normal des **installations** de l'ensemble immobilier, pouvant accomplir des tâches administratives ou techniques simples et limitées.	Les connaissances requises sont celles fixées au **Niveau V** de l'Éducation Nationale (le niveau V correspond à un niveau BEP - Brevet d'Études Professionnelles - (3e + 2 ans) ou CAP.

NIVEAU ET CŒFFICIENT	LES TÂCHES ET NIVEAU DE RESPONSABILITÉ	POSTE REPÈRE	NIVEAU DE FORMATION
NIVEAU 4 Coefficient hiérarchique 340	L'employé, dans le cadre d'instructions générales, exécute des travaux **très** qualifiés, constitués d'actions de réalisations complètes. Il peut être appelé à coordonner l'activité de salariés appartenant à l'entreprise ou extérieurs à l'entreprise et doit mettre en œuvre tous modes opératoires et moyens de contrôle appropriés, ce qui nécessite la maîtrise complète de sa fonction dans ses aspects, tant fonctionnels que relationnels. Il peut assumer une part importante de tâches administratives déléguées par l'employeur.	**Gardien principal (ou chef d'équipe**) Outre les tâches dévolues au gardien principal de niveau 3, mais avec une part prépondérante de tâches administratives déléguées par l'employeur, et/ou de **tâches techniques** très qualifiées, le gardien principal de niveau 4 doit mettre en œuvre tout moyen de nature à assurer la sécurité et le fonctionnement des installations d'un ensemble immobilier en coordonnant l'activité des préposés à l'exécution de ces tâches.	Les emplois de ce niveau exigent un niveau de connaissances professionnelles correspondant au **Niveau IV-a** de l'Éducation Nationale (le niveau IV-a correspond au niveau Bac ou B.T. (Brevet de Technicien) ou BSEC (Brevet Supérieur d'Enseignement Commercial).
NIVEAU 5 Coefficient hiérarchique 395	L'agent de maîtrise de ce niveau se caractérise par des capacités professionnelles et des qualités humaines pour assurer ou coordonner la réalisation d'un ensemble de tâches ou d'une partie plus ou moins importante de ces tâches, dans un ensemble immobilier, ainsi que, le cas échéant, **la responsabilité de commandement** dans la limite de la délégation qu'il a reçue. Du fait des moyens techniques mis en œuvre, il peut être amené à des ajustements et adaptations indispensables.	**Gardien-chef** préposé responsable, sous l'autorité directe de son employeur ou de son représentant, d'un ensemble immobilier sur lequel il est appelé à coordonner l'activité d'**au moins 10 salariés de l'employeur.** Il doit mettre en œuvre pour assurer la sécurité et le fonctionnement des installations de l'ensemble immobilier. Il assume toutes les tâches administratives déléguées par l'employeur et n'exécute qu'accessoirement, et seulement en cas d'urgence, des travaux d'entretien. Il est tenu de rester à la disposition de l'employeur et ne peut exercer aucune autre activité lucrative. Il peut être astreint à porter un uniforme fourni et entretenu par l'employeur.	Les emplois de ce niveau exigent des connaissances correspondant aux diplômes prévus au **Niveau IV-b** de l'Éducation Nationale (le niveau IV-b correspond à un niveau V de l'Éducation Nationale plus deux ans de formation au moins et de pratique professionnelle.

NIVEAU ET CŒFFICIENT	LES TÂCHES ET NIVEAU DE RESPONSABILITÉ	POSTE REPÈRE	NIVEAU DE FORMATION
NIVEAU 6 Coefficient hiérarchique 410	Il s'agit d'un niveau qui n'avait pas d'équivalent dans l'ancienne grille et concerne des employés ayant des responsabilités de gestion. L'agent de maîtrise de ce niveau accomplit des travaux administratifs ou techniques d'après les instructions reçues, de caractère général sur des méthodes connues ou indiquées, en laissant une certaine initiative sur le choix des moyens à mettre en œuvre. Il peut également assurer la responsabilité de l'encadrement de personnel exécutant des travaux diversifiés mais complémentaires ; cette responsabilité d'encadrement requiert des connaissances et une expérience professionnelle au moins équivalentes à celles du personnel d'encadrement. La capacité d'expression doit permettre la conduite d'une équipe, les relations externes, la justification écrite des décisions prises.	**Agent principal de gérance**	Les emplois de ce niveau exigent des connaissances professionnelles correspondant aux diplômes prévus au **Niveau III** de l'Éducation Nationale (le niveau II correspond à un niveau BTS (Brevet de Technicien Supérieur) ou diplôme d'IUT (Institut Universitaire de Technologie ou Bac + 2 ans). Ces connaissances peuvent être acquises, soit par voie scolaire ou une formation équivalente, soit par l'expérience professionnelle.

4. De quoi sont composés les salaires versés aux salariés ?

Ces salaires sont composés ainsi :

- salaire de **base** calculé selon les principes de la convention (voir plus bas),
- salaire complémentaire facultatif (contractuel),
- prime d'ancienneté éventuellement,
- primes occasionnelles,
- salaire spécial, le cas échéant, pour astreinte de **nuit**.

5. Comment sont établis les salaires de base des gardiens ?

a/ Les salaires des gardiens ou concierges sont calculés en fonction d'un certain nombre d'unités de valeur, dont le nombre est fonction :

– des tâches accomplies,
– des heures de permanence,
– du nombre de lots principaux.

b/ La convention collective définit très précisément le nombre d'**unités de valeur** attribuées à chaque tâche. Exemple : débouchage des gaines de vide-ordures = 5 unités par local principal.

Ainsi, une fois définies les tâches, il suffit simplement d'appliquer la convention pour savoir le nombre d'unités de valeur obtenues pour tel ou tel gardien (un taux plein est égal à 10 000 unités).

À noter qu'un salarié ne peut pas dépasser 12 500 UV. Nous fournissons en annexe les équivalences en unités de valeur par tâche. Pour donner un exemple **concret** de calcul pour un salarié, nous présentons ci-dessous un décompte d'unités de valeur.

c/ Exemple d'un calcul d'unités de valeur

Nombre de locaux principaux à usage :	Surfaces :	Nombre de :
- commercial 0	- trottoirs .... m²	- ascenseurs 3
- professionnel 0	- cours, parking .... 400 m²	- chaufferies 1
- habitation 80	- espaces verts 600 m²	
	Total 1000 m²	

TÂCHES	BARÈME		DÉCOMPTE		OBSERVATIONS
	Base	Unités de valeur (U.V.)	Nombre de base	Nombre d'U.V.	
I. Tâches générales :					
a) Surveillance ascenseurs :					
Le premier	Par unité	100	1	100	
Chacun des suivants		50	2	100	
b) Surveillance chaufferie		200			
Surveillance chauffage urbain		100			
c) Surveillance pendant l'exécution des tâches	Par local principal	1	80	80	
d) Contrôle et coordination de préposés de l'employeur	-	3			
e) Contrôle des tâches des préposés d'entreprises extérieures		1	80	80	
II. Tâches administratives					
a) Travaux courants		3	80	240	
b) Perception des loyers et/ou des charges :					
Trimestrielle		2			
Mensuelle		6			
c) Visite des logements à louer :		3			
d) État des lieux......................		8			
III. Propreté et entretien des parties communes					
a) Ordures ménagères		25	80	2000	
Débouchage gaines et vide-ordures		5			
b) Courrier					
Service réduit	-	4			
Service normal	-	12			
Porté	-	30			

c) Nettoyage des parties communes					
1. Halls d'entrée, tapis-brosses et portes en glace :					
- pour deux fois par semaine.....	-	15	80	1200	
- pour ... fois par semaine......	-	(1)			
2. Cages d'escaliers, locaux communs et circulations diverses (couloirs de caves, paliers) :					
- pour une fois par semaine		25	80	2000	
pour 2 fois par semaine		(1)			
3. Vitres, parois vitrées et cuivres					
- pour une fois par mois	-	12			
pour ... fois par mois	-	(1)			
d) Nettoyage [illegible]	Ascenseur	60			
IV. Entretien de propreté des espaces libres :					
- nettoyage des trottoirs, cours, parkings	Tranches de 100 m²	10	4	40	
- entretien de propreté des espaces verts		10	6	60	
V. Travaux spécialisés (2)	Heures	60			
Travaux qualifiés (2)		60			
VI. Permanence de jour : (s'il s'agit d'un gardien à service permanent. Le total des U.V. de tâches (T) s'élevant au minimum à 3 400 U.V. et au maximum à 9 000 U.V.)					
10 000 - 5900 / 2 .... minimum 1000 U.V.				2050	Minimum de 1000 UV
Majoration de 25 p. 100 lorsque le total des UV de tâches (T) excède 10 000 : ((T) 10 000) x 25 %..............					
Total				7950	
Arrondi à la centaine supérieure				8000	
soit un taux d'emploi de 80%					

d/ Calcul du salaire de base

Pour obtenir le salaire de base, on multiplie le coefficient hiérarchique (voir plus haut) :

- par le prix du point,
- par le nombre d'unités de valeur,
- le tout divisé par 10 000 (= au taux plein).

Exemple :
- coefficient 255 (simple gardien)
- prix du point : 3,61 € (en 2004)[1]
- 10 500 unités

$$\text{Salaire de base} = \frac{255 \times 3{,}61\text{ €} \times 10\,500}{10\,000} = 966{,}57 \text{ €/mois}$$

6. Comment sont établis les salaires de base pour la catégorie A ?

a/ Les salaires des employés sont calculés en fonction :

- du nombre d'heures,
- du coefficient hiérarchique,
- du prix du point défini chaque année.

1. Pour connaître les salaires réels À JOUR, vous pouvez consulter notre site Internet.

b/ Le nombre d'heures est fixé par le contrat : il est donc fixé **librement**.

c/ Les coefficients hiérarchiques sont fixés par la convention collective et sont fonction de la qualification du travail comme on l'a vu plus haut.

. Employé d'immeuble simple : coefficient 235
(exemple : femme de ménage),
. Employé d'immeuble spécialisé : coefficient 255
(homme de peine
faisant des travaux durs),
. Employé d'immeuble qualifié : coefficient 275
(exemple : surveillant de chaufferie)
. Agent de maîtrise : coefficient 395
. Agent principal de gérance : coefficient 410

d/ Pour obtenir le salaire de base on multiplie le coefficient hiérarchique :

- par le prix du point,
- par le nombre d'heures,
- le tout divisé par 169 heures (temps complet).

Exemple :
- coefficient 235 (femme de ménage)
- prix du point : 3,61 (en 2001)
- 80 heures de travail :

$$\frac{235 \times 3{,}61\ € \times 80}{169} = 401{,}58\ €/\text{mois}$$

7. Les gardiens et la permanence de jour

On a deux grands types de gardiens :

- ceux qui assurent la permanence de jour,
- ceux qui ne l'assurent pas.

Assurer la permanence de jour signifie que le gardien doit être dans sa loge quand il n'accomplit pas des tâches extérieures (exemple : nettoyage) et ce, dans le cadre de l'amplitude de ce travail défini.

L'amplitude est :
de 13 heures, dont un repos de quatre heures,
ou 12 heures, dont un repos de trois heures,
ou 11 heures, dont un repos de deux heures,
ou 10 heures, dont un repos d'une heure.

NB : la copropriété peut décider que l'amplitude est de 13 heures et le repos de trois heures, mais on doit alors donner une demi-journée supplémentaire au salarié.

La permanence de jour est valorisée ainsi :

- on prend le nombre total d'unités de valeur acquis au titre des tâches (exemple : 5 620 UV),

• on affecte la moitié de la différence entre 10 000 UV et le nombre obtenu pour les tâches. Exemple : $\frac{10\,000 - 5\,620}{2} = 2\,190$

• si un salarié a moins de 3 400 UV pour les tâches, on lui attribuera d'office 3 400 UV pour les tâches et on fera le même calcul pour la permanence de jour. Exemple : si le salarié a 2 500 UV de tâches, ses UV seront donc $3\,400 + \frac{(10\,000 - 3\,400)}{2} = 6\,700$

• si un salarié a plus de 9 000 UV de tâches, il sera mis automatiquement à 10 000 UV.

8. Que sont les salaires complémentaires ?

La convention fixe un salaire de base et prévoit un salaire complémentaire conventionnel. Par ailleurs, elle n'interdit nullement aux copropriétés de rémunérer les employés sur des bases plus fortes, ce qu'on appellera alors le salaire complémentaire **contractuel** (et non plus conventionnel, c'est-à-dire prévu par la convention collective).

Mais attention : seule l'assemblée générale a le pouvoir de décider d'aller au-delà de la convention. Un syndic qui le ferait sans autorisation pourrait être désavoué par l'assemblée générale (même chose si la décision émane du Conseil Syndical).

9. Comment est calculée la prime d'ancienneté ?

Au salaire s'ajoute une prime d'ancienneté **calculée sur le salaire conventionnel de base**. À noter que beaucoup de syndics se trompent et appliquent l'ancienneté sur la totalité du salaire.

Cette prime est de :
3 % après trois ans de service,
6 % après six ans,
9 % après neuf ans,
12 % après douze ans,
18 % après dix-huit ans.

10. Qu'est le salaire en nature ?

Les concierges peuvent être logés, éclairés, chauffés, fournis en gaz par la copropriété. Pour cela, ils doivent payer une somme établie forfaitairement, comme on va le voir, mais très en dessous de ce que cela coûte réellement. Nous demandons au lecteur un tout petit effort, car ce point est souvent mal compris.

Si, par exemple, le concierge occupe un logement de catégorie II (voir ci-dessous) de 40 m², le « loyer » de ce logement est évalué par convention collective (ce prix change tous les ans) à 40 × le prix au m² = x, somme qui lui sera décomptée de son salaire. L'avantage pour le concierge n'est pas, comme on le croit, qu'il a son logement gratuitement, mais qu'il paie un forfait très faible. De même, pour le chauffage : il sera chauffé moyennant un forfait de 120 kWh par mois, quel que soit le mode de chauffage. Il est évident que ce forfait est très faible. Là aussi il faut comprendre que le concierge n'est pas chauffé gratuitement mais moyennant un forfait (décompté du salaire) lui aussi très faible.

- **Le forfait logement est établi ainsi :**

a/ D'abord on établit la catégorie du logement.

Il y en a trois :

- **la catégorie I** comprend les logements dont la ou les pièces bénéficie(nt) d'au moins une ouverture (fenêtre ou porte-fenêtre) donnant directement sur l'extérieur et comportant les trois éléments suivants : chauffage, WC intérieur et salle d'eau intérieure,
- **la catégorie II** comprend les logements dont la ou les pièce(s) bénéficie(nt) d'au moins une ouverture (fenêtre ou porte-fenêtre) donnant directement sur l'extérieur et comptant au moins deux éléments de confort suivants : chauffage, WC intérieur ou salle d'eau intérieure,
- **la catégorie III** comprend tous les logements qui n'entrent pas dans l'une des deux catégories précédentes.

b/ Ensuite, on multiplie, en fonction de la catégorie, le nombre de mètres carrés du logement par un prix au mètre carré révisé tous les ans.

Pour les autres avantages, les forfaits sont évalués ainsi (ils le sont en kWh, quel que soit l'avantage, et par mois pendant toute l'année) :

- électricité : 55 kWh,
- gaz : 92 kWh,
- chauffage : 120 kWh,
- eau chaude : 98 kWh.

(Le prix du kWh est défini par la convention).

En d'autres termes, si votre gardien est chauffé par un radiateur électrique (ou plusieurs) et utilise annuellement 6 000 kWh, il ne paiera que 120 kWh par mois, environ 15 € par mois en 2001, le reste étant payé par la copropriété.

Des erreurs multiples ayant été relevées dans le calcul et l'imputation du salaire en nature, les copropriétaires devront surveiller attentivement ce point.

11. L'astreinte de nuit

Quand les alarmes sont situées dans la loge, le gardien peut être d'« astreinte de nuit ». Cette astreinte est rémunérée sur la base de 30 fois la valeur du point.

À noter que si la copropriété supprime l'astreinte (si elle prend un contrat de télésurveillance) elle peut désormais supprimer la rémunération correspondante. Cette rémunération était maintenue au titre des avantages acquis avant le 1er janvier 1995.

12. Salaire en cas de maladie

En cas de maladie, le salaire est payé à 90 % pendant un certain temps, en fonction de l'ancienneté du salarié (voir la convention collective à ce sujet). Là encore on est surpris de constater que ces dispositions ne sont pas toujours appliquées par le syndic, ceci au détriment de la copropriété.

13. Le problème aigu des remplacements

Deux points préalables sont à souligner :

• d'une part, les remplacements sont payés sur la base d'une fois et demie le salaire normal qui résulterait de l'application de la convention collective (cette majoration intègre la prime de précarité, le prorata 13e mois, le prorata congés payés);

• d'autre part, un gardien a le droit – **dans certains cas** – (on reviendra sur ce point) de se remplacer lui-même pendant son mois de congé et bénéficie alors des dispositions évoquées dans le paragraphe précédent (un mois et demi de salaire).

Dans ce cas, ce salarié sera payé sur l'année 11 mois + 1 mois de congé + un 13e mois, plus un mois et demi, soit en tout quatorze mois et demi.

• **Le contrat fait au remplaçant doit-il être identique à celui du titulaire ?**

Cette question est importante, car de sa résolution pratique peuvent dépendre des économies ou du gaspillage. En effet, durant le mois de congé (juillet ou août), il n'est pas nécessaire, en général, de prévoir exactement les mêmes tâches que durant le reste de l'année.

Si vous avez un gardien qui part en vacances, le remplacement peut souvent être effectué par un simple employé d'immeuble.

Si vous avez un employé d'immeuble, ses tâches peuvent être réduites (exemples : moins de passages en ce qui concerne le ménage ; pas de nettoyage des vitres, etc.).

En principe, dans la mesure où la modification ne concerne que le mois de vacances, le syndic peut opérer ces mesures sans forcément avoir l'accord préalable de l'assemblée générale. Mais bien sûr, l'assemblée générale peut être saisie du problème et autoriser le syndic explicitement à le faire (l'autoriser ou l'obliger).

Il faut noter que très peu de syndics procèdent ainsi. On s'aperçoit exactement du contraire. Les remplaçants ne font pas le travail du titulaire et pourtant sont payés sur la même base multipliée par 1,5. Exemple : une gardienne est remplacée pendant le mois d'août mais ferme sa loge-appartement, ce qu'elle a le droit de faire. Sa remplaçante ne peut pas exercer une fonction de « gardienne » mais uniquement des tâches de ménage. Elle sera cependant payée par le syndic sur la même base que la gardienne multipliée par 1,5... Cet exemple est très fréquent.

14. Les auto-remplacements sont-ils un droit ?

Le problème est le suivant : beaucoup de titulaires décidant de ne pas partir en vacances, obligent de ce fait les copropriétaires à leur payer pendant les congés 150 % de leur salaire, empêchant la copropriété d'**adapter** le remplacement (c'est-à-dire, par exemple, de prendre une personne avec un contrat différent). Il faut donc être précis : l'auto-remplacement n'est un droit que si l'employeur oblige le salarié à mettre son logement à disposition. Dans tous les autres cas, le salarié ne peut pas obliger le syndicat à le payer en auto-remplacement. Exemple : si un gardien veut rester chez lui, le syndicat peut très bien employer un ou une femme de ménage pour assurer le ménage et la sortie des poubelles et le syndic peut fort bien refuser l'auto-remplacement.

15. Qui est responsable du personnel ?

L'article 31 du décret est clair :

- l'assemblée générale décide des postes,
- le syndic gère le personnel (embauche, suivi et contrôle du travail, licenciement).

Ni les membres du Conseil Syndical ni les copropriétaires n'ont d'autorité sur le personnel, qui relève donc de la seule autorité du syndic.

16. Un problème particulier : le gardien et l'escabeau

Une question revient sans cesse : « le gardien affirme qu'il ne peut changer les ampoules voir nettoyer les vitres en hauteur parce qu'il ne peut monter plus de trois marches. Qu'en est-il exactement ? »

Cette affirmation, mise dans la tête des gardiens par des on ne sait qui nous a incité à rencontrer l'inspection du travail sur le sujet faute de voir ce point abordé dans la convention collective.

C'est le code du travail article 231-1 et 230-2 puis le décret du 8 janvier 1965 modifié le 6 mai 1995 qui fixe les règles. Le livre « hygiène et sécurité » est entièrement consacré à ce décret (avec photos à l'appui).

On peut constater que – dès lors que le matériel fourni est sécurisé – RIEN ne permet aux gardiens de se dérober aux tâches qui nécessitent de monter sur une échelle ou un escabeau.

Les escabeaux étant par eux-mêmes sécurisés, nous donnons ci-dessous uniquement le texte concernant les échelles et plates-formes.

Décret du 8 janvier 1965 modifié le 6 mars 1995

Article 149 – *Les échelles doivent être d'une longueur suffisante pour offrir, dans toutes les positions dans lesquelles elle sont utilisées, un appui sûr aux mains et aux pieds.*

Les échelles doivent être fixées ou maintenues de façon à ne pouvoir ni glisser du bas ni basculer.

Les échelles de service doivent dépasser l'endroit où elles donnent accès d'un mètre au moins ou être prolongées par une main courante à l'arrivée.

Article 150 – *Les échelons doivent être rigides et emboîtés solidement dans les montants. L'espacement des échelons doit être constant sur une même échelle : il ne doit pas être supérieur à 0,33 mètres d'axe en axe.*

Article 154 – *Les échelles doubles doivent pendant leur emploi, avoir leurs montants reliés ou immobilisés afin d'éviter tout écartement accidentel.*

Article 155 – *Les échelles à coulisse doivent être d'un modèle assurant, lors de leur plus grand développement, une longueur de recouvrement des plans d'au moins un mètre.*

Lorsqu'un gardien est appelé à exécuter des travaux sur les façades ou nettoyage de vitres, il est possible d'utiliser des plates-formes de travail.

Article 144 – *Les plates-formes de travail doivent être munies sur les côtés extérieurs :*

1) de garde-corps constitués par deux lisses placées l'une à un mètre, l'autre à 45 centimètres au-dessus du plancher ;

2) de plinthes d'une hauteur de 15 centimètres au moins.

– Toutefois ces prescriptions ne font pas obstacle à l'établissement de dispositifs de protection d'une efficacité au moins équivalente.

Article 145 – *Les garde-corps des plates-formes de travail doivent être solidement fixés à l'intérieur des montants.*

Article 146 – *Lorsque des plates-formes reposent sur des chevalets ou des tréteaux, ces chevalets ou ces tréteaux ne doivent pas être espacés de plus de deux mètres. Ils doivent être rigides, avoir leurs pieds solidement étrésillonnés (= attachés) et reposer sur des points d'appui résistants. Il est interdit de les surélever par des moyens de fortune de les* *superposer et de les disposer sur le plancher d'un autre échafaudage ou d'une autre plate-forme ».*

Pour être plus pratique – le matériel décrit plus haut concernant surtout les copropriétés importantes – sachez qu'il existe dans le commerce un escabeau appelé « GAZELLE » protégé par un petit garde-corps (coût 400 € HT en avril 2004).

L'achat de ce matériel est la réponse à votre gardien – qui a le droit de travailler en sécurité –. Par contre exigez de lui qu'il coupe le courant pour changer les ampoules. Demandez même au syndic d'adresser cette recommandation par écrit au gardien.

Pour finir : sachez que la Convention ne fixe pas de limite en hauteur ; la seule limite inscrite dans la convention est une limite de 3 mètres (au-delà de laquelle on ne peut obliger le salarié à nettoyer les carreaux ou changer les ampoules) et ne concerne QUE les Alpes-Maritimes.

CHAPITRE 26

RECUEIL DES ERREURS COMMISES PAR LES SYNDICS EN MATIÈRE DE GESTION DU PERSONNEL D'IMMEUBLE

Pour vous permettre de mieux comprendre en quoi il est important de contrôler votre syndic en matière de gestion du personnel, nous vous donnons ci-dessous un aperçu des erreurs commises.

A. Problèmes liés à l'établissement du contrat

Les principales erreurs rencontrées sont les suivantes :

1. Erreur dans le choix du coefficient hiérarchique

Les syndics peuvent avoir tendance à surévaluer le coefficient d'un salarié. Nous renvoyons donc à la grille applicable depuis le 1er janvier 1995 (voir plus haut).

2. Surévaluation du nombre d'heures

Très souvent on constate que le nombre d'heures accordé à un employé de ménage est totalement fantaisiste.

À noter : si le salarié n'est pas d'accord pour accepter de revenir à un nombre d'heures plus raisonnable, il faudra alors lui signifier un licenciement économique.

3. Erreur ou aberration concernant le calcul des unités de valeur

Nous donnons en annexe un contrat-type de gardien et la façon dont sont calculées les unités de valeur.

À côté des erreurs toute bêtes on trouve des choix aberrants. Exemple réel : dans un immeuble de 30 logements, le syndic avait signé un contrat prévoyant le nettoyage des vitres trois fois par semaine...

4. Prise en charge de la taxe d'habitation par la copropriété

Rappelons qu'il s'agit là d'un cadeau que le syndic ne peut faire qu'avec l'accord de l'assemblée générale (sauf dans quelques départements où il existe un accord départemental).

5. Absence de précision concernant le détail des heures spécialisées ou qualifiées

Le contrat peut parfaitement prévoir que le gardien salarié devra faire :

. tant d'heures de travaux spécialisés (exemple : nettoyage);
. tant d'heures de travaux qualifiés (exemple : taille des arbres).

Dans ce cas, il faudra **évidemment** préciser ce qui sera à faire. Malheureusement, de temps en temps, on s'aperçoit que le syndic a tout simplement oublié de définir ces tâches.

6. Absence de précision concernant les heures de présence IMPÉRATIVE à la loge

Les gardiens qui sont de « permanence de jour » ont évidemment le droit de quitter leur loge pour faire leurs tâches « extérieures » (c'est le fameux : « *La gardienne est dans l'escalier* »).

Ceci peut poser des problèmes dans les copropriétés où les copropriétaires ont besoin d'être sûrs de trouver la gardienne dans la loge à certaines heures (le matin avant 9 heures par exemple, ou le soir entre 18 et 19 heures). Il est donc important que le contrat prévoie non seulement des heures d'ouverture théorique de la loge, mais surtout quelques heures (une ou deux) d'ouverture **impérative**.

7. Absence de disposition prévoyant l'obligation de remplacer partiellement un collègue en cas d'absence de celui-ci

Quand il y a plusieurs employés d'immeuble et que l'un est malade ou en congé, le syndic le fait souvent remplacer **partiellement** par un collègue auquel sera payé :

. son salaire,
. le salaire du remplaçant **plus** une prime de 50% (voir plus loin).

Cela est d'autant plus curieux que bien souvent le remplaçant ne peut **pas** matériellement assurer les deux postes simultanément (par exemple s'il doit déjà assurer une permanence de jour !).

Pour échapper à ce coût prohibitif des remplacements, il suffit pourtant d'indiquer dans le contrat qu' « *occasionnellement le salarié sera appelé à assumer les tâches d'un collègue en congé (maladie ou vacances) moyennant :*

. soit des heures supplémentaires,
. soit une décharge partielle de son travail ».

B. Les problèmes ou erreurs les plus fréquents en matière de salaire

1. Salaire complémentaire

On peut s'apercevoir :

• soit que le syndic s'est trompé dans le calcul du salaire complémentaire :

– erreur commise à l'occasion de l'application des dispositions qui sont entrées en vigueur au 1er janvier 1995,

– erreur liée au « cumul » de différents avenants de la convention.

• soit qu'il a accordé de lui-même un salaire complémentaire « supplémentaire ». Or, **seule** l'assemblée générale peut décider d'aller au-delà de la convention.

À noter : la convention collective prévoit un salaire complémentaire de **base** dit « conventionnel », à quoi peut se rajouter un salaire complémentaire dit « contractuel ». Au 1er janvier 1995 le salaire complémentaire a été calculé à l'aide d'une formule assez complexe, ce qui explique que des erreurs aient été commises.

Ce point étant assez complexe nous vous invitons à venir nous consulter si vous souhaitez que nous vous expliquions COMMENT effectuer ce contrôle.

2. Calcul de la prime d'ancienneté

La prime d'ancienneté n'est calculée que sur le salaire de **base** (coefficient hiérarchique × prix du point × $\frac{\text{nombre d'heures}}{169}$

OU $\frac{\text{nombre d'unités de valeur}}{10\,000}$)

Or, nombreux sont les syndics qui calculent cette prime sur l'ensemble du salaire. Dans certains cas, la différence peut être très significative (y compris les charges sociales).

3. Salaire en nature

Alors que le salaire en nature est « **inclus** dans le salaire brut », certains syndics rajoutent ce salaire au salaire brut avant de le déduire... !

Cela a deux conséquences :

1. faire payer à la copropriété **deux** fois le salaire en nature,
2. faire payer deux fois des charges sociales.

4. Maladie

Selon les dispositions de la convention, le salarié malade n'est payé qu'à 90 % pendant un certain temps (la durée est fonction de l'ancienneté) puis au taux de la Sécurité sociale. Or, beaucoup de syndics continuent à verser à 100 % du salaire.

5. Prime en cas de remplacement

• Pour les remplacements « inférieurs à deux mois » le remplaçant touche une prime (précarité + congés payés) de 50 %.

• Certains syndics versent aussi cette prime en cas de remplacement de 2 mois et plus (exemple : congés maternité), ce qui revient à augmenter le salaire versé de l'ordre de 26 %, sur quoi , bien entendu, devront être versées des charges sociales...

Vérifiez que ce nombre est bien celui du contrat

BULLETIN DE PAIE

SYNDIC
Nom : Cabinet
Adresse :
77420 CHAMPS SUR MARNE

Tél. :

EMPLOYEUR : Syndicat des copropriétaires
Adresse :
77420 CHAMPS SUR MARNE

SIRET : 833 374 555 00012
A.P.E. : 703C
URSSAF : 750 03 263959 001 020

Mois de : JUILLET 2004

Période : 01/07/2004 - 31/07/2004

NOM et Prénom :
Nom de Jeune Fille :
Adresse :
77420 CHAMPS SUR MARNE
Numéro de Sec. Soc. :
Date d'embauche : 1-jan-00

Catégorie d'emploi : B
Niveau : 2
Coefficient : 255
Service : Complet
Emploi : Gardien

Nombre d'U.V. : 10 000
Taux d'emploi : 100%
Valeur du point : 3,61 €
Salaire base : 920,55 €
Complt. Conv. : 365,54 €
Plafond : 2 476,00 €

« Convention collective Nationale des gardiens, concierges et employés d'immeubles du 11 décembre 1979 »

Intitulé des Rubriques	Base ou nombre	Part Salariale Taux	Part Salariale Montants	Part Patronale Taux	Part Patronale Montant
Salaire de base	920,55	100%	920,55		
Prime d'ancienneté	920,55	3%	27,62		
Salaire complémentaire conventionnel	365,54	100%	365,54		
Total Salaire brut conventionnel	**1 313,71**				
Salaire complémentaire contractuel	34,46		34,46		
Total Salaire brut contractuel	**1 348,17**				
Astreinte de nuit	115,52		115,52		
Tri sélectif	85,00	0,76%	64,60		
SALAIRE BRUT MENSUEL			**1 528,29**		
Maladie , maternité, inv., décès	1 528,29	0,75%	11,46	13,10%	200,21
illesse	1 528,29	0,10%	1,53		
Vieillesse déplafonnée	1 528,29			1,60%	24,45
Vieillesse plafonnée	1 528,29	6,55%	100,10	8,20%	125,32
Accident du travail	1 528,29			2,80%	42,79
Allocations familiales	1 528,29			5,40%	82,53
Aide au logement plafond	1 528,29			0,10%	1,52
Réduction Loi Fillon					-195,62
Chômage AC Tr. A	1 528,29	2,40%	36,68	4,00%	61,13
Chômage AC Tr. B	0,00	2,10%	0,00	3,70%	0,00
AGFF Tr. A	1 528,29	0,80%	12,23	1,20%	18,34
AGFF Tr. B	0,00	0,90%	0,00	1,30%	0,00
Retraite non cadre Tr. A	1 528,29	4,50%	68,77	5,50%	84,06
Retraite non cadre Tr. B	0,00	7,00%	0,00	8,00%	0,00
CSG déductible	1 451,87	5,10%	74,05		
Total retenues sociales			**304,82**		**444,73**
CSG + RDS non déductibles	**1 451,87**	**2,90%**	**42,10**		
Salaires en nature à déduire					
Logement de fonction Catégorie : 1 m²	60	3,00	180,00		
Rappel s/av. nature logement					
Gaz kWh	92	0,1300	11,96		
Electricité kWh	55	0,1300	7,15		
Chauffage kWh	120	0,1300	15,60		
Eau chaude kWh	98	0,1300	12,74		
Total déductions			**227,45**		
Net imposable			**1 223,47**		
Net à payer en EUROS			**953,92**		

	Brut fiscal	Net Imposable	Cotis. Sal.	Cotis. Pat.	Congés Payés acquis		Congés payés pris	
Mois	1 528,29	1 223,47	346,92	444,73		2,50	Nbre de jours	0,00
Cumul	10 375,01	8 305,71	2 355,13	3 318,16	30,00	5,00	Solde	30,00

Paiement par chèque le : 31/07/2004

Congés Payés du ../../.. au ../../.. 0 jours

Dans votre intérêt, vous devez conserver ce bulletin de paie, sans limitation de durée (Article R. 143,2 du Code du Travail).

Les syndics peuvent oublier certains avantages

Rappelons que le salaire en nature est décompté du salaire net

C. Problèmes liés au suivi des employés ou gardiens et à la gestion des remplaçants

1. Le suivi

Un syndic « éloigné » de l'immeuble a, bien sûr, du mal à suivre le travail des employés et gardiens. Il existe pourtant des moyens simples pour cela :

a/ établir, conjointement avec les intéressés, un planning de travail, planning qui devra être communiqué aux membres du Conseil Syndical,

b/ faire en sorte que le gardien tienne un cahier où il notera toutes ses interventions,

c/ faire en sorte que le gardien tienne un cahier d'intervention des entreprises où seront consignés :

. les heures d'arrivée,

. les heures de départ,

. les problèmes éventuels.

À noter que la tenue du « cahier des entreprises » est expressément prévue par la convention collective quand les salariés ont des unités de valeur correspondant à la tâche « suivie des entreprises extérieures ».

Comme on le voit, le « suivi » peut être considérablement simplifié si des « moyens » sont mis en place.

Le Conseil Syndical vérifiera que ces moyens existent et que le syndic les utilise.

2. La gestion des remplacements

On a déjà vu ce problème plus haut. Nous y revenons. En cas de remplacement on peut, soit s'aider du personnel existant si la copropriété emploie plusieurs salariés (voir plus haut comment faire), soit prendre des remplaçants extérieurs.

Dans ce cas, les syndics ont tendance, non seulement à reprendre le **même** contrat que celui du titulaire mais à reprendre le même niveau de paye. Ils peuvent avoir doublement tort et, par là, causer du tort à la copropriété. Voyons cela.

Rappelons d'abord que la convention collective prévoit qu'en cas de remplacement le remplaçant touche une prime (incluant précarité, 13e mois et congés payés) égale à 50 % du salaire de base.

Mais la convention prévoit également expressément que le syndic peut ne pas confier exactement les mêmes tâches aux remplaçants. Or, en août ou en juillet, on peut en effet faire un contrat allégé. Bien sûr ce contrat donnera bien droit à une rémunération calculée en fonction de la convention collective nationale et majorée de 50 %, mais si l'on confie moins de tâches au remplaçant la note finale sera moins lourde.

Par ailleurs, le titulaire peut avoir un salaire complémentaire très élevé. Or, beaucoup de syndics, par « paresse », reprennent le salaire du titulaire auquel ils appliquent une majoration de 50%.

Prenons un exemple concret :

1. Titulaire : 12 500 UV
Salaire complémentaire : 700 €
Le salaire du titulaire est donc : $\frac{3,61 \times 275 \times 12\,500}{10\,000}$ = 1 240,93 €.
+ complément (700) **= 1 940,93 €.**

2. Le salaire de remplacement sera – si on n'y prend garde – de :
1 940,93 € + 970,46 € (50 %) = 2 911,39 €
plus les charges sociales, soit en tout : **= 4 658,22 €**

3. Imaginons qu'**on diminue quelques tâches** pour arriver à 10 000 U.V. et qu'on ne verse, avec la prime, que le salaire complémentaire conventionnel, cela donnera :

$\frac{3,61 \times 275 \times 10\,000}{10\,000}$ = 992,75 €
Complément conventionnel = 365,54 €
Prime (de 50 %) = 679,14 €
= 2 037,43 €
soit avec les charges = 3 259,88 €

Économie globale : près de 1 398,53 €, ceci tout en ayant versé un salaire plus que correct.

Comme on le voit, il y a du travail pour les conseillers syndicaux vigilants.

Rappel : pour obtenir tous les chiffres **à jour** sur les salaires, avantages en nature, charges sociales vous pouvez consulter notre site internet www.unarc.asso.fr

CHAPITRE 27

LE DOCUMENT UNIQUE D'ÉVALUATION DES RISQUES OU : LA SÉCURITÉ ET LA SANTÉ DES EMPLOYÉS D'IMMEUBLE

(gardiens, femmes de ménage)

1. Une obligation de plus

La sécurité des employés et ouvriers est évidemment un problème essentiel. Mais l'administration pousse parfois les contraintes très loin. Ainsi en est-il de l'obligation faite depuis le 8 novembre 2002 à tous les employeurs – quels qu'ils soient, quelle que soit leur activité – de mettre en place un registre spécial, appelé aussi *« document unique »*, permettant de repérer les risques pour la santé et la sécurité des employés et de rechercher les moyens d'y pallier.

En conséquence, les syndicats de copropriétaires – même ceux qui emploient une personne quelques heures par semaine – sont obligés aussi de mettre en place ce registre.

2. Des syndics qui se déclarent *« incompétents »*

De nombreux syndics professionnels, estimant que cette obligation est TRÈS compliquée à satisfaire et engage énormément leur responsabilité, trouvent normal de passer par des bureaux de contrôle ou officines soi-disant spécialisées pour établir un document qui – neuf fois sur dix – peut être établi simplement et rapidement (on verra comment) par n'importe quel gestionnaire, éventuellement suite à un entretien avec l'employé concerné.

Une chance pour nous, en effet : la Commission Nationale des Gardiens et Employés d'Immeuble (au sein de laquelle siège l'ARC en tant que représentant des employeurs que sont les syndicats de copropriétaires) vient d'élaborer un document exhaustif qui permet à chaque syndicat de mettre au point SIMPLEMENT et en TOUTE SÉCURITÉ le document requis.

En quelques mots nous allons préciser les obligations faites aux copropriétés et examiner la façon simple, efficace et économique d'y satisfaire pleinement.

3. Les obligations RÉELLES qui incombent aux copropriétés et copropriétaires

Nous retranscrivons ci-après les extraits du Code du travail concernant ces obligations.

Rappelons que dans un Code la lettre *« L »* renvoie à une loi et *« R »* à un décret ou un arrêté (R comme réglementaire).

Article R 230-1 du Code du travail : *« L'employeur transcrit et met à jour dans un document unique les résultats de l'évaluation des risques pour la sécurité et la santé des travailleurs. Cette évaluation comporte un inventaire des risques identifiés dans chaque unité de travail de l'entreprise ou de l'établissement. »*

« La mise à jour est effectuée au moins chaque année ainsi que lors de toute décision d'aménagement important modifiant les conditions d'hygiène et de sécurité ou les conditions de travail, ou lorsqu'une information supplémentaire concernant l'évaluation d'un risque dans une unité de travail est recueillie. » (...)

« Le document mentionné au premier alinéa du présent article est tenu à la disposition des membres du comité d'hygiène, des délégués du personnel ou, à défaut, des personnes soumises à un risque pour leur sécurité ou leur santé, ainsi que du médecin du travail ».

Article L 230-2 du Code du travail : *« Donner les instructions appropriées aux travailleurs » (Extraits de l'article). « Sans préjudice des autres dispositions du présent code, le chef d'établissement doit, compte tenu de la nature des activités de l'établissement : évaluer les risques pour la sécurité et la santé des travailleurs, y compris dans le choix des équipements de travail, des substances ou préparations chimiques, dans l'aménagement ou le réaménagement des lieux de travail ou des installations et dans la définition des postes de travail ; à la suite de cette évaluation et en tant que de besoin, les actions de prévention ainsi que les méthodes de travail et de production mises en œuvre par l'employeur doivent garantir un meilleur niveau de protection de la sécurité et de la santé des travailleurs. »*

On voit que les obligations se résument :

• à établir un registre qui permet :
1. d'identifier les risques ;
2. de définir les actions de prévention nécessaires ;

• à transmettre ce document aux salariés (à défaut de comité d'hygiène ou de délégué du personnel ce qui est le cas la plupart du temps en copropriété) ;

• à le tenir à disposition (de l'inspecteur du travail ; du médecin du travail) ;
• à le mettre à jour – si besoin – annuellement ou en cas de modification importante du travail (rare en matière de copropriété).

À noter : le Code du travail n'oblige nullement l'employeur à passer par un organisme spécialisé pour établir ce registre (ce que voudraient faire croire certains...).

4. Conseils pratiques pour satisfaire à ces obligations au moindre coût et en toute sécurité

a/ Comment effectuer l'ANALYSE des risques simplement ?

Peut-être, comme on l'a dit, votre syndic prétendra-t-il que cette analyse doit être faite par des spécialistes (exemple : les médecins de la médecine privée du travail dont certains ont pu adresser des courriers indiquant qu'ils étaient à la disposition des syndics, sans préciser à quel prix…).

Il a tort. Cette analyse peut être faite par n'importe qui (le syndic ou un membre du conseil syndical).

Certes, dans les entreprises où il y a des risques spécifiques, il est vivement conseillé de passer par des spécialistes.

Ce n'est que RAREMENT le cas dans les copropriétés où les risques sont :
– limités ;
– DÉJÀ identifiés pour la plupart ;
– identifiables facilement pour le reste.

Le syndic ne doit donc surtout pas faire appel à un spécialiste et s'il ne sait pas comment faire il n'aura qu'à utiliser le document *« pré-mâché »* dont nous donnons ci-dessous le texte INTÉGRAL. Notons que ce document ayant été élaboré pas des médecins du travail pour le compte de la Commission paritaire nationale des gardiens et employés d'immeuble, le syndic ne peut en aucun cas expliquer qu'il engage sa responsabilité et exiger, donc, de passer par un médecin. Avez-vous bien compris ?

b/ Un document adapté à utiliser

Il se trouve en effet que la Commission nationale paritaire qui s'occupe des gardiens et employés d'immeuble – commission dont fait partie l'ARC au titre des représentants des Syndicats de copropriétaires – a sollicité des spécialistes pour faire le TOUR des risques potentiels auxquels s'exposent les employés et gardiens d'immeuble.

Ce document identifie NON seulement les risques, mais en plus donne des solutions pour les écarter. Vous allez voir qu'il n'est pas utile de faire appel à un bureau d'études spécialisé pour les mettre en évidence.

Il suffit donc que vous repreniez ce document et repériez les éléments qui peuvent concerner votre copropriété.

c/ Comment procéder concrètement

II sera souhaitable, préalablement à l'élaboration définitive, que le syndic procède ainsi :

- il adressera le tableau au(x) salarié(s) ;
- il lui demandera de préciser les risques qu'il estime courir, les raisons ainsi que les solutions qu'il suggère, réclame ;
- il le rencontrera éventuellement sur place pour approfondir la question.

Nous transcrivons intégralement ci-après le tableau élaboré par la Commission et qu'il suffit d'adapter à votre situation (barrez les mentions qui ne vous concernent pas ; remplissez les tableaux concernant les actions à mettre en œuvre).

d/ À qui remettre le document ? Faut-il l'afficher ? Où l'archiver ?

Une copie du document définitif sera remise aux salariés avec un courrier d'accompagnement qui les invitera à compléter ce document s'ils souhaitent, ou à poser leurs questions.

Chaque année, il faudra vérifier que ce document ne mérite pas une mise à jour.

Ce document sera tenu à la disposition du médecin du travail et de l'inspecteur du travail. Il n'a pas à être affiché (mais peut l'être dans la loge, si vous le souhaitez).

RISQUES		Mesure de protection	Programme d'actions (à remplir par l'employeur)
Problèmes rhumatologiques	Lombalgie Sciatique Tendinite Problèmes aux genoux Canal carpien	Plan incliné pour sortie des poubelles Main courante Information sur les gestes et postures	
Problèmes liés à la manipulation de produits chimiques	Eau de javel Ammoniaque Solvants Pesticides Peintures Acides autres	Port de gants Port de masques Respecter les notices d'utilisation	
Risques biologiques et infectieux (liés au ramassage des ordures)	Sida Hépatite	Vaccinations à jour Pinces pour le ramassage des objets divers Port de gants Eau chaude pour nettoyage poubelles	
Travaux spécialisés/qualifiés nécessitant l'utilisation d'outils de machine spécifiques	Peinture Électricité Plomberie Serrurerie Espaces verts	Port de masques Port de gants Chaussures de sécurité Vêtements de travail adaptés Port de lunettes de sécurité Casques anti-bruits Respect des notices d'utilisation	
Bruit	Machinerie d'ascenseur Chaufferie	Insonorisation des loges Groom aux portes	
Risques liés au bâtiment	Amiante Plomb	Contrôle des parties communes par un établissement agréé	
Risques liés aux nuisibles	Cafards Souris Rats	Décontamination des colonnes de vide-ordures Décontamination des appartements Décontamination des parties communes Nettoyage méticuleux des locaux poubelles	
Risques liés aux chutes		Éclairage des parties communes Remplacement des marches usées Remplacement des moquettes abîmées Main courante sur les accès en pente Port de chaussures antidérapantes Emploi d'un escabeau (normes NF/CE)	
Risques liés à l'équipement de l'immeuble	Vide-ordures Utilisation ascenseurs Chaufferie	Trappes pour éviter les projectiles Trappes de visite pour faciliter le débouchage Matériel adapté (haute pression, eau chaude) Faire appel à l'entreprise compétente	
Violence/agressions/ risques psychologiques		Formation professionnelle (module spécifique de gestion des conflits)	

SIXIÈME PARTIE

LES PETITS, MOYENS ET GROS TRAVAUX

CHAPITRE 28

LE CONTRÔLE DES PETITS ET MOYENS TRAVAUX EN COPROPRIÉTÉ

En matière de travaux – petits et moyens – chacun posera la question à sa façon :

– comment obtenir le meilleur rapport qualité-prix ?

– comment être sûr que les syndics ne profitent pas – mais PAS DU TOUT – de la situation, comme on dit ?

Dans le présent chapitre, nous allons essayer de faire le point et de donner les conseils nécessaires.

1. Rappel des abus trop souvent constatés

Pour bien comprendre COMMENT réagir, il faut d'abord rappeler en quelques mots les principaux problèmes auxquels les copropriétaires ont à faire face.

a/ Les problèmes en matière de petits travaux

Les syndics sont confrontés à de multiples « petits » problèmes dans une copropriété : problèmes électriques, problèmes de plomberie, problèmes de serrurerie, etc. Pour cela, ils ont tendance à faire appel à quelques entreprises « de confiance ». Ces entreprises « maison » présentent divers avantages, même quand le syndic est un parfait honnête homme.

Premier avantage : le syndic n'a pas à se déplacer dans la copropriété pour voir ce qu'il y a à faire avant d'adresser un ordre de service. L'entreprise connaît les lieux, voire les personnes sur place : elle se rend donc directement à l'immeuble, fait ce qu'il y a à faire et envoie sa facture. Pour le syndic, cela signifie : gain de temps pour lui et intervention rapide pour la copropriété (rapide mais pas forcément bon marché).

Deuxième avantage : les entreprises « maison » ne sont pas toujours très exigeantes sur les délais de paiement. Parfois même, elles sont tout ce qu'il y a de plus complaisant. Il est certain que pour le syndic, cela présente un avantage important (facilité de trésorerie pour la copropriété et, pour lui-même, gain financier possible sur les placements de trésorerie).

Troisième avantage : enfin, ce troisième avantage possible (qui concerne évidemment uniquement les syndics indélicats dont chacun sait qu'il s'agit d'une race en voie de disparition) ce sont les ristournes ou « avantages » en nature que les entreprises « maison » consentent aux syndics pour récompenser leur « fidélité ».

Comme nous l'apprend ce rapide tour d'horizon, la présence d'entreprises « maison » ne signifie pas forcément que le syndic est indélicat et prélève sa quote-part sur les travaux. Le problème n° 1 est que les entreprises « maison » facilitent le travail du syndic et que – en retour – le syndic n'est pas toujours très regardant sur le travail de ces entreprises et surtout sur le coût.

Que constate-t-on en effet ? Tout simplement que ces entreprises envoient leurs factures au syndic avec une fâcheuse tendance à SURFACTURER. La surfacturation peut prendre diverses formes :

– coût des fournitures très élevé,

– nombre d'heures « fantaisiste » (en général doublé par rapport à la réalité),

– nombre d'ouvriers également inexact...

Précisons d'ailleurs que la disparition progressive des gardiens et gardiennes ou – quand il y a encore des gardiens – la coupure du midi (coupure qui désormais peut atteindre quatre heures...) facilitent les abus des sociétés qui sont de moins en moins contrôlées.

Souvent, face à ces « abus », les copropriétaires ont envie de baisser les bras, car les sommes en jeu pour chaque facture ne sont pas très élevées et les moyens de contrôle ne sont pas très simples.

Malgré tout, il est possible d'agir contre les « dérives » et de mettre en place des systèmes qui permettent d'éviter des surfacturations. Nous verrons comment faire plus loin.

b/ Les problèmes en matière de « moyens » travaux

Nous visons ici les travaux « hors contrat » de moyenne importance qui sont effectués par les entreprises titulaires d'un contrat sur la copropriété. Cela concerne principalement :

– les ascensoristes,

– les chauffagistes,

– les titulaires de contrat d'entretien de portes de parking, de surpresseurs, de groupes électrogènes, de pompes de relevage, etc.

Comment se présente le problème ? Le titulaire du contrat adresse un courrier au syndic où il lui indique qu'il faudrait procéder à telle ou telle intervention (« changement de culasses du surpresseur », « changement de la pompe doseuse du matériel de traitement d'eau », « changement du gong de l'installation des sprinklers », etc.). Evidemment, cette intervention est inévitable et la proposition d'intervention difficile à contrôler tant au niveau technique qu'au niveau financier. Le syndic – soit simplement pour ne pas avoir d'embêtement avec les copropriétaires du fait d'une panne, soit par complaisance ou complicité vis-à-vis du titulaire du contrat – accepte le « devis » sans discussion et il ne reste plus, pour les copropriétaires, qu'à payer ce qui a été accepté...

Soulignons là encore qu'il ne faut pas forcément voir, dans ces pratiques, d'indélicatesse systématique de la part du syndic. Souvent, c'est malheureusement beaucoup plus simple : le syndic se contente d'accepter ce que lui impose le titulaire du contrat, d'une part par facilité, d'autre part – comme toujours – pour ne pas avoir à perdre du temps (à contrôler l'opportunité de l'intervention ou son coût par exemple).

Ici aussi, comme en matière de petits travaux, il existe des techniques simples qu'il est possible de mettre en œuvre relativement facilement, comme on le verra plus bas.

Tels sont donc quelques-uns des problèmes les plus fréquents auxquels les copropriétaires ont à faire face et qui, parfois, non seulement empoisonnent la vie de la copropriété mais ont des répercussions financières lourdes sur les comptes de charges.

2. Comment contrôler les petits travaux

Rappelons qu'il s'agit de ces multiples travaux de plomberie, menuiserie, électricité, qui concernent la vie d'une copropriété. Les moyens à utiliser pour éviter les abus et dérives sont les suivants :

a/ La consultation du Conseil Syndical

En 1985, une disposition « garde-fou » a été instituée par la loi. Il s'agit d'obliger le syndic à faire voter par toutes les copropriétés un montant de travaux courants au-delà duquel le Conseil Syndical doit être automatiquement consulté.

À noter : cette disposition est devenue le paragraphe 2 de l'article 21 de la loi du 10 juillet 1965 modifié qui stipule : « l'assemblée générale des copropriétaires statuant à la majorité de l'article 25 (501 millièmes) arrête un montant des marchés et des contrats à partir duquel la consultation du Conseil Syndical est rendue obligatoire ». Si, par exemple, l'assemblée générale vote une somme de 500 € cela veut dire que le syndic ne pourra pas engager une somme supérieure sans l'accord écrit du Conseil Syndical.

Au cas où le syndic négligerait de consulter le Conseil Syndical, la sanction pour le syndic peut être d'avoir à prendre en charge le dépassement, si l'assemblée générale lui refuse le quitus ou l'approbation des comptes sur ce point précis.

Cette disposition n'est malheureusement pas encore suffisamment appliquée. C'est pourtant un moyen TRÈS efficace d'éviter les abus et dérives.

Rappelons que si le syndic a « oublié » de faire voter le montant évoqué dans l'article 21, cela signifie qu'il DOIT consulter le Conseil Syndical au « premier euro » !!

Bien sûr, certains conseils syndicaux n'exercent aucun contrôle et acceptent n'importe quelle dépense. Mais du moins, l'outil juridique existe pour ceux qui veulent agir.

b/ Le devis ou la facture détaillés

En plus de la disposition rappelée au point précédent, il faut se souvenir que la réglementation sur les prix permet d'imposer aux syndics d'exiger des prestataires :

– des devis détaillés (en main-d'œuvre et fournitures avec le détail des prix unitaires : prix horaires, prix de chaque fourniture),

– en l'absence de devis, des factures détaillées.

Si vous n'avez pas de devis ou de factures détaillés, vous ne pouvez RIEN faire de très positif.

Par contre, si vous disposez de devis ou factures détaillés, vous pouvez voir TOUT DE SUITE s'il y a des exagérations ou non.

Exemple : une facture de chauffage concernant le changement d'un purgeur automatique avec purge d'une colonne s'élève à 1 256 € TTC.

Le détail demandé fait apparaître que le chauffagiste a compté une équipe de deux chauffagistes pendant deux jours entiers (8 heures + 8 heures à deux, soit 32 heures). *A priori*, c'est impossible.

Il faudra « creuser » ce problème et au besoin rejeter la facture ou ne la payer que partiellement (ou refuser d'approuver cette facture en assemblée générale tant que le syndic lui-même n'aura pas obtenu un « avoir » ou une justification).

c/ Le bon « d'attachement » et l'organisation du contrôle sur place

Il y a deux types de copropriétés : celles qui disposent de gardiens, celles qui n'en disposent pas.

Les copropriétés avec gardien

Quand il y a un ou une gardienne, son contrat prévoit, le plus souvent, qu'il doit « contrôler les entreprises extérieures ». Cela consiste essentiellement à faire signer les entreprises (sur un cahier spécial dit « registre des entreprises ») quand elles arrivent en indiquant l'heure d'arrivée et le nombre d'ouvriers, et à les faire signer quand elles partent, là aussi en indiquant l'heure de départ.

Par ailleurs, il est fortement conseillé de faire en sorte que le syndic exige des entreprises qu'elles fassent signer aux gardiens ce qu'on appelle un « bon d'attachement ».

Ce bon établi en deux exemplaires indique également : l'heure d'arrivée, l'heure de départ et le nom des ouvriers. Ce bon devra être « attaché » à la facture, ce qui facilitera le contrôle. Par ailleurs, on contrôlera par sondages en partant des factures, que celles-ci sont conformes à ce qui est inscrit sur le « registre des entreprises ».

Ces deux moyens associés à la facture détaillée incitent fortement les entreprises à la « prudence » et à ne pas facturer plus d'heures qu'elles n'en ont passées.

Deux problèmes demeurent néanmoins :

• étant donné l'importance de la coupure quotidienne des gardiens (qui peut aller jusqu'à quatre heures de suite !) il peut se produire que des entreprises arrivent ou partent pendant le repos du gardien.

La solution est que le syndic rappelle dans son ordre de service les heures de fermeture de la loge et insiste sur le fait que l'entreprise devra intervenir dans l'immeuble pendant les heures d'ouverture de la loge.

Ce n'est pas toujours possible, mais on se méfiera des entreprises qui trouvent toujours de bonnes raisons pour arriver ou partir quand la loge est fermée.

• Un autre problème est le suivant : les ouvriers arrivent à deux mais l'un des ouvriers s'en va sur un autre chantier ce qui n'empêche pas l'entreprise de compter une équipe à plein temps !

En principe, dans un tel cas, la seule parade est que le gardien se rende sur les lieux pendant le travail : si un seul ouvrier est présent, il le signalera sur le registre des entreprises.

Les copropriétés sans gardien

Quand il n'y a pas de gardien, il est impératif que le syndic et le Conseil Syndical organisent un système de contrôle. Il est assez fréquent maintenant qu'une ou plusieurs personnes puissent être présentes la journée, il suffit de donner deux ou trois noms au syndic – que celui-ci indiquera au fournisseur – pour que le système puisse fonctionner (souvent, d'ailleurs mieux qu'avec un gardien, le problème de la coupure dans le travail n'existant pas en ce qui concerne ces personnes).

Dans ce cas, la personne ne remplit pas un registre mais signe le bon d'attachement à l'arrivée et au départ et peut éventuellement aller voir ce qui se passe là où les ouvriers interviennent.

Qu'on nous comprenne bien : il ne s'agit pas d'instituer un contrôle policier des entreprises. Il s'agit simplement de bien faire comprendre aux entreprises que leurs factures devront être conformes à la réalité et pour cela faire en sorte que des TRACES de cette réalité soient enregistrées et accessibles. D'ailleurs, dès qu'une entreprise sait qu'elle est mieux « suivie » elle abandonne vite ses mauvaises habitudes.

d/ La sélection des entreprises et le bordereau de prix

Une autre piste est la suivante : sélectionner des entreprises et négocier avec elles des « bordereaux de prix ». On peut se contenter de négocier un prix horaire et un prix de déplacement (ce qui laisse entier le problème du contrôle des heures) ou alors aller plus loin : négocier, par exemple, un prix pour le changement d'un mètre linéaire de canalisation en fonte.

C'est évidemment plus difficile mais cela peut être intéressant si vous avez certaines interventions « répétitives » dans votre copropriété.

3. Comment contrôler les « moyens » travaux

Rappelons que les « moyens » travaux concernent des interventions sur l'installation de chauffage (exemple : changement de corps de pompe, de vannes), sur les ascenseurs, des opérations d'étanchéité partielles, etc.

En ce qui concerne ces travaux, l'ensemble des moyens évoqués plus haut est utilisable ou adaptable mais certaines dispositions et précautions supplémentaires sont à prendre.

a/ Le devis obligatoire

En matière de petits travaux, il n'est pas toujours possible ni réaliste d'exiger un devis. Par contre, en matière de « moyens » travaux, il faut demander un devis DÉTAILLÉ (type de matériel, prix du matériel, nombre d'heures prévues et prix de la main-d'œuvre).

Nous vous suggérons de demander au syndic qu'il prenne l'habitude d'exiger des entreprises qu'elles fournissent la copie du catalogue « fournisseurs » concernant le matériel prévu (exemple : une pompe de telle puissance, de telle marque).

Sachant qu'une entreprise obtient facilement 30 % sur les prix catalogue, cela veut dire qu'il ne faut accepter aucune marge supplémentaire sur ce prix « catalogue ». Évidemment, si vous ne demandez pas copie de la page, l'entreprise sera tentée d'appliquer un prix beaucoup plus élevé.

Attention : assurez-vous s'il s'agit de remplacement par du matériel neuf ou d'un simple échange standard et faites-le préciser. Cela pourra vous éviter des surprises.

En ce qui concerne le nombre d'heures « prévisionnel », si celui-ci vous paraît trop élevé, vous avez la possibilité soit de négocier une diminution, soit de négocier avec l'entreprise une possibilité d'ajustement après coup (si le devis prévoit 20 heures et que le travail a pris dix heures, vous pourrez alors demander un ajustement de prix au niveau du décompte définitif).

b/ La mise en concurrence

Même s'il s'agit d'un équipement (chauffage, ascenseur), il ne faut pas hésiter à faire appel à la concurrence. Certains syndics vous diront que ce n'est pas possible ou dangereux. Ne les écoutez pas et saisissez vous-même des entreprises concurrentes.

Par ailleurs on doit préciser que la loi SRU (13.12.2000) a introduit une nouvelle disposition (intégrée à l'article 21 de la loi du 10 juillet 1965) qui précise que le syndic doit faire voter par l'AG un montant au-delà duquel il y aura obligatoirement MISE EN CONCURRENCE. Vérifiez bien que cette disposition est appliquée.

c/ Tableau de suivi des interventions

Un moyen très efficace d'éviter les dérapages en matière de « moyens » travaux est de tenir un historique des interventions par équipement ou par ouvrage (toiture, terrasse...).

Faites une expérience. Reprenez toutes les factures concernant le chauffage sur les dix dernières années, voire plus, en notant très exactement la date d'intervention, le type d'intervention et la localisation exacte de l'intervention. Vous aurez quelques surprises.

CHAPITRE 29

LE CONSEIL SYNDICAL ET LE CONTRÔLE DES GROS TRAVAUX

Le Conseil Syndical ne peut absolument pas demeurer à l'écart du processus qui conduit de la **définition préalable** des travaux à la **réception** du chantier, une fois les travaux achevés.

D'ailleurs, l'expérience montre bien qu'un programme de travaux ne se déroule **JAMAIS** pour un prix raisonnable et correctement si le Conseil Syndical ne s'implique pas à tous les niveaux de celui-ci. Nous allons lister l'ensemble des **opérations** d'un programme de travaux en montrant, à chaque **étape,** le rôle que peut et doit jouer le Conseil Syndical.

1. Définition/programme

Le premier rôle d'un Conseil Syndical sera de **DÉFINIR** et d'aider à définir le programme de travaux.

Cela n'est pas aussi simple qu'on croit. Prenons un exemple **bête**.

L'immeuble a 25 ans. Il faut procéder à un ravalement. Dans beaucoup de cas, cela se passe ainsi :

- le syndic demande des devis à une ou plusieurs entreprises,
- un devis est retenu,
- on s'aperçoit, quand les travaux sont commencés, qu'on a « oublié » des travaux (zinguerie, descentes extérieures, volets, appuis de balcons, etc.). Il y a des suppléments de travaux. Ceux-ci traînent. Personne n'est content. Le chantier se passe très mal. On a même vu un cas où la copropriété s'est aperçue, pendant les travaux de ravalement de la cage d'escalier, que toute l'électricité était à refaire.

C'est pourquoi la phase de programmation est importante. Si une campagne de gros travaux est indispensable, il faut donc prendre un peu de recul et de temps pour définir un programme **complet ET cohérent**.

Si personne au Conseil Syndical n'est capable de faire ce travail, nous vous conseillons d'attendre la prochaine assemblée générale pour faire voter un petit budget d'étude qui vous permettra de demander conseil à un spécialiste (il suffit pour cela d'une vacation d'une demi-journée).

2. Élaboration d'un « cahier des charges » ou « descriptif »

Si vous êtes pressé – mais nous ne vous le conseillons pas – vous pouvez tout de suite passer à la phase : « Élaboration d'un cahier des charges ».

Trop souvent des syndics s'adressent à des entreprises sur un objectif flou :

• ils ne savent pas précisément quels sont les travaux nécessaires (d'où les dépassements signalés plus haut),

• ils ne savent pas les types de « matériaux » qui sont requis, etc.

Il est évidemment **indispensable** de disposer d'un cahier des charges.

Un cahier des charges, comme son nom l'indique, est un document qui précise :

. les travaux à faire,

. les options retenues (en matière de matériaux, par exemple),

. les modalités d'exécution et clauses contractuelles indispensables.

Ce cahier peut être élaboré par le syndic ou par le Conseil Syndical assisté d'un technicien.

À noter : ce descriptif peut être simple ou quantitatif (avec les mesures : nombre de m^2 de ravalement etc). Il est évident qu'il est préférable d'exiger un « quantitatif ». Certains architectes ou maître d'œuvre ne font pas de « quantitatif » pour gagner du temps (et de l'argent). Méfiez-vous en, si vous n'avez pas un descriptif quantitatif, vous aurez du mal à comparer les réponses des entreprises.

En principe, on devrait **TOUJOURS,** en cas de gros travaux, procéder en deux temps et en **deux** assemblées générales :

1. Une assemblée générale où l'on définit les **modalités** et **moyens** propres à définir un cahier des charges permettant de lancer un appel d'offres (le cahier des charges peut d'ailleurs prévoir des **variantes**).

2. Une assemblée générale où l'on vote sur le résultat de l'appel d'offres et où l'on choisit :

– le programme précis de travaux,

– les entreprises.

L'élaboration d'un cahier des charges étant un travail complexe, vous n'échapperez pas à l'obligation de vous faire assister par un technicien. Il faudra donc prévoir un budget.

La résolution de l'assemblée générale qui pourvoira à l'élaboration d'un cahier des charges peut – c'est encore mieux – prévoir un mandat au Conseil Syndical pour participer à l'élaboration de ce cahier des charges. Cela permettra, entre autres, au Conseil Syndical d'agir pour que ce cahier des charges inclu certaines dispositions précises.

Le Conseil Syndical veillera tout particulièrement à faire insérer, dans le cahier des charges, des clauses « juridiques » précises incluant :

• des pénalités de retard,

• une interdiction de sous-traitance,

• une clause relative à un prix ferme et définitif.

C'est dès l'élaboration du cahier des charges que devront être définies ces clauses.

3. Choix ou non d'un maître d'œuvre

Pour les chantiers moyens, il n'est pas forcément utile d'avoir un maître d'œuvre (bureau d'études ou architecte). Pour les moyens et gros chantiers ainsi que pour les chantiers un peu complexes, nous pensons que c'est nécessaire.

Le Conseil Syndical devra peser le pour et le contre et devra surtout faire en sorte que d'autres maîtres d'œuvre que celui connu du syndic puissent être choisis.

Un bon maître d'œuvre aura pour fonction, une fois défini le cahier des charges :

– de lancer un appel d'offres qui fera vraiment jouer la concurrence,
– d'écarter les entreprises douteuses,
– de signer des marchés corrects,
– de suivre le chantier et de repérer les problèmes de mise en œuvre,
– de réceptionner le chantier.

Autant d'étapes délicates.

En ce qui concerne la rémunération, sachez qu'il n'y a plus de barème et que les honoraires sont en général calculés en pourcentages dégressifs (plus le montant des travaux est élevé, plus le pourcentage est faible).

(Voir notre guide : « **Les travaux en copropriété** » pour plus d'éclaircissements sur ce problème des honoraires).

4. Appel d'offres

L'appel d'offres peut être :

• restreint (on choisit quelques entreprises),
• ouvert.

Les réponses à l'appel d'offres peuvent se faire :

– par envoi non cacheté des réponses au syndic ou au maître d'œuvre,
– par envoi cacheté avec une « séance » d'ouverture (ceci pour éviter que des entreprises ne puissent être informées d'offres concurrentes...).

Le rôle du Conseil Syndical est de veiller à ce que l'appel d'offres soit fait correctement (pas trop fermé) et qu'aucune entreprise ne soit favorisée.

5. Vote d'assemblée générale et honoraires de syndic

Le vote d'assemblée générale peut concerner :

a/ Le choix des travaux avec une **variante** précise,
b/ Le choix de l'entreprise,
c/ Un coût précis ou un budget.

Si l'assemblée générale ne peut pas – pour une raison quelconque – décider précisément du choix d'une entreprise, rappelons qu'il existe une **possibilité simple** d'éviter d'avoir à reconvoquer une assemblée générale : c'est la possibilité ouverte par un « mandat » confié au

Conseil Syndical par l'assemblée générale (« *L'assemblée générale mandate le Conseil Syndical pour retenir une entreprise dans le cadre d'un budget de ...* »).

Par ailleurs, on n'oubliera pas de prévoir un vote précis pour :

. les honoraires éventuels du maître d'œuvre,

. les honoraires éventuels du syndic,

. l'assurance dommage-ouvrage **éventuelle** (voir point suivant).

À chaque fois on fera préciser :

1. Le montant de ces honoraires : pourcentage, assiette (exemple : montant des travaux hors taxes),
2. Le travail précis rémunérant ces honoraires.

6. L'assurance dommage-ouvrage

En cas de gros travaux, il y a souvent obligation de prendre une assurance dommage-ouvrage, mais **pas forcément**.

Le Conseil Syndical devra contrôler ce point. L'assurance dommage-ouvrage ne joue qu'en cas de malfaçons qui peuvent « *compromettre la solidité du bâtiment* » ou qui concernent des ouvrages encastrés.

Ainsi, si vous faites faire un ravalement « peinture » et si l'entreprise vous accorde une « garantie décennale » – en cas de malfaçon (clouage) – l'assurance dommage-ouvrage ne jouera pas, et ceci **MÊME** si vous avez souscrit une telle assurance... Soyez donc vigilant.

7. Suivi de chantier

Les conseillers syndicaux ont, sans doute, bien d'autres choses à faire que d'être là aux réunions de chantier. Pourtant, il est indispensable que le Conseil Syndical soit représenté à ces réunions où se traitent :

- les problèmes généraux,
- les problèmes individuels,
- les retards,
- et surtout la **nécessité d'éventuels travaux supplémentaires** (voir plus loin).

C'est aussi en suivant ces réunions que le Conseil Syndical pourra vérifier que **TOUS** les travaux sont bien faits et, à défaut, pourra exiger soit des **moins-values**, soit l'exécution des travaux prévus.

À noter : les réunions de chantier doivent donner lieu à des comptes rendus de chantier. Ils sont importants. Il faut vérifier d'une part, que le Conseil Syndical est bien destinataire de ces comptes rendus et que les remarques du Conseil Syndical ont été bien consignées d'autre part.

8. Travaux supplémentaires éventuels

Problème crucial : trop souvent des travaux supplémentaires apparaissent nécessaires en cours de chantier. Imprévoyance ? incompétence ? Nul ne le sait. Il faudra être vigilant sur ce plan, exiger des

« devis » détaillés pour ces travaux ; au besoin les refuser ou exiger que le problème soit tranché au cours d'une assemblée générale extraordinaire. Si vous n'êtes pas convaincu de la nécessité de ces travaux ou de leur **PRIX**, n'hésitez pas à écrire une lettre recommandée avec avis de réception au syndic. Cela permettra, en assemblée générale, de refuser la prise en charge de ces travaux « douteux ».

9. Réception des travaux – réserves – levée des réserves

La réception des travaux est évidemment très importante : on vérifie d'abord que tout ce qui était prévu a été réalisé, puis que tout ce qui a été fait a été bien fait. En cas de problèmes, on émet des « réserves » qui sont inscrites dans un procès-verbal de réception de travaux.

Si l'entreprise n'a pas de « caution bancaire » on a le droit de retenir 5 % du marché (c'est ce qu'on appelle la « retenue légale de garantie »). Le Conseil Syndical devra vérifier ce point.

Il devra aussi contrôler :

– que les réserves sont prises en considération et sont traitées par les entreprises,

– qu'une réunion de « levée de réserves » a bien eu lieu.

10. Contrôle définitif des comptes travaux

Le contrôle des comptes (si tout ce qui a été évoqué plus haut a été fait) n'est plus qu'une simple formalité.

Le Conseil Syndical aura à effectuer les contrôles suivants :

a/ Reprendre les procès-verbaux d'assemblée générale et vérifier que les factures définitives sont conformes à ce qui a été voté :

– facture de travaux,

– facture d'honoraires.

b/ Vérifier que les éventuelles **moins-values** ont bien été faites.

c/ Contrôler soigneusement que tous les **suppléments** ont fait l'objet d'un accord de la copropriété ou du Conseil Syndical.

d/ Contrôler le montant de l'éventuelle assurance dommage-ouvrage.

e/ Contrôler – en cas de retard de chantier – que les pénalités ont bien été appliquées et que des **réactualisations** éventuelles des prix sont conformes au marché initial.

CHAPITRE 30

LE CONSEIL SYNDICAL ET LE CARNET D'ENTRETIEN

(loi du 13 décembre 2000)

Suite à une proposition d'amendement rédigée par l'ARC et reprise par le Parlement la Loi SRU du 13 décembre 2000 a institué une disposition ainsi libellée :

« Le syndic est chargé d'établir (…) et de tenir à jour un carnet d'entretien de l'immeuble conformément à un contenu défini par décret ».

Le carnet d'entretien, pour l'ARC, est le moyen idéal de mettre en place une politique intelligente et ECONOME d'entretien des copropriétés.

Mais, là encore, ce carnet ne sera RIEN s'il n'est pas rempli avec un certain ESPRIT et sous le contrôle du conseil syndical.

I - Un décret minimaliste, mais des ouvertures

– Le décret signé par le ministère vise un carnet d'entretien MINIMUM (ne permettant que le relevé futur des gros travaux).[1]

– Ce carnet (qui se réduit ainsi à une simple fiche récapitulative des travaux) n'a qu'un intérêt limité.

– Néanmoins, le décret permet aux copropriétés d'aller PLUS loin et prévoit d'ailleurs une commission de suivi de la mise en place de cette obligation nouvelle (commission ministérielle aux travaux de laquelle l'ARC participera.)

– Ce que nous CONSEILLONS aux conseils syndicaux et plus précisément aux adhérents de l'ARC, c'est de se diriger vers la mise en place d'un VRAI CARNET D'ENTRETIEN dont nous allons parler maintenant.

II - Les cinq objectifs du (vrai) carnet d'entretien selon l'ARC

1 - L'analyse du passé

Le carnet doit d'abord permettre de faire le point de ce qui a été fait (ou pas fait) sur une copropriété, par qui et à quel prix.

Cet objectif est essentiel et parfois négligé par les professionnels.

En revenant ainsi sur le passé (nous précisons : dix ans) on va pouvoir, en effet :

---

1. Il est consultable sur notre site Internet.

– savoir TOUT ce qui a été fait (**ex** : TOUS les travaux effectués dans une chaufferie ; TOUTES les réparations sur la toiture – terrasse etc.) ;
– savoir QUI a fait ces travaux (la même entreprise, des entreprises différentes) ;
– savoir QUAND ont été faits ces travaux (n'y a-t'il pas eu des interventions intempestives ?) ;
– savoir À QUEL PRIX ont été faits ces travaux.

Ce retour sur le passé est essentiel, à la portée de n'importe qui (voir plus bas) et triplement instructif :
– il permet de savoir ce qui s'est fait ;
– il permet de détecter les abus (**ex** : changement fréquent de pompes en chaufferie) ;
– il permet aussi de savoir ce qui n'a JAMAIS été fait.

À noter : ce premier objectif du carnet d'entretien ne plaît pas beaucoup à certains syndics, car beaucoup ont peur que ce travail ne révèle des anomalies passées.

Pour effectuer cette enquête, il convient :
– de récupérer les états des dépenses sur les dix dernières années (relevés de charges) qui permettent de repérer les dépenses de travaux divers, poste par poste (serrurerie ; plomberie ; toiture etc) ;
– d'essayer de récupérer les factures correspondantes (du moins celles concernant les moyens et gros travaux) ; cette récupération se fait :
– en cherchant les archives de la copropriété ;
– en s'adressant aux fournisseurs.

2) Repérer les carences en matière d'entretien

Le deuxième objectif du carnet d'entretien est de repérer ce qui n'a PAS été fait, pour mieux programmer les travaux (voir plus bas) ; **exemple** : si peu de travaux ont été faits sur la chaufferie ou la toiture terrasse, cela signifie peut-être qu'il va falloir s'en occuper et programmer des travaux en conséquence.

3) Orienter les investigations

Le troisième objectif est d'orienter vers un ou des diagnostics ciblés du gros œuvre ou des équipements.

À noter : le carnet d'entretien doit ORIENTER les diagnostics et les alimenter ; il ne faudra SURTOUT pas que les syndics remplace le « carnet » par des diagnostics.

On nous a signalé, en effet, des syndics qui – sous couvert de faire établir un carnet d'entretien – faisait voter en assemblée générale le principe d'un diagnostic complet et très cher par un architecte. C'est un CONTRE-SENS (volontaire ou non).

Allons plus loin : non seulement le ou les diagnostics ne doivent pas se substituer au carnet d'entretien mais un carnet BIEN rempli est précisément le meilleur moyen d'empêcher des diagnostics BIDON ou BACLÉS uniquement destinés à entraîner des travaux.

En effet, le diagnostic éventuel qui viendra APRES le remplissage du carnet sera beaucoup plus FIN, APPROFONDI ET contrôlable par les copropriétaires si l'enquête visée plus haut a été faite et correctement faite.

Prenons un exemple

– Un diagnostic de la chaufferie peut conclure ainsi : « matériel vétuste ; non performant ; à changer etc. ».

– Comment savoir si c'est vraiment vrai ? Pas facile…

– Par contre, si une enquête concernant les interventions sur dix ans a été faite, cela permettra :

a) d'alimenter le diagnostic ;

b) d'éviter des appréciations trop rapides ;

c) éventuellement de révéler des responsabilités (ex. : si tout est vétuste alors que de nombreux organes ont été changés ou facturés, cela posera des problèmes).

4) Favoriser la programmation des travaux

Le quatrième objectif – conséquence du 2e et du 3e – est de pouvoir programmer les travaux plus rationnellement, ce qui se basera sur :

– la bonne connaissance de ce qui a été fait OU PAS ;

– un éventuel diagnostic « éclairé » des ouvrages, complémentaire au carnet.

5) Suivre la gestion pas à pas

Le cinquième objectif, enfin, est de pouvoir – au fur et à mesure – noter – ouvrage par ouvrage, équipement par équipement – toutes les interventions qui ont lieu sur un immeuble.

Cette inscription permettra – pour l'avenir – d'éviter les abus ou de relever tout de suite des anomalies (**ex :** grosses pièces changées au bout de trois ans ; interventions très fréquentes sur les canalisations etc).

III - Qui fait quoi ?

Si vous avez bien suivi ce qui précède, vous voyez qu'il y en aura pour tout le monde :

a) Le conseil syndical aura un rôle déterminant dans la première phase : il s'agit surtout de passer du temps à rechercher les états de dépenses, à faire le tri, à rechercher les factures.

Le conseil syndical sera aussi mis à la tâche, ensuite, pour analyser le résultat de cette enquête, puis pour « suivre » le carnet – ensuite – au fil des ans.

b) De son côté le syndic devra d'abord aider à recueillir les documents puis « remplir » le carnet au fur et à mesure (c'est évidemment très important).

c) Enfin des « techniciens » pourront être appelés pour effectuer le ou les diagnostics ciblés dont nous avons parlé.

III - Comment procéder ?

Pour que le carnet soit BIEN rempli et en permanence rempli nous pensons qu'il faut non seulement un carnet-type, mais aussi qu'il faut que le syndic s'engage – dans son contrat – à assurer son remplissage, sous le contrôle du conseil syndical (sauf si le conseil syndical veut le faire à sa place).

Le carnet-type : qu'est-il ?

Le carnet-type doit permettre, comme on l'a dit, d'établir un récapitulatif des travaux (sur cinq ou dix ans) et un suivi rigoureux des interventions.

Pour éviter de mettre TOUS les travaux et éviter aussi d'en mettre trop peu, nous avons élaboré un modèle dont on peut s'inspirer.

Nous vous conseillons de consulter notre site Internet sur lequel le modèle du carnet d'entretien est consultable.

Dernier point : si vous souhaitez mettre en place un VRAI carnet d'entretien comme nous le préconisons, nous vous conseillons de faire valider ce choix par l'assemblée générale et même à faire voter une résolution spéciale ; par exemple :

« L'assemblée générale mandate le conseil syndical pour mettre en place un carnet d'entretien conforme au modèle élaboré par l'Association des responsables de Copropriété, etc. »

SEPTIÈME PARTIE

SANTÉ ET SÉCURITÉ EN COPROPRIÉTÉ : EFFICACITÉ ET MAÎTRISE DES PRIX

CHAPITRE 31

LES DIAGNOSTICS IMMOBILIERS ET LA COPROPRIÉTÉ : LES BONS RÉFLEXES

1. Pourquoi faut-il se méfier des diagnostics ?

Les *« diagnostics immobiliers »* constituent un nouveau et formidable marché.

Les copropriétaires sont placés – très inconfortablement – entre des « diagnostiqueurs » qui cherchent à placer un maximum de diagnostics et des syndics qui soit n'osent pas refuser (par peur des problèmes éventuels) soit sont eux-mêmes directement ou indirectement intéressés à la prolifération de ces diagnostics.

Conséquence : les diagnostiqueurs fondent sur les copropriétés et facturent des études et diagnostics en pagaille, dont une partie est non obligatoire (malgré ce qui est dit par les uns) et l'autre inutile.

Ces diagnostics ont d'ailleurs d'autres conséquences : parfois ils entraînent des travaux (voir plus loin le cas des diagnostics concernant les légionelles) considérables et qui peuvent être également inutiles.

Voici donc des informations pour éviter le pire. Nous allons étudier ici le problème des termites, du plomb dans les peintures et du plomb dans l'eau et aborderons, au chapitre 33 le problème des légionelles.

2. Les copropriétés sont-elles astreintes à rechercher la présence éventuelle de termites ?

On notera que la loi sur la recherche des termites ne concerne QUE les vendeurs d'un bien immobilier et ceci uniquement lorsque l'immeuble est situé dans une zone déclarée infestée par le Préfet.

La copropriété n'est concernée que si un arrêté **municipal** oblige à faire cette recherche, ce qui est rare.

3. Le syndic explique qu'il a l'obligation de procéder à cette recherche. Qu'en est-il ?

En effet certains syndics s'appuyant sur le fait que des règlements sanitaires départementaux prévoient que les copropriétaires d'immeuble doivent prendre toutes les précautions pour éviter la présence de termites et autres xylophages, se permettent de conclure qu'ils ont le DROIT (même sans accord de l'assemblée générale ou du conseil syndical) de passer un *« contrat préventif »* concernant la recherche de termites (ou plutôt des facteurs pouvant attirer les termites !).

Il n'en est rien. Un tel contrat – dont nous affirmons qu'il est quasi-inutile – doit être approuvé par l'assemblée générale si le syndic veut le signer. Par ailleurs le syndic pourra très simplement satisfaire aux obligations du règlement sanitaire :

• en informant les occupants qu'il faut éviter d'entreposer des cartons et du bois dans le sous-sol (les termites **adorent** la cellulose) ;

• en traitant les fuites, les condensations, l'absence de ventilation, etc. (les termites adorent l'eau).

Un point c'est tout.

À noter : la seule obligation (de bon sens) qui pèse sur la copropriété est de faire procéder à un traitement dès lors que des termites ont été repérés dans l'immeuble ; c'est aussi, sous peine de sanctions, de signaler le cas à la mairie (en effet, les termites ne connaissent pas les frontières...).

4. Ne serait-il pas utile, néanmoins, de faire procéder à des recherches ?

Certains prestataires qui peuvent paraître bien intentionnés et qui sont soutenus par de nombreux syndics, ont mis au point des contrats de dépistage des risques de présence de termites appliqués partout (c'est-à-dire même là où il n'y a pas d'arrêté préfectoral), et concernant les parties communes. L'idée, *a priori*, semble bonne ; en fait, il n'en est rien :

a/ Si une commune ou une zone n'a pas fait l'objet d'un arrêté préfectoral concernant les termites, cela veut dire que la présence de termites n'a pas été détectée ou très faiblement ; ceci dit, on pourra objecter que n'est pas une raison pour ne pas exercer une surveillance.

b/ Le problème est que ces contrats de surveillance sont tout à fait inadaptés ; en effet ils ne consistent pas (dans la plupart des cas) à rechercher ou non la présence de termites (très difficile à détecter) mais à rechercher s'il n'existe pas des facteurs pouvant favoriser l'arrivée de termites ! Il n'est fait aucun sondage ni effectué aucune recherche approfondie, comme le font les spécialistes des insectes du bois. Les prestataires envoient simplement des personnes souvent formées à la va-vite qui vont simplement aller voir si dans les sous sols il n'y a pas de cartons, de journaux, de bois entreposés, ou des fuites d'eau, qui pourraient attirer les termites (grands amateurs de cellulose et d'endroits humides). En fait ces contrats – apparemment utiles – ne servent strictement à rien, d'autant qu'ils sont rédigés de façon à exonérer la responsabilité des prestataires au cas où des termites seraient présents ET non détectés le jour de leur visite !

5. Comment procéder ?

La raison amène donc à agir ainsi :

– tant qu'aucun arrêt préfectoral de zone n'existe, il faut se contenter d'une approche de *« bon sens »* du problème (faire en sorte que les sous-sols ne soient NI humides NI encombrés de bois, cartons ou papiers, comme on l'a dit) ;
– si un arrêt existe, il faut faire procéder par un **VRAI** spécialiste (voire par un service municipal qui connaît bien le territoire) à un véritable état parasitaire des parties communes (sous-sol ET étages) et fuir comme la peste ces prestataires qui font tout et n'importe quoi et n'ont aucune réelle expérience de ces petites bêtes. On peut également aller en Mairie pour avoir la liste des immeubles déjà repérés.

6. Quels problèmes posent les peintures au plomb ?

Le plomb dans les peintures (type de peintures interdit depuis 1949) est un problème très sérieux, mais qui concerne surtout les parties privatives. En effet, le saturnisme (maladie grave causée par la présence de plomb dans le sang) touche essentiellement les enfants qui habitent dans des logements insalubres où les peintures anciennes s'écaillent et sont soit ingérées, soit respirées par eux.

Naturellement ces logements sont souvent situés dans des immeubles eux-mêmes très vétustes ou insalubres, dont les parties communes (cage d'escalier) peuvent être recouvertes de peintures au plomb également en très mauvais état.

Mais chacun s'accorde bien à dire que le VRAI problème ne vient pas des parties communes, même s'il est certain que des peintures au plomb qui s'écaillent dans les cages d'escalier doivent être traitées le plus tôt possible.

D'ailleurs – et là aussi contrairement à ce que font croire de nombreux intervenants – les principales obligations concernent non pas les parties communes mais les parties privatives. Voyons cela.

7. Quelles sont les obligations réelles qui incombent aux copropriétés et aux copropriétaires ?

On doit en effet signaler divers abus de certains professionnels qui n'hésitent pas à faire croire que les diagnostics systématiques de présence de plomb dans les peintures des parties communes (très chers, par ailleurs) sont obligatoires immédiatement (même – et ceci est inadmissible – si ces peintures ne sont pas écaillées). Or cela est inexact, la réalité étant beaucoup plus subtile.

On peut identifier cinq situations :

1 – Si un médecin décèle un cas de saturnisme à 150 microgrammes de plomb par litre de sang chez un enfant, il peut saisir le Préfet pour déclencher un diagnostic d'accessibilité au plomb (dans le logement où habite la personne ou même sur les parties communes). Si le diagnostic est positif (accessibilité au plomb avec une concentration supérieure à un certain seuil), il y aura injonction de travaux notifiée au propriétaire par le Préfet et travaux d'office exécutés à ses frais s'il ne fait rien ; pour les parties communes l'injonction éventuelle sera faite à la copropriété.

2 – Dans les immeubles antérieurs à 1949 et dans les départements où existe un arrêté préfectoral concernant ces problèmes, tout copropriétaire qui vend son bien doit fournir un diagnostic d'accessibilité au plomb datant de moins de un an. Si le diagnostic détermine qu'il y a *« accessibilité »*, le Préfet doit être informé et celui-ci va notifier au propriétaire les travaux à faire. À noter que cette obligation ne concerne QUE les parties privatives, nullement les parties communes, comme l'a rappelé une circulaire ministérielle du 23 mars 2001 (UHC/QC 1-5).

3 – Lorsque des subventions sont demandées à l'ANAH (Agence Nationale pour l'Amélioration de l'Habitat) pour financer des travaux sur parties communes, celle-ci demande un diagnostic plomb sur parties communes et peut assortir l'octroi des subventions d'une obligation de procéder aux travaux nécessaires sur parties communes.

4 – Il est par ailleurs possible que, suite à une enquête d'hygiène, une copropriété, se voit enjointe de faire des travaux concernant le traitement du plomb (injonction très rare, cependant). Comme on le voit, sauf injonction ou obligation administrative (Préfet ou ANAH) il n'y a pour le moment aucune obligation de faire procéder spontanément et immédiatement à des diagnostics sur parties communes ou à des travaux.

5 – Enfin une loi sur la santé publique (9 août 2004) a donné quatre ans aux copropriétés antérieures à 1949 pour faire procéder à un diagnostic plomb des peintures sur parties communes. À noter, d'ailleurs, que cela prouve bien – *a contrario* – qu'aucune obligation ne pèse immédiatement sur les copropriétés. Ceci dit, dans la mesure où les peintures sont très écaillées et que l'immeuble est ancien, il peut être souhaitable d'en savoir plus. Nous ajouterons, aussi, ceci : dans le cadre des dispositions visant la protection des travailleurs, il est nécessaire d'informer les entreprises qui doivent travailler sur des supports susceptibles de contenir du plomb (ponçage, perçage). Dans ce cas-là – mais uniquement de ce cas-là – vous devez faire procéder préalablement à une analyse des supports concernés[1].

8. Comment satisfaire à ces obligations au moindre coût et en toute sécurité

a/ Diagnostic

– Plusieurs types d'analyse peuvent être effectués, soit :

• à l'aide de bâtonnets réagissant à la présence de plomb (par changement de couleur) qui donnent une indication (sans mesure chiffrée de la concentration) ;

1. Important : la loi du 9 août 2004 (article 72 et suivants) a prévu de remplacer les diagnostics par des ÉTATS dont le contenu sera défini par décret ; voir notre site pour en savoir plus.

• avec des appareils portables à fluorescence X qui donnent des résultats immédiats (exprimée en microgrammes/cm^2) et qui permettent de réaliser le nombre de mesures nécessaires (à noter, cependant, que le Ministère de la Santé a révélé les défauts de fonctionnement de certains de ces appareils ; décidément...) ;

• par une analyse en laboratoire, après un prélèvement d'échantillon, qui donne une mesure en milligramme par gramme de plomb total ou en milligramme de plomb acido-soluble suivant la technique utilisée.

– Le mieux est de faire appel à un organisme qui dispose d'un appareil portable.

– Nous pourrons vous donner, à l'ARC, des adresses, si vous êtes adhérent collectif, ceci d'autant plus que ces diagnostics sont souvent, comme on l'a dit, facturés très chers.

b/ Travaux

– Les travaux de traitement nécessitent des protections importantes pour éviter que les poussières ne provoquent chez les occupants ou les ouvriers des affections (saturnisme).

– Ceci entraîne, malheureusement, des surcoûts importants et certains abus. Il convient de nous consulter aussi, soit pour que nous vous orientions vers des entreprises sûres, soit pour que nous vous donnions les moyens de contrôler les propositions faites.

9. Le plomb dans l'eau, pourquoi s'en occuper ?

Rappelons que le taux de plomb dans l'eau (autrement dit la concentration) doit être – depuis fin 2003 – situé au maximum à 25 microgrammes par litre d'eau et devra, d'ici fin 2013, descendre à 10 microgrammes.

Bien qu'il n'y ait pas de quoi s'affoler et qu'il ne s'agisse pas vraiment d'un problème de santé publique (le taux était jusqu'à présent de 50 microgrammes sans que cela n'ait jamais entraîné le MOINDRE problème), il va falloir commencer à s'occuper de la question.

Oui, mais pas n'importe comment.

Des adhérents nous adressent chaque jour des pseudo-diagnostics qui sont chers et inutiles parce que mal faits.

On repère deux types d'abus :

– ceux concernant des analyses d'eau ;

– ceux concernant des diagnostics de réseau.

Nous allons les étudier mais précisons que, au-delà, on se méfiera aussi, pour le moment, de toute proposition de travaux concernant soit le changement de canalisations, soit le *« chemisage »* des tuyaux. Si vous êtes adhérent à l'ARC, consultez-nous.

a/ Faut-il faire des analyses d'eau ?

– Malgré ce qu'on pense, les analyses d'eau ne donnent pas forcément une image correcte de la vraie présence de plomb dans l'eau. Ce n'est pas nous qui le disons, mais le Ministère de la Santé lui-même (le taux varie, par exemple, en fonction du nombre de litres déjà soutirés dans la journée et de la situation dans l'immeuble).

– Il faut donc se méfier de ceux qui veulent placer à tout prix des analyses d'eau en prétendant que c'est obligatoire.

Allons même plus loin : il faut refuser absolument toute analyse de l'eau tant que le syndic ne peut pas vous dire :

– quel est le taux de présence de plomb dans l'eau avant compteur général (donc sur le réseau public) ;

– si le branchement du réseau public n'est pas lui-même en plomb...

En effet, à quoi sert de connaître le taux de plomb de l'eau qui circule dans votre immeuble si vous ne connaissez pas d'abord le taux de plomb de l'eau qui vous est fourni en pieds d'immeuble et si le branchement public est toujours en plomb ?

Par ailleurs il est hautement préférable de procéder à un *« diagnostic plomb »* des installations et des facteurs de dissolution du plomb dans l'eau (liée à certains facteurs dont, par exemple la plus ou moins forte dureté de l'eau – c'est-à-dire la présence de calcaire – dans l'eau). Mais ces diagnostics n'ont d'intérêt, là aussi qu'à condition de respecter certaines règles et de vérifier que les professionnels qui interviennent parfois à grands frais appliquent ces règles. D'où l'intérêt de la norme AFNOR P 41-021 concernant ces problèmes et dont nous allons parler maintenant.

b/ Comment éviter les diagnostics plomb mal faits ?

Rappelons d'abord que ces *« diagnostics »* consistent à étudier le réseau intérieur d'un immeuble et à repérer les facteurs éventuels qui peuvent favoriser la dissolution du plomb dans l'eau, donc la dangerosité potentielle de l'eau.

Or, de même qu'il faut se méfier de ceux qui veulent à tout prix faire procéder à des analyses d'eau, de même il faut se méfier de ceux qui commandent et pratiquent les *« diagnostics plomb »* sans exiger le respect de la norme AFNOR qui est parue en janvier 2004 après deux ans de négociation.

Car beaucoup de pseudo-spécialistes du diagnostic plomb vont fleurir ou ont déjà fleuri. Il faut donc pouvoir repérer rapidement ces gens-là et les écarter des copropriétés. Par ailleurs – et cela concerne les syndics – la norme prévoit AUSSI que le DONNEUR d'ORDRE (donc le syndic, en copropriété) doit **préparer** le diagnostic, ce qui implique un travail préalable de sa part (et d'abord se renseigner sur la qualité de l'eau et les matériaux qui composent les branchements).

Un bon moyen de voir à qui vous avez affaire et donc de savoir si vous avez affaire à des professionnels qui sont là pour vous éclairer et non pas seulement exploiter la situation, sera de vérifier qu'ils respectent bien ces nouveaux textes dans leur intégralité, et en particulier la norme P 41-021 relative au diagnostic (vous pouvez, sur notre site Internet avoir une description détaillée de cette norme).

À défaut, vous écarterez ces professionnels et les syndics qui les font travailler sans précaution et leur renverrez leurs éventuelles factures.

De toute façon rappelez-vous :

– les analyses d'eau sont peu utiles ;

– les *« diagnostics plomb »* ne doivent être engagés que dans des cas très précis et respecter des règles (celles de la norme AFNOR).

10. Attention aux travaux !

Après les diagnostics il faudra se méfier des propositions de travaux allant d'un changement total des canalisations jusqu'à la mise en place d'un film plastique à l'intérieur des tuyaux.

Beaucoup d'abus existent en ce domaine alors que nous avons jusqu'en 2013 pour faire le nécessaire (**NB :** à l'ARC deux aquaticiens, spécialistes de l'eau en général et des problèmes de plomb dans l'eau en particulier, aident les adhérents à s'y retrouver).

CHAPITRE 32

LA VRAIE SÉCURITÉ DES ASCENSEURS OU COMMENT ÉVITER LES PIÈGES ET SURCOÛTS

Oui, attention à la survitesse... des ascensoristes. Car les textes sont à peine publiés, que déjà, les ascensoristes envoient aux copropriétés des mètres cubes de devis.

Pour vous permettre de résister aux assauts de votre ascensoriste et pour inciter vos voisins et votre syndic à garder la tête froide tout en faisant ce qu'il y a à faire, voici un chapitre qui va vous permettre :

– de mieux savoir quels sont les VRAIS problèmes ;
– de mieux savoir quels sont les VRAIES obligations ;
– de bien connaître le calendrier applicable ;
– de savoir quelle méthode adopter pour faire les choses correctement et au juste prix ;
– de savoir quels sont les 17 points de sécurité et comment éviter les pièges.

1. Quelles sont les vraies obligations ?

a/ Les obligations

L'article 79 de la loi du 2 juillet 2003 a institué des obligations de travaux sur les ascenseurs existants pour raison de sécurité. Cette loi est complétée par un décret et quatre arrêtés.

Naturellement le décret d'application (9 septembre 2004) et ses arrêtés étant complexes, et les problèmes de sécurité utilisés à des fins commerciales (cette exploitation étant cependant souvent exagérée en l'occurrence, malgré l'existence de problèmes bien réels souvent liés aux défauts de maintenance) on s'aperçoit que les copropriétaires sont l'objet d'informations *« tendancieuses »* pour les persuader d'accepter des travaux, parfois bien au-delà des obligations réelles.

Il faudra donc bien faire le tour des VRAIES obligations concernant VOTRE ascenseur et qui pourront être assez éloignées des obligations telles qu'elles vous seront présentées par certains ascensoristes ou syndics volontairement ou involontairement mal informés.

Lisez attentivement le point 7 ci-dessous qui vous permettra **déjà** de comprendre où se situent les principales désinformations.

b/ Les délais

Les délais sont fixés en fonction des travaux (2 juillet 2008, 2013 et 2018).

Des ascensoristes tenteront de faire croire que l'existence de ces délais ne couvrira pas la responsabilité des copropriétés en cas d'accident et que vous avez donc intérêt à aller vite. Ne les croyez pas :

- d'abord parce que ce n'est pas exact ;
- ensuite parce que, pour certains travaux (dont TOUS ceux qui concernent la sécurité du personnel d'entretien), **c'est l'ascensoriste** qui sera responsable en attendant (d'ailleurs c'est précisément pour cette raison que les ascensoristes vont être si incitatifs).

2. Quels sont les vrais problèmes ?

Rappelez-vous : globalement les ascenseurs sont **déjà** parfaitement sécurisés ; quand ce n'est pas le cas, tout le monde est déjà bien au courant (entretien mal fait ; appareil très vétuste ; vandalisme ; etc.).

Par ailleurs précisons que les 17 points de sécurité mis en avant par la loi concernent pour une partie des problèmes secondaires ou marginaux, voire exceptionnels (exemple : protection en cas de survitesse en montée !) et pour partie des problèmes de sécurité du personnel de maintenance qui, **en principe**, devraient déjà être réglés depuis 1995 si les ascensoristes étaient sérieux.

En fait, les **vrais** problèmes à traiter rapidement sont assez peu nombreux et concernent essentiellement les problèmes des **serrures de portes palières battantes**.

Il y a donc surtout des faux problèmes.

Exemple d'un faux problème : les ascensoristes sont et seront surtout préoccupés de vendre très cher et très vite des *« variateurs de fréquence »* en vous faisant croire que cela va mieux garantir votre sécurité. Or la plupart du temps (si vous avez un ascenseur avec un moteur à deux vitesses) ce sera pur mensonge, le variateur vous permettant simplement d'obtenir une excellente précision d'arrêt, alors qu'un *bon entretien* permet d'assurer sans travaux une précision d'arrêt située entre un et deux centimètres, largement suffisante pour garantir une bonne sécurité.

Ne vous laissez donc pas impressionner et gardez votre calme pour mettre au point un plan de traitement.

3. Quel est le calendrier applicable ?

a/ Le contrat d'entretien (voir ici même le chapitre 18)

En fait il y a sans doute plus urgent que le problème des travaux ; c'est la renégociation obligatoire des contrats qui devra se faire avant le 30 septembre 2005.

La renégociation est obligatoire pour deux raisons :

– les décrets d'application de la loi vont obliger à intégrer des clauses nouvelles obligatoires ;
– le décret de 1977 fixant la liste des petits travaux (contrat simple) et des gros travaux (contrat complet) est abrogé.

Or les ascensoristes (surtout les grands) vont vouloir profiter de cette obligation pour **imposer des augmentations**.

Pour les copropriétaires la renégociation sera difficile pour les raisons suivantes :

– la mise en concurrence sera compliquée car les ascensoristes mais aussi les syndics seront débordés devant l'afflux de demandes ;
– il y aura peu de temps pour négocier.

Dès lors la mise en concurrence et la renégociation risquent d'être bâclées ou illusoires.

b/ Les travaux

Nous aurons jusqu'au 2 juillet 2008 ou 2013 ou 2018 pour faire les travaux.

Naturellement certaines bonnes âmes « *désintéressées* » vous diront que plus vite vous ferez procéder à ces travaux, mieux vous vous porterez, avec des arguments du genre : « *si vous attendez trop il y aura engorgement et augmentation des prix* ».

Ceci est ridicule : il y aura toujours de bons électriciens ou serruriers pour faire les travaux d'électricité ou de serrurerie à des prix compétitifs et dans les temps.

Pour le reste il sera bien préférable ET pour les usagers ET pour les ascensoristes corrects, d'étaler les travaux dans le temps (quitte à en intégrer une partie dans les contrats ; nous sommes en négociation avec certains ascensoristes pour négocier une telle formule. À suivre).

4. Comment satisfaire à l'obligation de renégocier son contrat avant le 30 septembre 2005 ?

– Voir ici même chapitre 18.

5. Quelles méthodes employer pour les travaux ?
Ce qu'il ne faudra pas faire :

- Lire le devis de travaux adressé par l'ascensoriste en place.
- Se contenter de négocier un rabais de 20 %.
- Passer commande.

Ce qu'il faudra faire :

- Déchirer le devis adressé par son ascensoriste.

• Faire appel à un bureau d'étude de *« confiance »* (voir avec l'ARC) qui va déterminer exactement :
– ce qu'il FAUT faire ;
– quand ;
– à quel prix.
• Puis négocier les travaux – après mise en concurrence – en prévoyant :
– de les étaler dans le temps ;
– de confier certains de ces travaux directement à des entreprises spécialisées (exemple : l'électricité à un électricien !).

On vous donnera à l'ARC des conseils, références, ressources beaucoup plus précises. Pour l'instant, il suffit de savoir ce qu'il ne faut pas faire.

6. Comment résister aux pseudo-informations ?

La formidable opportunité que représente la soi-disante *« mise en sécurité »* des ascenseurs va faire naître de colossales vocations de *« commerciaux »*.

On va donc entendre dans les mois et les années qui viennent tout et n'importe quoi, du genre :

– *« votre matériel n'est pas conforme au décret » ;*
– *« vous devez obligatoirement mettre en place TEL matériel, changer TEL autre sous peine de graves sanctions » ;*
– *« vous auriez tout intérêt à faire rapidement ceci et cela, même si ce n'est pas tout à fait obligatoire, etc. ».*

Ce langage est d'ailleurs normal, les ascensoristes étant avant tout des *« commerçants »* et non des bons samaritains préoccupés par notre sécurité.

Ce qui sera le plus gênant c'est qu'il est à peu près sûr que de nombreux syndics au lieu d'aider les copropriétaires à résister à ces assauts et à négocier, **vont tout accepter et vite**, d'une part pour se débarrasser du problème, d'autre part pour percevoir eux-mêmes des honoraires qui peuvent être conséquents.

Voyons en quelques mots les enjeux ; puis nous passerons en revue les 17 points de sécurité en vous donnant quelques conseils.

• **Les enjeux**

Ils sont clairs et peuvent être résumés ainsi :

– prenons le cas d'un ascenseur ancien dont la *« mise en conformité »* pourrait ne coûter QUE 20 000 € ;
– grâce à l'habilité commerciale des uns, la pseudo mise en concurrence des autres, les informations partiellement (in)exactes concernant

les obligations qui pèsent sur les usagers, et la pratique coûteuse de la sous-traitance (pour la serrurerie, par exemple, ou la mise en conformité de l'électricité) nous arrivons facilement aujourd'hui à 40 000 €.

L'enjeu n'est donc *ni plus ni moins – si l'on ne fait rien – que le doublement du prix de la mise en conformité*, ceci portant sur des sommes considérables.

Il faut donc être plus que vigilant et prêt à résister à tous les prêchi-prêcha des uns et des autres. Lisez attentivement le point 7 ci-dessous.

7. Les 17 points de sécurité : ce qu'il faut savoir, ce dont il faut se méfier

L'article 79 de la loi du 2 juillet 2003 a donné cinq, dix ou quinze ans aux propriétaires d'ascenseurs pour traiter 17 points de sécurité. Nous allons les passer en revue en vous donnant les conseils appropriés.

1/ Verrouillage sécurisé des portes battantes palières (tous les immeubles) : 3 juillet 2008 (il s'agit de la date limite)

Les portes doivent avoir des serrures munies de dispositifs de contrôle de la fermeture et du verrouillage des portes palières.

L'objectif principal est d'empêcher l'ouverture de la porte palière si la cabine n'est pas arrêtée à ce palier.

Ce qu'il faut en penser	Les pièges à éviter
Sur les 17 points de sécurité à traiter c'est sans doute l'un des plus réellement préoccupants (problèmes des enfants). Ceci dit il faudra faire attention aux abus.-	Deux abus en particuliers seront à écarter : – la volonté commerciale de certains ascensoristes de changer des serrures conformes mais ayant seulement le défaut d'avoir quelques années... – la proposition de mise en place (à la place des portes battantes existantes) de portes coulissantes qui écartent le problème des serrures mais coûtent très cher.

2/ Dispositions antivandalisme concernant le déverrouillage des portes battantes des ascenseurs : 3 juillet 2008

Il s'agit de mettre en place en cas de *« nécessité »* (exemple : immeuble fortement vandalisé, par exemple) un système soit **avertissant** les usagers en cas de danger (porte déverrouillée en l'absence de l'ascenseur, par exemple), soit **empêchant** ou rendant très difficiles les possibilités d'actes de vandalismes portant atteinte au verrouillage.

Ce qu'il faut en penser	Les pièges à éviter
Ces obligations seront fonctions de la *« nécessité »*, elle-même appréciée par le propriétaire de l'appareil, donc la copropriété. Nous avons, en effet, réussi à empêcher que le décret n'oblige toutes les copropriétés situées en *« zones sensibles »* à respecter ces obligations.	Il faudra résister, cependant, aux pressions des ascensoristes, qui – dans les immeubles difficiles – vont essayer de faire peur à la copropriété sur l'air de : *« attention, si vous ne mettez pas certains équipements en place et qu'il y a un accident, votre responsabilité sera lourdement engagée »*. Nous pouvons vous aider – pour échapper à ce piège – à faire vous-même une *« étude de risque »* qui couvrira la copropriété.

3/ Système anticontact sur les portes coulissantes : 3 juillet 2008

L'obligation (si la porte ne dispose pas déjà d'un contact de choc) est d'avoir un système de détection de présence de personnes dans le champ de la porte coulissante pour l'empêcher de se refermer.

Ce qu'il faut en penser	Les pièges à éviter
Cette mesure est une mesure plus de *« confort »* que de sécurité que certains ont réussi à imposer pour des raisons commerciales. Méfiance, donc. À noter que cela ne concerne que les ascenseurs qui n'ont qu'une seule porte coulissante.	Les ascensoristes vont essayer d'imposer des systèmes coûteux (rideaux électroniques). Méfiance, donc. Par ailleurs, si votre ascenseur date au moins de 1982 vous n'êtes, en principe pas concernés. Mais même s'il est antérieur, il est possible que vous puissiez échapper à cette obligation.

4/ Clôture satisfaisante des gaines d'ascenseur : 3 juillet 2008

Il s'agit d'assurer une fermeture sécurisée de la gaine (hauteur suffisante mais aussi maillage assez fin en cas de grille).

Ce qu'il faut en penser	Les pièges à éviter
Pour beaucoup d'appareils le coût de remplacement du grillage sera très élevé notamment dans les installations d'avant 1950.	Dans ces cas le risque est d'arrivée à un prix supérieur à celui d'un appareil neuf quand on fait la somme totale des obligations et travaux à effectuer. Dans un tel cas la solution la plus sage et la plus économique sera donc de changer d'appareil.

5/ Protection en cas de survitesse en descente pour les ascenseurs électriques : 3 juillet 2008

Il faut que l'appareil soit équipé d'un « *parachute* » (qui soit approprié) ou d'un limiteur de vitesse (lui aussi approprié) en descente (ascenseur électrique).

Ce qu'il faut en penser	Les pièges à éviter
À noter que, heureusement, rares sont les appareils qui ne sont pas équipés de ces systèmes.	Un cahier doit être réalisé par l'AFNOR (l'Association Française de Normalisation, dont fait partie l'ARC) permettant de savoir précisément QUAND les travaux seront nécessaires et QUE faire (comme pour les serrures palières). Il est en cours de réalisation et ne sera pas prêt tout de suite. Là encore, méfiez-vous de ceux qui voudront vous presser.

6/ Protection contre la chute en gaine des usagers : 3 juillet 2008

Il s'agit de disposer d'un système de protection empêchant la chute en gaine d'un usager lorsque l'ascenseur est arrêté entre deux étages et que la porte palière est ouverte.

Ce qu'il faut en penser	Les pièges à éviter
Lorsqu'un ascenseur est bloqué entre deux étages, il arrive souvent que les usagers se désincarcérent eux-mêmes en arrivant à ouvrir les portes ; ils sautent alors sur le palier et se retrouvent devant le trou béant de la cage. Or il est arrivé quelques très rares fois que certains rebondissent sur le palier et tombent dans la gaine.	Il faudra en principe mettre en place une plaque de 0,75 cm sous l'ascenseur. Pour cela il faut disposer d'une fosse de l'ordre de 1,10 m en raison de la présence d'un ressort de fond de fosses. Or beaucoup de fosses ne dépassent pas 0,80 cm. Diverses solutions sont possibles si la fosse n'est pas assez profonde. Il est cependant possible que des esprits ingénieux mettent au point des systèmes nouveaux d'ici quelques années. Donc, là encore : – étudiez le problème ; – n'acceptez pas les solutions onéreuses ou sophistiquées ; – consultez-nous.

7/ Pouvoir arrêter la cabine depuis la cuvette, la gaine ou le toit de la cabine : 3 juillet 2008

Il s'agit d'avoir un dispositif permettant aux ouvriers de maintenance d'arrêter la cabine depuis la cuvette, la gaine ou le toit de la cabine.

Ce qu'il faut en penser	Les pièges à éviter
En principe un ascensoriste « normal » qui a le souci de la sécurité de son personnel aurait du depuis le décret de juin 1995 mettre en place ces interrupteurs dont la pose (à prix coûtant) est d'un montant très faible. Faites donc attention, si depuis 1995 (neuf ans !) l'ascensoriste ou les ascensoristes n'ont rien fait.	On se méfiera aussi des ascensoristes qui proposeront le changement de boutons STOP installés relativement récemment, ceci pour de simples questions de hauteur. **À noter :** pour les points de sécurité N° 7, 8, 9, 14, 15 et 16, faire très attention : a) les copropriétés ont soit jusqu'au 3 juillet 2008 soit jusqu'au 31 juillet 2013 pour faire les travaux ; b) en attendant – et même si votre ascensoriste dit le contraire – il reste responsable des problèmes (décret 95-826). **Donc :** 1) pas de précipitation ; 2) si votre ascensoriste veut que les travaux soient faits rapidement qu'il propose des prix raisonnables.

8/ Accès sécurisé aux locaux techniques : 3 juillet 2008

Il faut que le matériel en place (échelle, trappe) permette un accès sécurisé aux locaux de machines ou des poulies.

Ce qu'il faut en penser	Les pièges à éviter
Les *« mises aux normes »* ont – très souvent – déjà été faites depuis juin 1995 ; de très nombreux abus ont d'ailleurs été constatés, les échelles étant vendues à prix d'or et les crosses de rétablissement au poids de l'argent.	Un conseil : si vous n'avez pas encore procédé à ces travaux, faites appel à votre serrurier ; vous paierez deux fois moins cher.

9/ Protection du personnel lorsqu'il pénètre en gaine ou en cuvette : 3 juillet 2008

Il faut avoir un système d'ouverture des portes de visite de la gaine et de la cuvette permettant l'arrêt de l'ascenseur lors de l'ouverture de ces portes par les intervenants.

Ce qu'il faut en penser	Les pièges à éviter
La plus grande partie du parc n'est pas concernée.	Le dispositif est simple et ne doit pas coûter cher (juste un contact de porte).

10/ Précision d'arrêt suffisante de la cabine aux paliers : 3 juillet 2013

On aura neuf ou quatorze ans pour disposer, si ce n'est pas le cas, d'un système permettant d'assurer une précision d'arrêt de plus ou moins 2 centimètres (2013 pour les ascenseurs installés avant le 1er janvier 1983, 2018 pour ceux installés après 1983) à tous les niveaux.

Ce qu'il faut en penser	Les pièges à éviter
L'ARC s'est battue deux ans pour éviter que la précision d'arrêt soit de 1 centimètre, comme le voulaient les ascensoristes. En effet s'il avait été imposé, ce niveau de précision aurait été impossible à obtenir par réglage… À noter : il est quand même incroyable qu'on ait essayé de faire croire qu'au-delà de 1 centimètre, la sécurité des usagers était en jeu ! À 4 ou 5 centimètres, d'accord, mais pas à **1,5** centimètres !	1. **Refusez** – si votre ascenseur a un moteur deux vitesses pouvant descendre à 0,25 mètre /seconde – la pose coûteuse d'un variateur de fréquence. 2. Exigez que l'ascensoriste procède à des réglages.

11/ Protection des usagers bloqués dans l'ascenseur : 3 juillet 2013

Il faut disposer d'une part d'un dispositif de téléalarme entre la cabine, la cuvette, le toit de la cabine et un service d'intervention et, d'autre part d'un éclairage de secours dans la cabine.

Ce qu'il faut en penser	Les pièges à éviter
Il s'agit de permettre aux personnes qui sont bloquées dans l'ascenseur d'une part d'être assurées que leur appel est pris en charge, d'autre part de ne pas rester dans le noir complet en attendant les secours.	Évitez la télé-surveillance, la téléalarme (téléphone mains-libres) étant nettement suffisante. En ce qui concerne l'éclairage de sécurité, faites en sorte qu'il soit associé à l'alimentation secours du téléphone.

12/ Absence de dangerosité des portes palières vitrées : 3 juillet 2013

Il faut avoir des vitrages de portes palières suffisamment résistants.

Ce qu'il faut en penser	Les pièges à éviter
Il s'agit d'éviter que les vitres des portes d'ascenseur (dites : « *oculus* » du latin oculus qui veut dire « *petit œil* ») ne se cassent et ne blessent des usagers.	Naturellement il faudra faire attention qu'on ne vous change pas de vitrage, alors que vous avez **déjà** du verre de sécurité.

13 /Protection contre les survitesses en descente (ascenseur hydraulique) : 3 juillet 2013

Il s'agit de disposer d'un dispositif de protection contre la chute libre, la survitesse ou la dérive (ascenseur hydraulique).

Ce qu'il faut en penser	Les pièges à éviter
Très peu d'ascenseurs hydrauliques sont concernés	Donc soyez vigilant.

14/ Protection du personnel de maintenance contre l'électrocution : 3 juillet 2013

Il faut disposer de systèmes de protection concernant les armoires ou tableaux électriques.

Ce qu'il faut en penser	Les pièges à éviter
Il s'agit de mieux protéger les ouvriers contre les risques d'électrocution.	Ne passez surtout pas par votre ascensoriste pour faire ce travail ; votre électricien vous prendra deux fois moins cher.

15/ Protection du personnel de maintenance en machinerie : 3 juillet 2013

Il faut disposer d'un dispositif de protection contre le happement (poulie et câbles).

Ce qu'il faut en penser	Les pièges à éviter
Il s'agit d'éviter que les vêtements du personnel de maintenance ne soient happés par des câbles, voire également les doigts.	On note beaucoup d'exagérations dans ce domaine, alors que la pose d'un capot devrait être très bon marché. Lire le *nota bene* sous le point (7).

16/ Éclairement suffisant en local machinerie : 3 juillet 2013

Il faut disposer d'un éclairage « *suffisant* » dans le local des machines ou des poulies.

Ce qu'il faut en penser	Les pièges à éviter
L'objectif (louable) est de permettre aux personnels de maintenance de travailler de façon plus confortable et plus sécurisée.	Là encore ne laissez pas l'ascensoriste faire un travail que votre électricien pourra faire pour beaucoup moins cher...

17/ Protection contre la survitesse en montant (ascenseur électrique de PLUS de 300 kilogrammes) : 3 juillet 2018

Il faut disposer d'un dispositif contre la survitesse en montée d'un ascenseur électrique (de plus de 300 kilogrammes, cependant ; faire attention).

Ce qu'il faut en penser	Les pièges à éviter
Le ministère a voulu lutter contre un risque quasi inexistant, les rares accidents constatés sur ce point venant souvent d'un défaut de maintenance.	Par ailleurs de nouveaux brevets permettront sans doute d'ici quatorze ans de faire face à cette obligation pour beaucoup moins cher qu'aujourd'hui. Donc, pas de précipitation.

Les problèmes concernant les travaux de sécurisation sont, comme ceux relatifs aux contrats d'ascenseurs, complexes et lourds de conséquences financières.
En janvier 2005, l'ARC a réalisé, aux éditions Vuibert, un guide spécial *Ascenseurs : comment éviter le pire ?* (le pire étant le coût excessif des travaux d'une part, et les contrats défavorables d'autre part).
Nous vous conseillons vivement, si vous êtes concerné par ces problèmes, de vous y reporter.

CHAPITRE 33

LA LÉGIONELLOSE EN COPROPRIÉTÉ

Comment éviter que la « *légionellose* » ne se transforme pour vous non pas en catastrophe sanitaire (il y a peu de risque, comme on va le voir) mais en catastrophe financière.

Voici un chapitre qui répond à cette question.

1. Légionellose-légionelles : de quoi s'agit-il ?

La légionellose est une infection provoquée par des bactéries du genre ***légionella***, les légionelles. Le germe responsable est un bacille vivant dans l'eau douce dont la température optimale de prolifération se situe entre 35 et 40 °C. On peut le trouver dans tous les milieux aquatiques naturels ou artificiels, notamment dans les installations sanitaires (douches, robinets...), les installations de climatisation et les dispositifs de refroidissement (tours aéroréfrigérantes, circuits de refroidissement industriels).

2. Toutes les légionelloses sont-elles graves ?

Non, il y a en fait DEUX types de légionellose : une forme bénigne, analogue à une forme grippale qui se soigne en deux à cinq jours et une forme grave (c'est elle la « maladie du légionnaire ») qui s'attaque surtout aux personnes fragilisées (personnes âgées ; immunodéficitaires...) et se traduit par une infection pulmonaire.

À noter que la forme grave est due à un groupe bien identifié de légionelles, le groupe 1 ; il existe par ailleurs 13 autres groupes non dangereux.

Cela explique que dans les analyses d'eau faites par les laboratoires (voir plus loin) on se contente de distinguer entre le groupe 1 et les groupes 2 à 14 (cependant, certaines personnes – voir plus bas – pour affoler les copropriétaires oublient de faire cette distinction).

NB : la présence de légionnelles n'est dangereuse, d'après les normes sanitaires, qu'au-delà d'un certain seuil (1 000 unités formant colonies – UFC).

3. Comment attrape-t-on la maladie ?

Essentiellement en inhalant soit de la vapeur d'eau (ex. : quand on est sous la douche) soit des aérosols d'eau contaminés (venant de circuit de climatisation).

4. D'où vient le mot « légionellose » ?

La maladie grave a été diagnostiquée la première fois à l'occasion d'une épidémie qui a touché les participants à un congrès d'anciens combattants (aux États-Unis). D'où le mot : « *maladie du légionnaire* » qui a donné « *légionellose* » et « *légionelle* ».

5. Dans quels cas les légionelles peuvent-elles proliférer ?

Circuit d'eau chaude

Dans le cas où les circuits sont mal entretenus (exemple : ballons d'eau chaude non détartrés) ou favorisent la stagnation de l'eau, il y a un risque de profilération. Le rôle de la température semble être un des facteurs déterminants de la présence de légionelles dans la production d'eau chaude. Diverses études menées en milieu hospitalier ont montré que la colonisation du système était plus fréquente lorsque la température de consigne était inférieure à 50 °C ou 60 °C. Ces bactéries colonisent fréquemment les parties basses des ballons d'eau chaude où règnent des températures plus favorables à leur développement.

Plusieurs études ont mis en évidence le rôle de l'âge des ballons : les chauffe-eau vieux sont plus souvent contaminés. Ceci est dû en partie aux dépôts de tartre et de sédiments dans les installations vieilles et/ou mal entretenues.

Dans les installations collectives, les *« bras morts »* (où l'eau stagne) sont dangereux.

Sur les parties privatives il faut aussi se méfier : si les pommes de douche ne sont pas détartrées régulièrement, il peut y avoir stagnation de l'eau et DONC profilération des légionelles.

Il est important de comprendre tout ceci pour mieux combattre (et surtout à moindre coût) ces bactéries.

Les systèmes de climatisation

Les systèmes de traitement de l'air et les tours aéroréfrigérantes qui leur sont associées ont été les premiers mis en cause dans la multiplication et/ou le transport de ces bactéries. Les ***légionelles*** peuvent coloniser l'eau des tours puis être véhiculées dans l'air extérieur par le panache qui s'en échappe.

Ces systèmes, cependant, ne concernent pratiquement pas les copropriétés.

6. Comment faire procéder soi-même à des analyses ?

Comme on le verra on peut avoir intérêt, parfois, à faire procéder soi-même (la copropriété, voire le syndic à la demande du conseil syndical) à des analyses. Pour le faire dans de bonnes conditions, nous vous donnons quelques renseignements préalables.

Attention : il y a laboratoire et laboratoire.

Il y a seulement trois types de laboratoires compétents (NB : il s'agit de laboratoires spécialisés dans le contrôle d'environnement et NON de laboratoires d'analyses médicales...) :

a) Les laboratoires agréés pour les analyses d'eau minérale ; il s'agit des laboratoires d'État ; il y en a un par département. À noter que ce ne sont pas forcément les moins chers et qu'ils peuvent demander des délais très longs.

b) Il y a ensuite les laboratoires accrédités par le COFRAC (comité français d'accréditation). En principe se sont les meilleurs laboratoires privés. Il y en a peu.

c) Enfin il y a les laboratoires qui font partie du réseau AGLAE – Association Générale des Laboratoires d'Analyse d'Environnement. Les laboratoires accrédités sont d'ailleurs obligatoirement affiliés à ce réseau.

Si vous avez affaire à un laboratoire, vous saurez maintenant quoi demander.

Les coûts : de 1 à 4 pour le même travail

Les coûts se calculent par analyse d'échantillon : un prélèvement = une analyse ; souvent trois prélèvements sont nécessaires (au ballon d'eau chaude ; dans le réseau ; à l'arrivée).

Les prix normaux et raisonnables que nous avons trouvés se situent autours de 90 € HT l'analyse. Mais certains laboratoires (qui profitent de la panique des gens) peuvent facturer une analyse jusqu'à 300 € ! Soyez très prudent.

Délais

Le délai d'incubation est de dix jours, ce qui veut dire que vous ne pourrez, au mieux, avoir des résultats avant quinze jours.

Certains laboratoires étant saturés (ou peu pressés) ces délais peuvent être multipliés par deux ou trois. Renseignez-vous avant de faire affaire...

7. Comment procéder dans les copropriétés ?

Problème n° 1 : la production d'eau chaude collective.

Dans les copropriétés d'habitation (c'est-à-dire celles adhérentes à l'ARC) il y a très rarement des systèmes de climatisation collective.

Le problème n° 1 pour nos adhérents concernera donc la prolifération éventuelle de légionelles dans les circuits d'eau chaude sanitaire collective.

Comment savoir ?

Il y a divers moyens de savoir.

a/ Dans une copropriété il y a toujours un prestataire qui est en charge de l'entretien des ballons d'eau chaude. Le moyen le plus simple est donc de saisir par lettre recommandée avec accusé de réception ce prestataire en lui demandant :

- s'il a fait procéder de son propre chef à une analyse ;
- si oui, de vous communiquer cette analyse.

b/ S'il n'a procédé à aucune analyse, vous pouvez lui demander de vous apporter la preuve que l'eau qu'il délivre (sortie ballon) n'est pas contaminée.

c/ S'il ne répond pas ou répond à côté, vous pouvez faire procéder vous-même à une analyse (voir plus haut) ; en fonction des résultats, vous pourrez alors négocier la prise en charge des frais.

d/ Si les analyses révèlent la présence de légionelles dans les ballons et par précaution, vous pourrez également faire procéder à des analyses concernant des prélèvements sur le réseau ou en bout de réseau.

8. Que faire s'il y a des légionelles ?

Voici quelques pistes.

a/ Actions de fond

La première chose à faire sera d'exiger du prestataire qu'il explique la présence de légionelles dans le ballon et qu'il traite le problème à ses frais (en effet s'il y a des légionelles cela signifie certainement qu'il a mal fait son travail – exemple : nettoyage irrégulier des ballons).

Pour le reste, il faudra éventuellement faire procéder à un diagnostic de l'installation par des personnes de confiance pour rechercher les causes de prolifération et agir ; on se méfiera néanmoins : voir l'histoire racontée au point 9 ; en attendant il faudra porter la température de l'eau chaude à 60° à la sortie des ballons (à cette température les bactéries ne prolifèrent pas comme on l'a vu plus haut).

Enfin en cas de traitement nécessaire (action chimique pour désinfecter le réseau), il faudra faire appel à une entreprise spécialisée.

À noter : là aussi (comme pour les laboratoires) il y a à boire et à manger ; il y a quelques dispositifs de certification d'entreprises et de procédés concernant la DÉSINFECTION des RÉSEAUX. Si vous avez des problèmes et êtes adhérents collectifs à l'ARC, n'hésitez pas à nous contacter pour que nous puissions vous orienter, vous donner des précisions et vous éviter les mauvaises surprises.

b/ Précautions à prendre chez soi

La première chose à faire est de détartrer les pommes de douches, flexibles et embouts de robinets (y compris les mousseurs) : rappelez-vous que le tartre favorise la stagnation et donc la prolifération des légionelles.

En plus du détartrage il faut procéder à une désinfection : pour cela faites simplement tremper les pommes de douche et embouts dans un seau d'eau avec de l'eau de javel (10 millilitres d'eau de Javel dans cinq litres d'eau).

Remplacez les joints, filtres et embouts de robinetterie anciens.

Enfin, après toute absence prolongée (vacances) faites couler l'eau chaude une minute aux différents points de puisage (ne restez pas dans la pièce ; rappelez-vous que la légionellose s'attrape en respirant les vapeurs d'eau...).

Avec tout ça si vous êtes malade c'est que vous avez lu ce chapitre trop vite. Profitez donc de votre (future) convalescence pour le relire à tête reposée...

9. Comment se prémunir contre... certains professionnels

Après la découverte de bactéries dans l'eau chaude sanitaire avec des concentrations en bactéries supérieures à 10 000 unités formant colonie (UFC) en sortie ballon et égales à 3 800 UFC sur un point de puisage, le conseil syndical et le syndic d'une copropriété adhérente à l'ARC ont consulté une société pour effectuer la désinfection de l'ensemble du réseau d'eau chaude sanitaire par procédé chimique.

Hélas, cette société n'a pas mis en garde la copropriété sur le fait que ce procédé risquait d'accélérer la corrosion du réseau et qu'après cette désinfection, il faudrait mettre en œuvre un procédé de traitement de l'eau chaude (adoucissement et injection) en continu. Mais surtout, la société a oublié de prévenir la copropriété que malgré ce traitement, la bactérie risquait de réapparaître après quelque temps !!!

En effet, la désinfection qu'elle soit chimique (par injonction de produit désinfectant) ou physique (par choc thermique) reste efficace uniquement sur le court terme : et le risque de contamination est toujours présent si la maintenance de l'installation n'est pas correctement effectuée et si des travaux de réfection du circuit ne sont pas envisagés.

Ce devis a été présenté à l'aquaticien de l'ARC : la somme était exorbitante (environ 75 000 € pour 160 lots) pour un résultat positif sur le court terme mais sans aucune garantie sur le long terme. Naturellement, l'aquaticien leur a proposé de refuser ce devis puis de mettre en place d'autres solutions techniques (afin d'éviter des dépenses inutiles), à savoir :

– un nettoyage et un détartrage des ballons de stockage afin d'éviter de créer des nids où la bactérie se développe ; puis après ces opérations, augmentation de la température en respectant la réglementation en vigueur afin que l'eau produite ait une température avoisinant les 55 °C ralentissant voire anéantissant la prolifération bactérienne ;

– mais aussi une modification du type de production d'eau chaude, afin d'éviter les stagnations et les baisses de températures dans le stockage de la distribution. Dans le cas de cette copropriété, la production comporte plusieurs ballons de stockage et la solution pourrait être de passer en production instantanée (au moyen d'un échangeur à plaques alimenté par les chaudières supprimant les problèmes de stagnation dans les ballons) ;

– pour ce qui est de la distribution, plusieurs appartements étaient inoccupés mais toujours raccordés au réseau ce qui, bien sûr, augmente les risques de prolifération. La déconnexion de ces branchements semble être la meilleure solution à apporter afin d'éviter la stagnation dans ces bras morts.

HUITIÈME PARTIE

LE SUIVI DES CONSOMMATIONS

CHAPITRE 34

L'INDISPENSABLE GESTION DE L'EAU

A. LE CONTRÔLE DE L'EAU FROIDE

Le problème des frais d'eau froide devient de plus en plus préoccupant :

• prix unitaire du m³ de plus en plus élevé et augmentant très rapidement ;

• fuites mal contrôlées ;

• problèmes de plus en plus nombreux posés, soit par le mauvais fonctionnement des compteurs, soit par leur mauvais relevé, soit encore par les comportements plus ou moins honnêtes d'un certain nombre d'occupants.

Contrôler ce poste devient donc à la fois difficile et à la fois impérieux, si l'on ne veut pas avoir à payer des sommes importantes et injustifiées (l'eau de ses voisins en particulier).

1. La nouvelle « donne »

Des moyens nouveaux – juridiques et techniques – existent maintenant dont le conseil syndical doit s'emparer pour engager un processus de maîtrise. Ces moyens sont les suivants :

– La majorité requise pour décider de la pose des compteurs d'eau a été abaissée par la Loi du 13 décembre 2000 ; il suffit désormais d'obtenir la majorité de l'article 25 (501 millièmes en premier vote et la majorité simple en deuxième vote), au lieu de la double majorité de l'article 26.

– La loi du 13 décembre 2000 a également prévu la possibilité de demander – en habitat collectif – l'individualisation des contrats d'eau (comme EDF et GDF), ce qui était pratiquement impossible jusqu'à présent.

– Enfin, du côté technique, le développement du système de radio-relevé va permettre de surmonter les problèmes propres au comptage traditionnel (difficulté de pénétrer dans les logements).

Un mot sur la différence entre « compteurs divisionnaires » et « compteur individuel avec facture individuelle ».

– Pourquoi il ne faut pas confondre les compteurs divisionnaires d'appartement et les compteurs de facturation propres à chaque appartement ?

Beaucoup de gens pensent que les compteurs d'appartement sont – comme pour EDF ou GDF – des compteurs de facturation.

Erreur ! Fatale erreur ! les compteurs sont BIEN actuellement et sauf rares exceptions des compteurs dits « divisionnaires » qui servent à RÉPARTIR la facture générale.

À noter que – dans 90 % des cas – ces compteurs sont LOUÉS à une société (qui effectue aussi le **relevé**).

On peut donc avoir la situation suivante :

a) la compagnie des eaux relève le compteur général et fait la facturation de ce compteur ;

b) une société de location et de relevé des compteurs divisionnaires relève les compteurs, adresse la liste des relevés au syndic qui va **établir** la « répartition ».

2. La gestion de l'eau

On peut avoir plusieurs systèmes de gestion de l'eau dans un immeuble.

a. Ne pas avoir de compteurs individuels (ce n'est pas obligatoire pour l'eau froide).

b. Dans ce cas cependant, afin d'éviter trop de fuites sur les parties privatives, on peut prendre ce qu'on appelle un « **contrat de robinetterie** ». Ainsi, seront traitées les fuites sur parties privatives que tout le monde paie.

c. On peut aussi préférer un « **contrat d'économie d'eau** » ou de « **gérance d'eau** ». Dans cette formule, le principe est que le client paie un forfait à une compagnie de gérance d'eau. Celle-ci assure la chasse aux fuites et se paie sur les économies qu'elle réalise. Le problème est que les forfaits sont toujours largement surévalués.

d. On peut avoir un système de comptage individuel de l'eau : dès lors, chacun étant responsable de ses fuites, il n'y a plus besoin de contrat d'entretien des robinetteries.

e. Enfin, on peut avoir un système de comptage individuel AVEC facturation individuelle.

L'usager pourra donc avoir à payer l'eau plus la location/entretien/relevé des compteurs ; ou le contrat de robinetterie ; ou un contrat global de gérance.

3. Les questions à se poser

a/ La consommation générale d'eau est-elle normale ?

- Sachez qu'on estime que la consommation par personne est d'environ 90 à 150 litres par jour.
- Une famille de quatre personnes utilisera ainsi 120 à 140 m^3 d'eau par an (en appartement).
- La proportion entre eau froide et eau chaude est d'environ de deux tiers/un tiers.
- Enfin, la consommation sur parties communes (hors arrosage de pelouse) ne doit pas dépasser 5 % du total des consommations privatives.

Avec tous ces éléments, vous devez facilement pouvoir étudier si les consommations de votre immeuble sont normales ou non.

Si les consommations sont anormales, à vous de rechercher pourquoi (fuites sur parties communes ou privatives, piratage par les commerces, familles très consommatrices, etc.).

b/ D'où vient la différence éventuelle entre le compteur général et le total des compteurs divisionnaires (quand ceux-ci existent) ?

Il n'est pas rare de trouver l'exemple suivant :

• compteur général : 3 000 m^3 ;

• total des consommations relevées aux compteurs divisionnaires : 2 000 m^3.

(**À noter :** il faut exiger que la société qui relève les compteurs divisionnaires relève **aussi le même jour** le compteur général.)

Ainsi, si vous avez payé normalement votre consommation personnelle, vous aurez en plus à payer votre quote-part sur les 1 000 m^3 résiduels.

Il faut savoir qu'en principe, la différence entre le compteur général et le total des compteurs divisionnaires, doit se situer autour de 5 %. Dans notre exemple on en est à 33 % !

Que se passe-t-il ? Les explications peuvent être nombreuses. Il peut y avoir beaucoup de personnes absentes lors des relevés. Bien sûr, dans ce cas, un forfait leur est appliqué, mais il peut être trop faible. Il peut y avoir des compteurs bloqués, ou des compteurs qui sous-comptent, voire des compteurs qui – dans certains logements – n'ont **jamais** été posés. Enfin, il peut y avoir des tricheurs (personnes qui trafiquent leur compteur, les démontent entre deux relevés, ou ne donnent pas les bons chiffres).

Pour savoir d'**où** viennent les problèmes, il faut donc vous faire communiquer ce qu'on appelle les listings de récupération individuelle d'eau. Il s'agit des relevés des consommations, logement par logement, effectués par une société spécialisée. Insistez pour les obtenir. Il n'y a rien de secret (certains professionnels se cachent derrière la loi « ***Informatique et Libertés*** » qui n'a rien à voir avec cette affaire). Vous analyserez les problèmes logement par logement et découvrirez bien des anomalies. Nous verrons un peu plus loin comment agir sur les problèmes rencontrés.

Bien sûr, la différence entre un compteur général et le total des compteurs divisionnaires peut **aussi** avoir une autre raison : **les fuites sur les parties communes** !

Dans ce cas, n'oubliez pas de demander à la compagnie des eaux, comme à la ville, de vous rembourser les taxes d'assainissement (ces taxes peuvent représenter la moitié du prix de l'eau). En effet, puisque l'eau n'est pas retournée dans le réseau, elle n'a pas dû être retraitée : donc les taxes d'assainissement peuvent vous être remboursées, sur demande, évidemment.

c/ D'où viennent les augmentations de consommation générale ?

D'une année sur l'autre, il peut y avoir des augmentations importantes. Il faut, d'une part, pouvoir les repérer : d'où la nécessité de « **suivre** » les consommations d'une année sur l'autre. Il faut, d'autre part, en rechercher les raisons (mauvaises estimations, fuites, arrivées de nouvelles familles, etc.).

Notons que s'il n'y a pas de compteurs divisionnaires, les augmentations peuvent être dues à des fuites sur les parties privatives (une chasse d'eau qui fuit peut entraîner une consommation de 200 à 500 m^3 par an). C'est dans ce cas-là que les gestionnaires font signer des contrats d'entretien de robinetterie (sur lesquels nous sommes tout à fait réservés, comme on va le voir).

4. Le contrôle des contrats de robinetterie et d'économie d'eau

a/ Rappel des deux types de contrat

• On a d'abord le contrat d'entretien de type classique, appelé « **contrat de robinetterie** » (telle prestation pour telle fréquence, pour tel prix).

• Ensuite, on a ce qu'on peut appeler le contrat d'entretien à intéressement, dit encore « **contrat d'économie** » ou « **contrat de gérance d'eau** ». Dans ce contrat, l'exploitant se paie sur les économie réalisées.

Prenons un exemple :

Vous utilisiez, dans votre immeuble, 7 000 m^3 d'eau il y a cinq ans. Maintenant cela monte à 12 000 m^3. Il y a des fuites, de toute évidence.

Si vous prenez un contrat d'économie, la compagnie assurant l'entretien va toujours vous facturer 12 000 m^3, mais, en contrepartie, elle va vérifier les installations de façon périodique. Ainsi, votre consommation va de nouveau baisser (mais pas votre facture), la compagnie se payant sur les économies.

Le seul intérêt de ce type de contrat est d'éviter que les consommations ne continuent à grimper.

À l'ARC, nous sommes hostiles à ce type de contrat, le forfait étant, en général, très élevé et cette gestion étant déresponsabilisante. Un conseil : résiliez-le dès que possible.

b/ Les prix des contrats de robinetterie

Les prix sont souvent élevés pour ce qu'ils représentent (changement de joints). Il n'est pas rare de trouver des contrats à 45 € TTC par an et par logement, d'une durée minimale de cinq ans.

Nous pensons que ces contrats ne devraient pas être supérieurs, en durée, à trois ans, et qu'ils ne devraient pas dépasser la somme de 17 à 21 € TTC par logement (ceci dans les immeubles au-dessus de 50 logements. En dessous, tout dépend du nombre de logements et du nombre de robinets).

Mais surtout, nous pensons que le contrat pour les robinets n'est pas utile, un contrat concernant l'entretien des joints de chasse d'eau pouvant tout à fait suffire dans la plupart des cas (en effet, c'est là que se situent les plus grosses pertes et le changement de ces joints n'est pas toujours facile).

5. Compteurs individuels pour tout le monde ou non ?

Faut-il poser des compteurs individuels ou non ? Quand il n'y en a pas, la répartition de l'eau provoque beaucoup de contestations :

- si la consommation est répartie à la surface des logements, on accusera la famille nombreuse qui habite un petit appartement de consommer trois fois plus d'eau qu'elle n'en paie...
- si la consommation est répartie au nombre de personnes, on soupçonnera le célibataire de faire couler tous ses robinets sans compter.

L'intérêt des compteurs individuels est de supprimer tous ces faux conflits.

Par ailleurs, étant donné l'évolution du prix de l'eau, la pose des compteurs, jugée non économique il y a encore quelques années, est vite rentabilisée (sauf si vous avez trois arrivées d'eau par appartement, ce qui est très rare).

On doit cependant dire que les syndics se font tirer l'oreille pour faire poser des compteurs : ils préfèrent répartir une facture globale en millièmes de charges plutôt que de gérer cette répartition en fonction des consommations, ce qui leur cause du travail.

Il faudra donc, dans certains cas, se battre pour qu'ils ne bloquent pas le processus de pose des compteurs individuels.

À noter : grâce à la baisse de majorité introduite par la Loi du 13 décembre 2000, ce problème sera évidemment beaucoup plus facile à résoudre.

Le cas des commerces

Très souvent, on a des commerces gros utilisateurs d'eau (café, coiffeur, fleuriste) situés dans des immeubles non pourvus de compteurs divisionnaires.

Dans ce cas, il faut absolument exiger la pose de compteurs dans les commerces, même si des compteurs ne sont pas posés dans les logements. Cela permettra au moins de distinguer la part « logement » (qui doit être répartie aux millièmes) de la part « commerce » (dans un petit immeuble, la part «commerce» peut atteindre facilement 40 %...).

À noter : la décision de faire poser un compteur dans un commerce se prend à la majorité de l'article 25, c'est-à-dire 501/1 000e en première lecture (le problème est prévu dans l'*article 25 f* de la loi du 10 juillet 1965).

B. LES PRÉCAUTIONS À PRENDRE QUAND ON DÉCIDE DE POSER DES COMPTEURS D'EAU DANS LES LOGEMENTS

Le comptage est la solution idéale, mais peut s'avérer décevant. Il faut, en effet, agir contre plusieurs séries de problèmes :

1. Les difficultés de relevés des compteurs
2. Le démontage des compteurs par certains occupants
3. Le vieillissement des compteurs.

1. Agir contre les difficultés de relevés

Nous allons passer en revue trois types de moyens.

a/ Le relevé à distance

Longtemps le relevé à distance et surtout le radio-relevé a été insuffisamment fiable technologiquement pour être préconisé (surtout par l'ARC).

Depuis quelques temps ce n'est plus le cas. Nous avons mené une grande enquête qui nous a permis de conclure :

a) qu'il existait des systèmes de relevé à distance tout à fait fiables ;

b) que ces systèmes devenaient désormais tout à fait abordables financièrement, même si ces systèmes induisaient des surcoûts.

Nous avons réalisé un document technico-financier très complet et très simple à comprendre – disponible gratuitement sur notre site Internet – auquel nous vous renvoyons pour plus de détails.

b/ Le forfait progressif dissuasif

À défaut de compteurs à radio-relevé, la solution la plus simple est d'appliquer aux absents un forfait TRÈS fort, de façon à les inciter à faire relever leur compteur.

Le forfait peut être même progressif (exemple : 200 m^3 en eau froide la première année, 300 la deuxième, etc.).

Évidemment, dans ce cas, la société qui est chargée des relevés doit aussi gérer les forfaits et les régularisations, ce qu'elles font toutes sans difficulté.

Aussi, dès que des compteurs sont installés dans une copropriété, il convient qu'une règle claire soit votée, règle qui peut être exprimée par la résolution suivante : « *Chaque occupant devra permettre l'accès à son compteur au moins une fois l'an. À défaut, lui sera appliqué un forfait d'eau froide égal à 200 m^3, forfait qui sera doublé l'année suivante et ainsi de suite* ».

Il faut savoir que ce genre de pratique est parfaitement légal et que le juge donnera toujours raison au syndicat face à un débiteur récalcitrant. Pour celui-ci, la solution est simple : ouvrir sa porte.

2. Agir contre ceux qui démontent leur compteur

Certaines personnes démontent les compteurs, soit pour les « retourner », soit pour mettre à la place un tuyau.

Pour éviter cela, il existe certains systèmes d'inviolabilité (plombage, bague spéciale) qui sont, d'ailleurs, rarement installés. Quand ils le sont, ils s'avèrent cependant souvent décevants. En effet, comme toujours, il existe des systèmes efficaces et d'autres qui le sont moins. Il serait donc souhaitable et urgent que les fabricants se penchent sur la mise au point de systèmes vraiment fiables !

Par ailleurs, et l'on revient par là au problème de comptage, il est essentiel que, une fois ces systèmes posés, les releveurs signalent tout incident de façon impérative.

Pour y arriver, il n'existe qu'un seul moyen : inclure, dans les contrats, une clause extrême pénalisante.

Dans son contrat, l'ARC a mis au point la clause suivante : « Au cas où il apparaîtrait qu'une intervention sur compteur a été effectuée par un occupant sans accord de la société et que cet incident n'a pas été signalé au client, il sera appliqué une pénalité forfaitaire égale au dixième du montant du contrat annuel. »

3. Agir contre le sous-comptage progressif

Il s'agit là d'un des problèmes majeurs du comptage ; en effet, au fil des ans et en raison d'entartrage ou d'usure du mécanisme, les compteurs finissent par sous-compter, ceci de façon inégale. Conséquence : certains comptent BIEN, d'autres sous-comptent. Mais les « loueurs » de compteurs à la fois MINIMISENT ces problèmes et, le plus souvent, ne changent les compteurs que quand ils se BLOQUENT.

Il faut donc intervenir pour éviter que le principe même du comptage ne soit perverti.

Le système le plus simple serait sans doute celui adopté par les Allemands : l'obligation de changement périodique des compteurs (5 ans pour les compteurs d'eau chaude, 6 ans pour ceux d'eau froide).

Néanmoins, les problèmes posés par une telle mesure sont les suivants :

a. les compteurs, qui doivent être vite amortis, risquent d'être de qualité médiocre et ne pas compter les petites fuites (voir annexe n° 2),

b. si les compteurs sont des compteurs de bonne qualité et donc chers, on risque d'arriver à des coûts de comptage trop importants.

C'est pourquoi, la solution est à trouver dans la conjugaison de plusieurs dispositions, d'une part techniques, d'autre part contractuelles.

a/ Dispositions techniques

Il existe plusieurs qualités de compteurs : ceux de classe C (les meilleurs), de classe B et de classe A.

Ceux de classe C sont généralement de technologie dite « volumétrique », ceux de classe B et A sont généralement dits « de vitesse ».

Or, il se trouve que les compteurs volumétriques, de par leur technologie, semblent moins sensibles au sous-comptage que les autres, les effets de l'entartrage n'étant pas les mêmes.

Comme par ailleurs, ces compteurs décomptent mieux (en particulier les petites fuites), les usagers ont tout intérêt à imposer des compteurs de classe C. La différence annuelle entre le coût de location d'un compteur de classe A, par rapport à un compteur de classe C, étant de l'ordre de 3 €, il est singulier de vouloir économiser une somme si dérisoire pour des enjeux si considérables.

Nous rassurons le lecteur : personne n'a payé l'ARC pour écrire les lignes précédentes et toute personne (ou fabricant) pouvant apporter des informations techniques complémentaires (même contradictoires) verra ses thèses développées dans les prochaines éditions de ce guide.

b/ Dispositions contractuelles

Mais les problèmes techniques ne résoudront pas tout ; les compteurs de qualité vieillissent eux aussi, même s'ils vieillissent moins vite peut-être que les autres.

C'est pour cela que des garde-fous doivent être mis en place. Donnons deux exemples :

• prévoir, dans les contrats, un contrôle périodique des compteurs par étalonnage sur place. Pour cela, on peut fixer des obligations concernant le contrôle contradictoire d'un certain nombre de compteurs à intervalles réguliers ;

• prévoir également, dans les contrats, le changement des compteurs au bout d'un certain nombre d'années ou de m^3, délais moins contraignants que les délais imposés par la législation allemande et permettant donc un amortissement compatible avec un prix de comptage raisonnable (un compteur étant amorti sur cinq ans, on peut par exemple fixer une limite absolue à 10 ou 12 ans).

Ce qu'il convient d'instaurer, c'est une action de vigilance (c'est le fameux « entretien » jamais assumé dans les contrats dits « location-entretien-relevé ») concernant les compteurs et leur vieillissement, sachant que l'indicateur principal reste l'écart entre le nombre de m^3 généraux et celui totalisé sur les compteurs d'appartement. Nous reviendrons un peu plus loin sur ce problème.

4. Un problème particulier : les robinets d'arrêt

Pas de politique du comptage qui ne passe par la prise en compte de ce problème. Quand on installe des compteurs, il est très important de prévoir l'installation de robinets d'arrêt d'appartement, si ceux-ci n'existent pas déjà. Cela permet une grande souplesse d'intervention dans les logements (traitement des fuites, changement de compteurs). Le problème est que dès qu'il faut changer un compteur, la société qui loue ses compteurs a tendance à dire : « Je veux bien changer le compteur, mais si je touche au robinet d'arrêt, il risque de fuir ; donc je n'y touche pas et ne peux changer le compteur ». Cela est malheureusement authentique et la seule solution est de signer un contrat d'entretien des robinets d'arrêt (ce qui est actuellement extrêmement rare). Mais attention : PAS aux PRIX PRATIQUÉS actuellement.

Quand on rencontre des contrats à 3 €, voire 4 € HT le robinet, on croit rêver. Ces contrats complémentaires ne doivent pas dépasser... 1 € par robinet. Mais oui, 1 € !

C. LE PROBLÈME PARTICULIER DU COMPTAGE DE L'EAU CHAUDE

1. Le compteur collectif

De quoi s'agit-il ?

Pour savoir quelle consommation d'eau chaude on a eu dans un immeuble, de telle période à telle période, il faut avoir en chaufferie ce qu'on appelle un compteur permettant de comptabiliser les m^3 d'eau froide réchauffée.

De même, si l'on veut pouvoir repérer les anomalies éventuelles et cumulées des compteurs d'eau chaude individuels, il est indispensable d'avoir ce fameux compteur.

Or, nous sommes absolument ahuris de constater, en faisant des contrôles, que nombre de chaufferies ne sont pas équipées de ce modeste instrument de comptage qui va permettre aussi bien un contrôle rigoureux concernant le chauffage (car comment contrôler celui-ci si on ne peut faire la part exacte entre la consommation relative au chauffage et celle relative à la consommation d'ECS), qu'un contrôle des consommations d'eau chaude (on verra pourquoi plus loin).

Conclusion

• Vérifiez que ce compteur existe et sinon faites-le poser.

• S'il existe, exigez que des relevés soient faits, ce qui n'est pas évident, malheureusement, et surtout exigez qu'ils soient faits en **même temps** que les relevés des compteurs individuels.

2. Le problème du comptage individuel

Alors que, depuis 1977, les compteurs individuels d'eau chaude sont obligatoires (quand la moyenne, pour un immeuble donné, ne dépasse pas deux compteurs par logement ou commerce desservi par l'eau chaude), de nombreux immeubles ne sont pas (ou plus) équipés de compteurs individuels (ou divisionnaires) d'eau chaude.

Pourquoi ? Deux raisons essentielles peuvent être avancées, déjà repérées plus haut :

• La première est que les gestionnaires n'ont pas envie de se « casser la tête » avec ce problème des répartitions.

• La deuxième est que, dans de nombreux cas, les compteurs, faute d'avoir été changés, deviennent défaillants, ce qui provoque des difficultés entre les usagers.

Dès lors, plutôt que de régler les problèmes de compteurs, on préfère les supprimer, ce qui n'est pas très intelligent.

Les compteurs sont une bonne chose, mais quelques précautions doivent être prises :

• comme on l'a déjà dit plus haut pour l'eau froide, il faut définir des forfaits pour le cas où les occupants ne se font pas relever leur consommation (absence). On peut même instituer un relevé annuel obligatoire, assorti d'un forfait très **dissuasif,** pour ceux qui ne satisfont pas à cette obligation ;

• il faut faire en sorte que les compteurs soient changés à période régulière (par exemple tous les sept ans) ; on sait, en effet, que les compteurs finissent pas sous-compter ;

• il faut vérifier que l'écart ne se creuse pas entre le nombre de m^3 enregistré sur le compteur général et la somme de m^3 enregistrée sur les compteurs individuels (voir dans les pages précédentes consacrées à l'eau froide, ce qu'il en est).

Au cas où il y a un écart, il faudra agir (voir également plus haut).

Un point particulier : il arrive que les consommations globales d'eau chaude augmentent sensiblement d'une année sur l'autre. On devra toujours en rechercher la cause qui peut tenir :

• à l'arrivée de nouveaux ménages ou à des fuites sur parties communes ;

• mais aussi au fait que l'eau chaude est fournie tiède ! Dans ce cas, en effet, les occupants ont tendance à tirer plus d'eau. Si l'eau vous est facturée forfaitairement au m^3, il faudra protester et réagir.

D. L'INDIVIDUALISATION DES CONTRATS D'EAU

1. Le service de l'eau : rappel du fonctionnement général

En France, la distribution de l'eau est un service public LOCAL.

Les villes ou groupements de villes (dans le cadre de syndicats intercommunaux) ont la possibilité soit d'assurer directement ce service (dans le cadre des régies) soit de le déléguer à une entreprise. Dans tous les cas il y a un règlement de service qui fixe *les modalités du service.*

Ce règlement de service fixe entre autres les modalités d'abonnement : s'il prévoit qu'il y aura un seul abonnement par immeuble, cela voudra dire qu'il sera impossible d'obtenir des abonnements individuels dans un immeuble.

Certains règlements de service prévoient des possibilités d'individualisation, mais ils sont RARES.

Or, que vient de changer la loi Solidarité et Renouvellement Urbains (du 13 décembre 2000) ? La loi vient tout simplement d'introduire une disposition qui va obliger le service local à satisfaire à toute demande d'individualisation en habitat collectif, même si le règlement de service ne le prévoit pas !

2. Une situation archaïque

Tous les logements de France qui sont raccordés au réseau électrique, au réseau gaz ou à un réseau téléphonique disposent d'un abonnement INDIVIDUEL donnant lieu à une facturation individuelle.

Pour l'eau – en habitat collectif – il en va généralement AUTREMENT : comme on l'a vu, le « règlement de service » prévoit dans presque tous les cas qu'il aura un seul abonnement collectif par immeuble ; le syndic ou le propriétaire est donc obligé de se « débrouiller » ensuite avec les occupants pour récupérer le montant de la facture.

En fait, le service public de l'eau a ainsi trouvé un excellent moyen de faciliter son travail et d'alléger ses coûts de fonctionnement.

Il est évident que cette situation non seulement est archaïque, mais anormale : pourquoi transformer les syndics en collecteurs de fonds ? imagine-t-on une seconde un seul compteur électrique par immeuble pour les parties communes et privatives et un syndic obligé de répartir cette facture et d'en collecter le montant ?

Pour être complet disons que la situation archaïque décrite est souvent justifiée par le fait qu'il y a dissociation entre réseau public (jusqu'au pied d'immeuble) et réseau privé commun (entre la voirie et les logements le réseau est privé) ; comme le service public n'a pas prise sur ce réseau il facture en pied d'immeuble.

Cet argument ne résiste cependant pas à la comparaison puisque le réseau téléphonique, gaz ou électrique sur parties communes appartient AUSSI, dans un certain nombre de cas, aux copropriétés et que cette situation n'empêche nullement l'individualisation des contrats de fourniture.

3. L'individualisation après la Loi SRU

Depuis le 13 décembre 2000 le principe de l'individualisation est inscrit dans la loi.

Celui-ci se met, cependant, difficilement en place. L'ARC se bat pour accélerer sa mise en place mais les résistances sont fortes.

Si vous êtes intéressé par ces problèmes le mieux est de consulter notre site :

unarc-eau.com

Chapitre 35

SAVOIR ANALYSER L'ÉVOLUTION DES CONSOMMATIONS DE VOTRE COPROPRIÉTÉ

Le suivi des consommations est une tâche essentielle et dont on est surpris de s'apercevoir qu'il est rarement effectué par les gestionnaires.

Cela est regrettable car les syndics ne s'apercevront pas des anomalies éventuelles, donc ne pourront pas réagir et feront ainsi perdre parfois beaucoup d'argent (et bêtement) aux copropriétaires.

Le Conseil Syndical devra donc suivre les consommations d'aussi près qu'il le peut. En fait, c'est assez simple une fois que l'on a pris la mesure des quelques difficultés propres à chacun des postes concernés :

- l'eau,
- l'électricité,
- le chauffage.

1. L'eau

- Vous devez vous procurer les factures de la compagnie des eaux.
- Vous ne comptabilisez que les factures sur **relevé réel**. Mais faites bien attention, depuis quelque temps les compagnies des eaux font des estimations en mettant un INDEX (chiffre au compteur) lui-même ESTIMATIF ! La seule façon de savoir s'il s'agit d'un **relevé réel** ou d'une **estimation**, réside dans ce cas dans le fait que la facture indique soit un « I » majuscule (pour Index réel), soit un « E » (pour Estimation).

Tableau 1

Date d'arrêté de la facture de la compagnie des eaux	Consommation réelle (en m^3)	Consommation estimée (en m^3)	TOTAL ANNUEL

Tableau 2

Date d'arrêté des relevés de compteurs individuels	Eau froide	Eau chaude

Tableau 3 – Tableau des comparaisons

Consommation facturée par la compagnie des eaux du .... au	Consommation relevée aux compteurs divisionnaires du .... au ....

• Vous pouvez faire un tableau pour l'eau froide totale, c'est-à-dire l'eau facturée par la compagnie des eaux.

• Vous pouvez également, avec profit, faire un tableau des consommations totales individuelles (si vous avez des compteurs d'eau individuels).

• Vous comparerez tous ces tableaux en essayant de faire coïncider, soit les dates, soit les périodes (exemple : comparer 12 mois avec 12 mois, même s'il y a un décalage dû aux dates de relevé). L'objectif est de savoir s'il n'y a pas trop de décalage entre ces deux séries de chiffres.

2. L'électricité

Là encore, ne prenez que les factures correspondant à des relevés réels (et non estimés).

Vous prendrez soin de faire le tableau par compteur, en indiquant la puissance souscrite : rappelez-vous que plus la puissance souscrite est forte, plus le prix de l'abonnement est élevé...

Date d'arrêté de la facture	Consommation réelle	Consommation estimée	TOTAL ANNUEL
• Compteur n° • Puissance souscrite : • Utilisation :			

3. Le chauffage

Contrairement à l'eau et à l'électricité, le suivi des consommations de chauffage peut être, parfois, difficile. Mais ce suivi est, dans ce cas, encore plus important puisqu'il s'agit de traquer les dérives de consommation. Suivre des consommations de chauffage n'est pas simple. En effet, celles-ci sont déjà, en soi, difficiles à **connaître** dans certains cas.

Si vous êtes chauffé au fioul ou au charbon, vous ne pouvez connaître les quantités consommées que :

• si vous connaissez le stock en début de saison (par exemple : nombre de m^3 de fioul dans les cuves),

• si vous connaissez les quantités livrées, bien sûr,

• si vous connaissez le stock en fin de saison.

Si vous avez le chauffage **et** l'eau chaude collective, il va falloir décompter la part de combustible allant à la production d'eau chaude.

Enfin, quand vous aurez déduit la part pour l'eau chaude, il vous faudra ajuster la consommation à la rigueur de l'hiver. Pour cela, il vous faudra ramener la consommation à une saison **moyenne** calculée en degrés-jour-unifiés.

Voyons comment procéder :

1. Comment faire pour comparer une saison à une autre ?

2. Comment faire pour enlever du total du combustible la part affectée à l'eau chaude ?

Quelques notions élémentaires pour contrôler le chauffage

a/ Les degrés-jour-unifiés (DJU)

Tous les jours de l'hiver, les services de la météorologie calculent les degrés-jour qui sont la différence entre la température moyenne et 18°. Ainsi, si tel jour la température moyenne est de zéro degré, on aura 18 degrés-jour. En fin de saison, on totalise les degrés-jour.

Sur 30 ans la moyenne des degrés-jour unifiés (DJU) a été de 2 450 en Île-de-France, pour une saison de 7 mois. Plus l'hiver est doux moins on a de DJU et inversement.

Grâce aux DJU on peut comparer de façon rigoureuse les différentes saisons en ramenant la consommation à 2 450 DJU. Exemple : si on a 250 m^3 pour 2 700 DJU cela fait $250 \times 2\,450 : 2\,700 = 226{,}85$ m^3 pour 2 450 DJU.

Si en 2002-2003 on a consommé 250 m^3 de fioul pour 2 700 DJU et en 2003-2004 le même nombre de m^3 pour 2 200 DJU, on saura qu'on a gaspillé du fioul en 2003-2004. On pourra chercher pourquoi (surchauffe, mauvaise régulation, mauvais équilibrage).

Les degrés-jour-unifiés sont établis par chaque station météo et sont disponibles soit auprès de la station, soit sur le service Minitel : 3617 DJU.

La connaissance des DJU par mois peut faciliter le suivi des exploitations. Par exemple, si en janvier vous avez eu 400 DJU et consommé 200 000 kWh et qu'en février il y a eu 420 DJU pour 240 500 kWh, c'est que quelque chose de très anormal s'est passé dans l'exploitation du chauffage.

b/ Enlever la part qui va à l'eau chaude sanitaire

En effet, quand il y a production d'eau chaude sanitaire, le contrôle des consommations concernant uniquement le chauffage peut s'avérer délicat puisqu'il faut arriver à dissocier les deux.

Pour cela il faut :

• connaître exactement le nombre de m^3 d'eau chaude sanitaire produit pendant l'année. Cela est relativement facile puisque la plupart du temps il y a un compteur « d'eau froide réchauffée » en chaufferie. Il suffit (!) d'arriver à obtenir les relevés **annuels** ;

• connaître la quantité de combustible nécessaire à la production d'un m^3 d'eau chaude sanitaire. Cela est plus difficile, parce qu'il n'y a pas une réponse unique : cela résulte de la puissance des chaudières, du fait que l'installation soit ou non « bouclée » (réchauffement permanent du circuit d'eau chaude sanitaire pour éviter que les usagers n'aient à tirer de l'eau froide avant d'avoir de l'eau chaude), du rendement global de l'installation, etc.

En général, on part d'un besoin énergétique qui varie entre 12 et 14 litres de fioul domestique ou encore 130 à 150 kWh gaz ou encore 90 à 100 kWh en « chauffage urbain » (il s'agit de kWh avec des rendements de l'ordre de 95 % puisqu'il n'y a pas de production de chaleur en sous-station mais uniquement échange).

Une fois que l'on a ces deux chiffres, on peut arriver à ventiler à peu près correctement les consommations qui vont au chauffage et celles qui vont à l'eau chaude sanitaire.

Exemple :

• la cité « Y » a consommé 400 m^3 de fioul soit 400 000 litres,

• il y a eu dans l'année 10 000 m^3 d'eau chaude sanitaire produits,

• si l'on considère qu'il faut 12 litres de fioul par m^3 d'eau froide réchauffée, cela signifie qu'il aura été consacré à la production d'eau chaude sanitaire : $10\,000 \times 12 = 120\,000$ litres,

• il est donc resté : 280 000 litres pour le chauffage.

On peut ainsi opérer les **comparaisons** d'une année sur l'autre.

Exercice pratique
a/ Données

Prenons l'exemple d'un immeuble qui a eu les consommations suivantes :

	Saison 2002-2003	Saison 2003-2004
Nombre total de kWh de gaz	3 940 482	4 620 877
Nombre de m³ d'eau chaude	8 120	8 770
DJU	2 230	2 470

b/ Calcul

A. Détermination de la part revenant au seul chauffage

• On va prendre 130 kWh par m³ d'eau chaude. Cela donne pour l'eau chaude :

. en 2002-2003 : 8 120 × 130 kWh = 1 055 600 kWh.
. en 2003-2004 : 8 770 × 130 kWh = 1 140 100 kWh.

• On va déduire les sommes obtenues. Cela donne pour le chauffage seul :

. 3 940 482 – 1 055 600 = 2 884 882 kWh.
. 4 620 877 – 1 140 100 = 3 480 777 kWh.

B. Comparaison du chauffage d'une année sur l'autre

On va ramener la consommation de chaque saison à une **moyenne** (exemple : 2 500 DJU, car l'exemple est pris en Île-de-France).

Pour 2002-2003, on aura donc :

$$\frac{2\,884\,882 \text{ kWh} \times 2\,500}{2\,230} = \boxed{\mathbf{3\,234\,172{,}64 \text{ kWh}}}$$

Pour 2003-2004, on aura donc :

$$\frac{3\,480\,777 \text{ kWh} \times 2\,500}{2\,470} = \boxed{\mathbf{3\,523\,053{,}64 \text{ kWh}}}$$

Ce sont ces deux chiffres qui sont comparables. On notera qu'on a – toutes choses égales par ailleurs – une progression de 8,9 % d'une année sur l'autre de combustible de chauffage, ce qui est **PARFAITEMENT ANORMAL** et signifie qu'il y a eu un problème !

NEUVIÈME PARTIE

LE CONSEIL SYNDICAL ET LE SUIVI DES IMPAYÉS

Le recouvrement des impayés est parfois difficile et prend du temps et c'est pourquoi on constate que cet aspect de la gestion peut être, parfois, négligé des syndics.

D'où, là encore, la nécessité d'un Conseil Syndical qui suive ces problèmes et, au besoin, agisse auprès du syndic pour qu'il fasse son travail plus correctement.

CHAPITRE 36

METTRE EN PLACE UNE « POLITIQUE » DE RECOUVREMENT

1. Pourquoi y a-t-il plus ou moins d'impayés dans une copropriété ?

Chacun croit que les impayés sont dus uniquement aux difficultés financières des ménages et des familles et qu'il n'y a donc pas grand-chose à faire pour contrôler le niveau des impayés.

Cette approche du problème n'est que très partiellement exacte et l'expérience quotidienne démontre ceci :

• À côté des débiteurs dits « de bonne foi » (ceux qui n'ont pas d'argent) il y a des débiteurs de « mauvaise foi » qui pourraient payer, à condition que le syndic fasse correctement son travail de recouvrement, applique des sanctions et engage les procédures.

• Un débiteur de « bonne foi » pourra soit ne **rien** payer du tout, soit payer « un peu ». C'est ce « un peu » qui fera toute la différence et évitera d'une part un endettement excessif (donc un débit de plus en plus lourd pour la copropriété), d'autre part l'engagement de procédures coûteuses.

Conclusion : une bonne politique de recouvrement des charges est **indispensable** et permet seule de surmonter les conséquences dramatiques de l'insolvabilité de certaines familles, pour elles-mêmes comme pour les copropriétés. C'est elle qui explique qu'il y ait plus ou moins d'impayés dans une copropriété.

À noter : l'ARC a plusieurs centaines d'adhérents qui sont syndics non-professionnels de copropriétés « modestes ». Or, dans ces copropriétés le taux d'impayés est très faible. Non pas parce que les gens sont plus riches, mais parce que le syndic **agit** « à la base » et sans tarder... Voyons comment.

2. Les ingrédients sont au nombre de quatre

a/ Premier ingrédient : il faut instituer des règles claires pour tous

• À quel moment doit-on payer ?

• Quelles sont les sanctions auxquelles on s'expose si on ne paye pas ?

• Comment faire quand on a de **réels** problèmes pour payer ses charges ?

• etc.

Nous pensons que les copropriétés doivent se doter d'un « protocole » de recouvrement des impayés qui soit simple, clair et complet.

À titre d'exemple on peut donner le modèle ci-dessous :

« *Les appels de charges devront être honorés dans les quinze jours suivant leur envoi. À défaut, le syndic devra, passé un délai d'un mois, adresser une lettre recommandée avec accusé de réception au débiteur, si celui-ci ne s'est pas manifesté pour demander le bénéfice d'un plan d'étalement de la dette. Les intérêts de retard seront décomptés à partir de l'envoi de cette mise en demeure.*

Un mois après l'envoi de la lettre recommandée avec accusé de réception restée sans réponse, le syndic devra faire délivrer aux débiteurs un commandement de payer préalable à une prise d'hypothèque et engager la procédure judiciaire la plus appropriée. La totalité des frais de recouvrement et de procédure seront à la charge des débiteurs, sauf de ceux qui auront demandé et obtenu le bénéfice d'un plan de remboursement. Au cas où le plan de remboursement ne serait pas respecté, pour raison valable, le syndic devra engager le recouvrement judiciaire. »

b/ Deuxième ingrédient : il faut instituer des sanctions dissuasives et simples à mettre en place

Beaucoup de copropriétaires sont de mauvais payeurs parce qu'ils se disent qu'il ne « risquent » rien en payant avec deux/trois mois de retard, ou plus : « *Le syndic ne va pas engager d'action judiciaire pour 1 500 €* » pensent-ils. Et ils ont raison.

C'est pourquoi il faut forcer le syndic à appliquer des sanctions simples et non seulement légales mais **PRÉVUES** par la loi. C'est le cas des fameux « intérêts de retard » et des pénalités. Voyons cela.

• **Les intérêts de retard**

Souvent, quand on demande à un professionnel pourquoi il n'applique pas d'intérêt de retard, il répond : « *Parce que c'est illégal et que le juge les supprime* ».

Cela demande examen.

L'application des intérêts de retard est prévue par la loi (article 36 du décret du 17 mars 1967). Il convient d'ailleurs de citer le texte de loi pour qu'il n'y ait pas d'ambiguïté :

« *Art. 36 – Sauf stipulation contraire du règlement de copropriété, les sommes dues portent intérêt au profit du syndicat. Cet intérêt, fixé au taux légal en matière civile, est dû à compter de la mise en demeure adressée par le syndic au copropriétaire défaillant* ».

Dire donc que les intérêts de retard sont illégaux est une erreur (volontaire ou non) qu'il faut vite corriger.

Néanmoins, cela n'empêche pas le juge de (parfois) réduire, voire supprimer ces pénalités quand il rend son jugement. Mais quand il le fait, c'est souvent de la faute de l'avocat (ou du syndic) qui n'a pas su (ou pensé) convaincre le juge de la « mauvaise foi » du débiteur.

Cela dit, si les syndics ont une telle paresse à calculer les intérêts de retard, c'est que cela leur prend du temps et ne leur rapporte rien, les intérêts étant obligatoirement reversés au syndicat des copropriétaires.

À noter : comme on l'a vu plus haut, les intérêts ne doivent pas – à notre avis – être appliqués aux débiteurs de bonne foi qui auront demandé et obtenu, après examen, le bénéfice d'un échéancier ou d'un report.

Si votre syndic ne **VEUT PAS** appliquer les intérêts de retard, faites prendre une décision en assemblée générale qui l'oblige à le faire...

• **Les clauses pénales**

Les clauses pénales, ce sont les pénalités qui sont prévues par le règlement de copropriété ou une décision de l'assemblée générale qui n'a pas été contestée dans les délais légaux.

À ce propos ouvrons une petite parenthèse : s'il est vrai qu'il faut la double majorité des copropriétaires pour introduire, par décision d'assemblée générale, une ou plusieurs clauses pénales (les 2/3 des millièmes totaux **et** la moitié des copropriétaires en nombre), il faut rappeler également que toute décision – **même non prise à la majorité requise** – qui a été inscrite sur un procès-verbal d'assemblée générale, devient **EFFECTIVE** dès lors qu'elle n'a pas été attaquée au tribunal de grande instance dans les deux mois suivant la notification du procès-verbal aux absents et opposants. Refermons la parenthèse.

Précisons bien que le règlement de copropriété ou une décision d'assemblée générale non contestée au tribunal peut valablement prévoir que le copropriétaire défaillant devra régler une indemnité de retard calculée en pourcentage de la somme impayée (par exemple 1 % par mois de retard). Cette clause, dite clause pénale, est tout à fait valable, mais en cas de contestation, le juge a le pouvoir d'augmenter ou de diminuer la pénalité.

Conclusion : le Conseil Syndical devra obliger le syndic à appliquer les intérêts de retard et, au besoin, faire introduire des pénalités dans le règlement de copropriété.

c/ Troisième ingrédient : il faut obliger les copropriétaires de « bonne foi » à demander le bénéfice d'un échéancier

En effet, il est tout à fait souhaitable, si un copropriétaire est défaillant, de lui proposer un échéancier qui va lui permettre de s'acquitter de sa dette sans qu'une procédure ait à être engagée.

Le problème est que, trop souvent, les échéanciers ne sont pas respectés parce que cette procédure est amiable et n'entraîne – en cas de défaillance – aucune sanction.

C'est pourquoi, il est nécessaire :

. de faire des échéanciers,

. de se prémunir.

Le meilleur moyen est sans doute le suivant : demander aux débiteurs d'établir plusieurs chèques (datés du jour où ils sont remplis et non post-datés) et de faire signer aux personnes un document où ils reconnaissent avoir souscrit un échéancier, d'une part, et déclarent être informés, qui au cas où le chèque serait remis à l'encaissement et non honor, ils subiraient toutes les conséquences attachées à l'émission de chèques sans provision.

Il faut en effet savoir que la loi du 30 décembre 1991 en donnant un poids particulier au « certificat de non-paiement », a rendu **TRÈS** périlleuse l'émission des chèques sans provision. En effet, quand il y a émission de chèque sans provision, la banque retourne le chèque à son bénéficiaire. Celui-ci saisit alors le tireur qui peut régulariser la situation dans les 30 jours. Si l'on représente le chèque au bout de 30 jours et que le compte n'est **TOUJOURS** pas approvisionné, alors on peut demander à la banque un **certificat de non-paiement** qui, après notification au débiteur et passé un délai de quinze jours, devient **TITRE EXÉCUTOIRE** (cela signifie qu'on peut éventuellement engager une saisie).

Comme on le voit, le chèque « sans provision » devient une arme redoutable dans les mains de celui qui le détient.

Dès lors, un échéancier associé à la remise des chèques correspondants, peut être un moyen efficace de recouvrement sans frais pour personne.

Deux précautions :

- ne pas obliger les débiteurs à des versements trop forts, ce qui risquerait de vouer à l'échec cet échelonnement,
- ne pas oublier de « suivre » le paiement des **charges en cours**.

d/ Quatrième ingrédient : il faut engager rapidement des procédures judiciaires dès lors que l'on a l'assurance que le copropriétaire débiteur est un copropriétaire de « mauvaise foi »

(qu'il est solvable ; qu'il touche des loyers ; qu'il n'hésite pas à s'endetter par ailleurs, par exemple, pour l'achat d'une grosse cylindrée).

En effet, les syndics ont tendance à laisser monter les dettes sans rien faire, ce qui oblige – à un moment donné – à engager des **procédures lourdes, complexes** et donc **chères**.

Nous expliquerons un peu plus loin les différentes procédures et les phases de celles-ci pour vous permettre de les « suivre » simplement.

Nous voudrions au préalable aider nos lecteurs à résoudre un problème précis : celui concernant le problème de l'imputation des frais de recouvrement.

3. À qui incombent les frais de recouvrement ?

Autre question à laquelle le loi SRU du 13 décembre 2000 permet de répondre désormais différemment grâce au nouvel article 10-1.

« Par dérogation aux dispositions du deuxième alinéa de l'article 10, les frais nécessaires exposés par le syndicat, à compter de la mise en demeure, pour le recouvrement d'une créance justifiée à l'encontre d'un copropriétaire, sont imputables à ce seul copropriétaire ».

« Le juge peut toutefois en décider autrement en considération de l'équité ou de la situation économique des parties au litige ».

Depuis 1993 (loi du 9 juillet 1991 applicable au 1er janvier 1993) la copropriété dans son ensemble souffrait d'une situation perverse : les frais de recouvrements engagés AVANT jugement n'étaient – sauf en ce qui concerne quelques actes – pas imputables aux débiteurs.

Destinée à éviter les abus, cette mesure s'est révélée, en copropriété, catastrophique.

Nous agissions depuis longtemps pour obtenir – en copropriété – un régime spécial. Grâce à notre ténacité et aux nombreuses rencontres (ministres, députés, sénateurs) que nous avons eues avec tous les responsables c'est désormais chose faite.

On notera que le juge pourra toujours intervenir au stade du jugement pour partager différemment les frais entre débiteurs et syndicat, ce qui permettra d'éviter les abus.

Cette disposition, que nous appelions de nos vœux pour éviter le développement des impayés de « mauvaise foi », ne doit en effet pas se traduire par le développement d'abus de la part des syndics.

On ne doit, d'autre part, JAMAIS oublier que les frais de recouvrement – même débités sur le compte des copropriétaires concernés – sont prélevés immédiatement sur la trésorerie de la copropriété !! il ne sera donc pas bon de laisser le syndic appliquer des frais non contrôlés.

Nous invitons donc les copropriétaires à négocier très fermement les frais de recouvrement amiable prévus dans le contrat de syndic pour éviter les mauvaises surprises.

À noter : certaines cours d'appel ont rejeté les frais de syndics, non parce que ceux-ci n'étaient pas « nécessaires », mais parce qu'ils n'étaient pas détaillés et justifiés. **Conséquence :** dans les contrats de syndic, il faut exiger que les tâches (exemple : transmission de dossier à l'huissier) soient détaillées.

CHAPITRE 37

LE DÉROULEMENT DES PROCÉDURES DE RECOUVREMENT

Pour bien « suivre » le travail de recouvrement, encore faut-il avoir un aperçu (même léger) des procédures disponibles.

Nous allons ici passer en revue les procédures couramment utilisées par les syndics, et non les procédures gratuites et sans avocat décrites dans notre guide ***« Le recouvrement des impayés en copropriété »*** (procédure de déclaration au greffe et injonction de payer).

1. Assignation au tribunal d'instance ou au tribunal de grande instance pour obtenir une condamnation

• Quand une dette est inférieure à 7 600 € on doit aller au tribunal d'instance ; au delà c'est le tribunal de grande instance qui est compétent.

Une procédure se déroule ainsi :

a/ assignation (par voie d'huissier) de l'adversaire ; il s'agit simplement d'un résumé des faits, qui lui est adressé avec une convocation au tribunal ;

b/ le débiteur peut toujours faire reporter l'audience ;

c/ audience : il peut y en avoir plusieurs ;

d/ le débiteur peut contester les comptes et demander une expertise (il a d'ailleurs peut-être raison. À vérifier) ;

e/ le jugement est mis en « délibéré » à la dernière audience (le juge fixe une date où il rendra son jugement) ;

f/ ensuite le jugement doit être tapé par le tribunal (cela peut être long) ;

g/ ensuite il est adressé à la partie qui a assigné ;

h/ à ce moment il doit être « signifié » au débiteur par voie d'huissier ;

i/ le débiteur peut faire appel dans certains délais (sauf si la dette est inférieure à 3 800 €).

Comme on le voit, il y a bien des étapes qui justifient, souvent, des délais très longs. Vous chercherez à savoir **QUI** est responsable de ces délais :

. l'adversaire ?

. votre avocat ou votre syndic ?

. l'expert (souvent non relancé par le syndic) ?

. le tribunal ?

Un conseil : n'hésitez **jamais** à demander au syndic qu'il vous communique les conclusions de l'avocat ou ses réponses à la partie adverse ou à l'expert. N'hésitez pas non plus à demander à l'avocat les raisons réelles des **lenteurs**. Vous pourrez être surpris (on s'est ainsi aperçu une fois, qu'une procédure traînait parce que l'avocat avait assigné une mauvaise personne).

Il ne faut surtout **JAMAIS** se laisser endormir par la sempiternelle phrase : *« Eh oui, c'est long ! Vous savez ce que c'est, la Justice ! »*.

2. Le référé « nouveau » est arrivé : de quoi s'agit-il ?

– L'article 19-2 a prévu un nouveau dispositif : il est néanmoins assez compliqué et mérite quelques explications.

Actuellement les copropriétés sont confrontées à deux situations en matière d'impayés :

a) d'abord les tribunaux estiment en général (même s'ils ont tort comme on l'a déjà dit) que les charges ne sont effectivement dues qu'après approbation des comptes par les copropriétaires ; cela fait donc perdre un temps très précieux ;

b) ensuite se pose le problème suivant : de nombreux copropriétaires ne payent pas leurs charges et se laissent éventuellement condamner ; cependant étant donné la lenteur des procédures, la condamnation concerne des dettes remontant parfois à deux ans ! Les dettes nouvelles n'étant pas concernées, on peut devoir être obligé de recommencer une nouvelle procédure. Cela coûte cher à la copropriété et rend difficile le traitement des impayés.

La nouvelle « loi » permet de contourner ce double obstacle :

1 – Elle indique BIEN – et c'est essentiel – que désormais les PROVISIONS sont dues et peuvent donner matière à un jugement si elles ne sont pas acquittées.

2 – Elle précise aussi que – à défaut du paiement d'une seule provision – sera due la totalité des provisions votées et que la copropriété pourra obtenir un jugement exécutoire en ce sens.

3 – Enfin elle prévoit que la procédure se fera par voie de référé (en urgence donc).

Prenons un exemple :

La copropriété a voté un budget annuel de 150 000 € ; la quote part de Monsieur X est de 2 000 € appelable par 1/4, soit 500 € par trimestre.

Monsieur X ne paye pas le premier trimestre ; un mois après la lettre recommandée avec accusé de réception lui enjoignant de payer son trimestre, la conséquence du refus persistant est celle-ci : Monsieur X est NON seulement redevable du premier trimestre mais des autres trimestres et le syndic peut saisir le juge pour obtenir une condamnation dans ce sens.

Le lecteur se dira sans doute : « Mais c'est complètement fou ; comment obliger quelqu'un à payer quatre trimestres alors qu'il n'en paye déjà pas un seul ? »

C'est vrai et ce n'est pas vrai : du fait que les quatre trimestres sont dus cela permettra au syndicat des copropriétaires de saisir le juge pour obtenir un jugement NON pas sur un trimestre, mais sur QUATRE !!

Ainsi on obtiendra un jugement qui anticipera sur les charges futures, ce qui permettra de contrer les manœuvres des copropriétaires indélicats évoqués plus haut (à noter : ce sera particulièrement efficace pour les bailleurs de mauvaise foi, car le jugement permettra ainsi d'engager une SAISIE des loyers pour les trois trimestres à venir).

3. Procédure de saisie immobilière

Quand il n'y a aucun espoir qu'un copropriétaire puisse payer ses arriérés de charges, la seule solution réside malheureusement dans la vente judiciaire du logement concerné.

Cette procédure est longue, coûteuse, aléatoire. Néanmoins, parfois on est bien obligé de l'engager, ne serait-ce que pour stopper l'hémorragie.

Nous allons, ci-dessous, essayer de donner une idée des différentes phases de cette procédure pour permettre au lecteur de mieux comprendre comment elle se déroule et, le cas échéant, de mieux dialoguer avec l'avocat de la copropriété.

Pour permettre au lecteur de comprendre pourquoi une telle procédure est longue et coûteuse pour celui qui la déclenche, nous allons détailler ci-dessous les différentes phases de celle-ci, en rappelant que la procédure doit, pour être engagée, être autorisée par l'assemblée générale et que le syndicat doit déjà avoir en sa possession un jugement.

• La préparation de la vente

La première phase concerne l'établissement par les soins du créancier d'un « cahier des charges », stipulant notamment la mise à prix fixée par ce dernier et la date proposée pour l'adjudication. Le débiteur doit être sommé par l'huissier de prendre connaissance du cahier des charges ; il peut le contester (par des « dires » transmis par l'intermédiaire d'un avocat) ainsi que la régularité de la procédure.

• Dans cette hypothèse, le tribunal examine les prétentions des parties

Cet examen se fait au cours d'une audience dite « éventuelle » qui n'a lieu que si le débiteur soulève une contestation. Attention : si le débiteur ne demande pas cette audience, la jurisprudence considère qu'il ne peut plus, par la suite, contester les causes ou le déroulement de la saisie.

• **Les délais de grâce**

Le débiteur peut solliciter un délai de grâce en application de l'article 1244 du Code civil, mais seulement jusqu'à la date, soit de la signification qui lui est faite du cahier des charges, soit celle de l'audience éventuelle s'il en demande une ; il engagera alors, parallèlement, une procédure de référé. Passé ce stade, un tel recours n'est, en général, pas admis par la jurisprudence, mais le débiteur peut alors demander au juge chargé de la saisie qu'il soit sursis à l'adjudication (art. 703 du code de procédure) « pour une cause grave et dûment justifiée ».

• **Conversion en vente volontaire**

Également jusqu'à la date de l'audience éventuelle, ou à défaut à celle fixée pour l'adjudication, le débiteur peut, même contre l'avis de son créancier, demander la conversion de la saisie en vente volontaire, afin d'espérer tirer un meilleur prix de son bien que lors de l'adjudication.

• **L'adjudication**

Elle a lieu aux enchères mais devant le tribunal. De nombreux témoignages montrent que l'appartement est souvent adjugé très en dessous de sa valeur réelle, parce que la mise à prix initiale ne correspond pas à celle-ci, mais à la créance cause de la vente, parce qu'il y a peu d'enchérisseurs (la publicité « légale » de la vente est inefficace et les enchérisseurs doivent être représentés par avocat), et enfin, parce que ceux-ci constituent souvent un monde fermé de professionnels sachant très bien maintenir les enchères à un niveau artificiellement bas.

Espérons que le détail des phases de la procédure de saisie immobilière exposé plus haut vous permettra de mieux suivre votre avocat.

• **La procédure d'ordre : quelques notions pour vous aider à y voir clair**

Une fois le logement vendu aux enchères et à condition qu'il n'y ait pas de nouveaux problèmes (exemple : adjudicataire qui ne consigne pas le prix, ce qui oblige à relancer une procédure dite de « folle enchère », qui consiste à recommencer la vente!), il va falloir distribuer le prix de vente entre les différents créanciers et parmi eux les créanciers inscrits aux fichiers des hypothèques ou privilégiés (cela se réduit, le plus souvent à : la copropriété et le banquier).

Pour cela il faut ouvrir une nouvelle procédure, dite procédure d'ORDRE. Un magistrat va établir l'ordre des créanciers bénéficiaires et le montant auquel chacun à droit.

Si les créanciers sont d'accord entre eux, il y aura une simple procédure d'ordre AMIABLE ; à défaut le juge tranchera : on dit que l'ordre est prononcé judiciairement.

Si l'on additionne les délais d'ouverture de la procédure (parfois les avocats « oublient » d'ouvrir cette procédure !!) ; le temps qu'il faut aux créanciers pour se mettre d'accord (ou non); les reports d'audience (on a compté jusqu'à HUIT, ce qui représente de deux à trois ans !) ; le temps, ensuite qu'il faut au juge pour établir le « BORDEREAU DE COLLOCATION » (répartition des sommes) ; le temps enfin nécessaire au déblocage des fonds par la Caisse des Dépôts et Consignation (l'argent transitant parfois par le compte en banque de l'Ordre des avocats !), il peut encore s'écouler trois, quatre voire cinq ans.

Tout ceci est évidemment inadmissible, tout le monde concourant à la lenteur du processus : l'acheteur et son avocat; le syndic qui n'y connaît souvent rien l'avocat de la copropriété qui attend ; les avocats des autres créanciers, le Tribunal le juge des ordres, le greffe etc.

Nous essayons d'obtenir une réforme de ce processus très long en permettant le déblocage provisionnel de la part que représente le SUPER-PRIVILÈGE de la copropriété, mais cela est difficile.

En attendant, chers conseils syndicaux, essayez de suivre ces procédures, de poser des questions, d'obliger les avocats à avancer: c'est le seul moyen d'accélérer le processus. Et venez nous voir pour plus d'explications en cas de problèmes particuliers.

CHAPITRE 38

COMMENT CONTRÔLER L'EXÉCUTION D'UN JUGEMENT OU D'UN TITRE EXÉCUTOIRE ?

Souvent, quand un jugement a été obtenu et qu'on demande au syndic s'il a récupéré les sommes dues, il répond : *« Je ne sais pas ; j'ai chargé un huissier d'agir ; je crois qu'il n'a pas réussi à récupérer quoi que ce soit »*. Soit le syndic ne sait pas ce qu'a fait l'huissier (qui a pourtant envoyé ses factures) ; soit il sait simplement que l'huissier n'a rien obtenu. Là encore il est facile d'invoquer la « fatalité ». En creusant les problèmes on peut s'apercevoir, par exemple :

a/ que le syndic (ou l'avocat) n'a pas fait signifier le jugement,

b/ qu'il a choisi des moyens d'exécution (saisies) inadaptés,

c/ qu'il a confié la saisie à un huissier qui n'a pas fait correctement son travail (on a même vu des huissiers établir des « certificats de carence » pour s'être tout simplement trompé d'étage...),

d/ que lui-même a été incapable de donner à l'huissier les informations nécessaires.

Voyons donc comment cela se passe quand on a un jugement ou un titre exécutoire (exemple : un certificat de la banque confirmant au bout de 30 jours que le chèque émis reste non provisionné).

1. Pour un jugement, il faut d'abord le faire **SIGNIFIER** (par huissier) ; on est surpris du retard apporté parfois à cette formalité.

2. Ensuite, il faut **CHOISIR** la saisie la plus adaptée au débiteur :

- saisie du compte bancaire,
- saisie des loyers,
- saisie de la voiture,
- saisie des meubles,
- saisie du salaire,

(ceci sans parler de la saisie du logement).

Or, justement, on s'aperçoit que le syndic n'utilise pas toujours la saisie adaptée (exemple : saisie de loyers pour un copropriétaire « bailleur »).

Voyons les différentes sortes de saisies.

NB : nous reprenons ci-dessous les explications déjà données dans notre guide ***« Le traitement des impayés en copropriété »***.

1. La saisie-attribution (Ancienne saisie du compte bancaire et saisie sur loyers)

a/ Principe général

Il s'agit d'une saisie qui vise à permettre au créancier de saisir les sommes d'argent qui sont détenues par une autre personne que le débiteur mais qui lui appartiennent.

Exemples :

- sommes déposées sur un compte bancaire ou postal,
- loyers dus (ou à devoir) par un locataire.

La saisie-**ATTRIBUTION** est ainsi dénommée, car celui qui procède à la saisie est **PRIORITAIRE** et aucun créancier privilégié (type Trésor public ou URSSAF...) ou hypothécaire ne peut passer avant.

Comme toute saisie, celle-ci ne peut être effectuée qu'avec un titre exécutoire (type « jugement », ordonnance d'injonction de payer non contestée ; certificat de non-paiement d'un chèque sans provision).

Les saisies peuvent être très efficaces sur les débiteurs de mauvaise foi. Comme toujours, en ce qui concerne les bailleurs, rappelons que la perspective d'une saisie des loyers peut les inciter à signer plus facilement une « convention (amiable) de cession des loyers », convention d'autant plus intéressante qu'elle évite les frais liés à la saisie (voir chapitre 14 de l'ouvrage ***« Le traitement des impayés en copropriété »***).

b/ Intérêts/Inconvénients

La saisie-attribution présente seulement des intérêts : elle est assez simple à mettre en œuvre et ne présente aucune difficulté particulière et surtout donne une priorité **absolue** à celui qui a effectué la saisie (plus de privilège pour l'État).

Par ailleurs, la loi ayant prévu des sanctions sévères pour les tiers (banque, locataire) qui se dérobent, il n'y a pas de problème de ce côté.

Les inconvénients sont simplement liés au fait que – si on n'a pas bien préparé le terrain – on peut être dans l'impossibilité d'utiliser ces saisies. En particulier si on n'a **ni** le numéro de compte bancaire **ni** le bail du locataire, on aura des difficultés de mise en œuvre limitant, évidemment, l'intérêt de ces procédures (reste néanmoins, pour la recherche du compte bancaire, la possibilité de réquisitionner les services du procureur de la République).

c/ Déroulement

Quand on a son titre exécutoire, la « saisie » se passe ainsi :

- un acte d'huissier est délivré à la personne qui détient l'argent (banquier, locataire...), personne qu'on appelle le **tiers saisi**
- cet acte d'huissier indique que le particulier **ne doit pas** disposer des sommes saisies ; il encourt certaines sanctions dans le cas contraire.

Dans un délai de huit jours maximum, le débiteur est informé qu'une saisie a été effectuée, mais qu'il peut faire « opposition » (motivée) auprès du juge de l'exécution (l'adresse du tribunal lui est fournie),

• le débiteur a un mois pour effectuer une opposition auprès du juge de l'exécution, s'il y a motif,

• à défaut, et sur présentation d'un certificat du greffe du tribunal attestant qu'aucune contestation n'a été émise dans le mois, le tiers saisi (banquier ou locataire) paiera les sommes qu'il détient (pour le locataire, le paiement aura lieu tant que la dette ne sera pas éteinte).

• Dernière phase : lorsque la dette sera éteinte, le tiers saisi et le débiteur doivent en être avertis par lettre recommandée avec avis de réception.

d/ Comment s'y prendre ?

Malheureusement pour les finances de la copropriété, c'est tout bête, il « suffit » de s'adresser à un huissier. Il vaut mieux lui donner les coordonnées du compte bancaire, mais ce n'est pas obligatoire puisque, comme on l'a dit, le procureur doit, sur réquisition de l'huissier, procéder à ce genre de recherche.

Pour la saisie sur loyer, il faudra impérativement avoir obtenu copie du bail ou d'une quittance, de façon à pouvoir prouver qu'il y a bien **location** et connaître le niveau du loyer mensuel.

2. La saisie des rémunérations (ou saisie sur salaire)

a/ Principe

La saisie sur salaire est évidemment aléatoire (problème du chômage).

Depuis la loi de 1991, elle a été aménagée et humanisée en ceci, entre autres, que cette procédure prévoit désormais une partie **insaisissable** (heureusement).

La saisie des rémunérations repose sur un principe de base très intéressant : l'**obligation d'une procédure de conciliation préalable**.

Cette conciliation est importante, car elle laisse au débiteur une dernière chance d'éviter la saisie, mais ceci sous le regard du juge.

b/ Intérêt de la procédure

La procédure est intéressante en ceci :

• qu'elle est moins brutale qu'une saisie normale puisqu'elle est précédée par une phase de conciliation avec convocation par le greffe du tribunal d'instance, ce qui peut, éventuellement, alléger la dette du saisi de tous les frais d'huissier que vous parviendrez ainsi à éviter.

NB : il ne faudra pas hésiter à faire savoir au saisi l'intérêt de cette saisie, et pour lui et pour le syndicat.

c/ Déroulement

• Il faudra saisir le tribunal d'instance (voir plus loin lequel) par une **requête** (c'est-à-dire une demande écrite).

• Il y aura ensuite une instance de conciliation (si vous êtes le premier créancier saisissant ; en effet, cette obligation ne s'impose qu'au premier créancier).

• **S'il y a conciliation,** le tribunal dresse procès-verbal de la conciliation où sont consignées les conditions acceptées par chacune des parties.

• Si le débiteur manque aux engagements pris, le créancier peut demander au secrétariat-greffe de procéder à la saisie sans nouvelle conciliation.

• **S'il n'y a pas conciliation,**

deux cas sont possibles :

a/ le débiteur ne soulève aucune contestation. Dès lors le tribunal dresse un procès-verbal où est indiqué le montant de la créance pour laquelle la saisie pourra être effectuée par le greffier

b/ le débiteur soulève une contestation. Dans ce cas le juge peut, soit trancher immédiatement la contestation, soit renvoyer à une audience ultérieure. Il sera statué sur la contestation par jugement.

NB : si le débiteur ne se présente pas à l'audience, un procès-verbal sera dressé.

• S'il y a eu jugement (en cas de contestation), celui-ci devra être signifié par le créancier (par voie d'huissier), qui adressera au tribunal copie de la signification.

• Le tribunal établira alors un « acte de saisie » comportant, entre autres, le décompte des sommes dues, le mode de calcul de la fraction saisissable et les modalités de règlement (sur combien de mois, par exemple).

• Le tribunal adressera l'acte de saisie à l'employeur.

• Si l'acte revient au tribunal, celui-ci avise le créancier qui devra alors signifier cet acte par huissier.

• Ensuite l'employeur devra verser l'argent au tribunal qui le redistribuera.

• Si une saisie a déjà été engagée par un autre créancier, vous devrez soit introduire une « procédure d'intervention », soit procéder par requête auprès du tribunal (comme indiqué plus haut), mais dans ce cas-là il n'y a pas de procédure de conciliation.

Enfin, dernière phase de la procédure : celle concernant la mainlevée de la saisie.

d/ Comment s'y prendre concrètement ?

• **À quel tribunal s'adresser ?**

C'est le tribunal qui traite les problèmes de saisies des rémunérations, soit le tribunal du lieu où demeure le débiteur, soit – si son adresse est inconnue – le tribunal du lieu où demeure le tiers saisi (l'employeur).

Si le débiteur réside et travaille à l'étranger, le tribunal sera celui du lieu du siège social de l'entreprise.

Si le débiteur travaille pour une société étrangère, la procédure ne pourra être utilisée que si la société a un siège social ou un établissement en France.

• **Comment formuler la requête ?**

La requête doit présenter un certain nombre de mentions obligatoires et doit être adressée, ou remise, au greffe du tribunal d'instance.

À noter : toutes les lettres recommandées avec avis de réception, dans cette procédure, ont la **franchise postale**.

Elles doivent contenir :

. le nom et l'adresse du débiteur,

. le nom et l'adresse de son employeur (et sa raison sociale, le cas échéant),

. le décompte distinct et des sommes réclamées en principal, et des frais et intérêts échus, ainsi que l'indication du taux des intérêts,

. les indications relatives aux modalités de versement des sommes saisies (exemple : numéro de compte sur lequel les sommes doivent être versées).

Doit être jointe une copie du titre exécutoire.

• **La saisie**

Comme indiqué plus haut, la saisie est, en fait, pratiquée par le tribunal. Néanmoins, si la notification de la saisie à l'employeur revenait au tribunal, il vous appartiendrait de faire procéder à une signification par voie d'huissier.

3. La saisie des véhicules

Chacun sait que la plupart des débiteurs de mauvaise foi, ayant par ailleurs organisé leur insolvabilité sont, malgré tout, souvent encore très sensibles aux charmes de la grosse ou moyenne cylindrée.

Étant donné l'importance de la voiture dans notre société (importance symbolique, mais aussi importance par rapport au travail, aux loisirs) et son coût important, il n'est pas inutile de connaître les divers aspects de la saisie des véhicules, notre hypothèse étant qu'un débiteur contraint par l'intermédiaire de son véhicule aura tendance à céder plus rapidement aux injonctions de son créancier.

a/ Trois saisies en une

La saisie des véhicules a ceci d'intéressant qu'elle permet une certaine graduation dans l'action.

On peut se contenter d'une simple « saisie-déclaration ». Dans ce cas, comme on le verra, on ne saisit rien, mais on empêche la vente du véhicule. On restreint donc la liberté du débiteur sur son bien.

On peut ensuite opérer une « saisie-immobilisation » avec ou sans enlèvement selon l'endroit où se trouve le véhicule.

Là, la sanction est plus agaçante : le débiteur est privé de son bien.

Enfin, si vraiment l'action d'intimidation et de pression n'a pu décider le débiteur à régler ses dettes, alors ne subsistera plus que le dernier échelon : la saisie-vente. En principe, on peut penser que le débiteur de mauvaise foi aura craqué avant...

b/ La saisie-déclaration

L'intérêt de cette saisie est son efficacité « administrative » et sa simplicité. Par ailleurs, cette saisie peut être opérée sans avertissement préalable au débiteur.

• Le déroulement

L'huissier fait une simple déclaration au préfet du département dans lequel est immatriculé le véhicule du débiteur. Cette déclaration contient :

. le nom, le prénom et l'adresse du débiteur,
. le numéro d'immatriculation du véhicule,
. la mention du titre exécutoire possédé par le créancier,
. le décompte des sommes réclamées.

Encore une fois, cette saisie-déclaration n'a pas à être précédée d'un quelconque ultimatum au débiteur, ou d'une information préalable.

Néanmoins, l'huissier a huit jours pour compléter cette déclaration à la préfecture par une déclaration à la personne saisie.

La saisie rend le bien indisponible pendant DEUX ans.

Cette saisie-déclaration pourra être utilisée contre des débiteurs un peu entêtés, pour leur montrer la détermination de la copropriété et engager un processus de sanction ferme.

c/ La saisie-immobilisation

La loi prévoit trois possibilités : immobilisation du véhicule chez le débiteur lui-même (sur le parking privé de la copropriété) ; chez un tiers (une personne autre que le débiteur) ; sur la voie publique.

Deux points pratiques doivent être notés :

a/ aucun acte préalable n'est à délivrer au débiteur,

b/ si le véhicule est sur la voie publique, la seule obligation de l'huissier est de faire procéder à un enlèvement dans les 48 heures.

Étant donné le coût d'un enlèvement, on aura intérêt à éviter la saisie sur la voie publique. Cela dit...

L'huissier a deux autres obligations :

• informer, le jour même de la saisie (remise du procès-verbal de saisie), de façon simple : par lettre adressée (par La Poste) ou déposée au lieu où le saisi demeure,

• **par ailleurs, si la copropriété entend procéder à une saisie-vente, il faut que l'huissier adresse, dans les huit jours suivant l'immobilisation, un commandement d'huissier qui contienne :**

a/ la copie du procès-verbal d'immobilisation,

b/ un décompte distinct des sommes réclamées, au principal, frais et intérêts échus, ainsi que l'indication du taux des intérêts,

c/ l'avertissement qu'à défaut de paiement et passé le délai d'un mois pour vendre le véhicule à l'amiable conformément aux dispositions des articles 107 à 109, celui-ci sera vendu aux enchères publiques,

d/ l'indication que les contestations doivent être portées, au choix du débiteur, devant le juge de l'exécution du lieu où il demeure ou du lieu d'immobilisation du véhicule,

e/ la reproduction des articles 107 à 109 du décret d'application de la loi du 9 juillet 1991.

d/ La saisie-vente

Dernière étape : la vente

Si la copropriété n'a obtenu aucun résultat, il faudra procéder à la vente. Celle-ci ne peut avoir lieu que si, dans les huit jours suivant la saisie-immobilisation, un commandement a été adressé qui, comme on l'a dit plus haut, donne au débiteur un délai d'un mois pour procéder à la **vente à l'amiable** de son véhicule, faute de quoi, passé ce délai, il y aura vente judiciaire.

4. La saisie mobilière
La vente des meubles

Principes

La vente des meubles a été considérablement modifiée par la loi entrée en application au 1er janvier 1993.

Deux séries de mesures ont, en effet, renforcé l'efficacité de cette saisie :

• à la fois un plus grand respect des droits du saisi et de ses possibilités d'échapper aux effets aberrants de cette saisie (par exemple vente des meubles ne couvrant même pas les frais de procédure);

• à la fois une plus grande clarté de la procédure et une suppression des phases préalables.

Nous n'allons pas, ici, examiner cette procédure dans tous ses détails, sa mise en oeuvre reposant presque **essentiellement** sur l'huissier, mais en donner un aperçu suffisant pour permettre à chacun d'en comprendre le déroulement et d'informer au mieux le, peut-être, futur saisi.

a/ Intérêt et inconvénient

Si l'on a affaire à un débiteur de mauvaise foi, la saisie mobilière – particulièrement infamante – peut avoir des effets foudroyants.

Bien sûr, pour les familles très modestes, étant donné le nombre important de biens insaisissables (ce qui est normal), cet effet sera nul, voire négatif...

b/ Déroulement

• Précisons, avant tout, que la saisie des meubles n'est possible :

. que s'il s'agit de dettes supérieures à 550 €,

. que si le débiteur n'a pas satisfait à un commandement d'huissier le mettant en demeure de communiquer les coordonnées de son compte en banque ou postal et celles de son employeur.

Tout commandement de payer adressé **après** jugement et concernant des sommes inférieures à ce seuil doit donc faire injonction au débiteur de communiquer les coordonnées de son compte bancaire et de son employeur. À défaut de réponse, le procureur peut être saisi pour recherche d'informations ou le juge de l'exécution pour autorisation de la saisie-vente.

• Dans tous les cas, le créancier détenteur d'un jugement doit adresser au débiteur un commandement de payer préalable à la saisie, commandement conforme à ce qui a été indiqué dans le point précédent.

• La saisie ne peut être effectuée moins de huit jours après délivrance de ce commandement.

• Si le commandement n'a pas produit d'effet, la saisie peut être opérée.

• Si le débiteur n'est pas là ou refuse d'ouvrir, l'huissier peut se faire ouvrir le logement mais :

. il doit être accompagné soit d'un commissaire, soit de deux témoins majeurs qui ne sont **ni** au service de l'huissier **ni** au service du créancier,

. il doit refermer la porte après son passage (cela n'était pas toujours évident avant la réforme).

• Les meubles saisis doivent rester un mois dans le logement. Pendant ce temps, la personne « saisie » peut rechercher un acquéreur (de façon à obtenir un meilleur prix que celui qui résulterait d'une mise aux enchères).

• Si le « saisi » ne peut trouver d'acheteur, la vente a lieu un mois au plus tôt après la saisie, comme on l'a dit, mais depuis le 1er janvier 1993, la personne saisie peut faire procéder elle-même au transport des meubles en salle des ventes.

Conclusion : en détaillant toutes les étapes de ces procédures sur saisie non seulement nous avons voulu vous donner les moyens de suivre mieux le **recouvrement** des impayés dans votre copropriété, mais de contrôler que les différents professionnels impliqués faisaient **BIEN** et **VITE** ce qu'ils avaient à faire. En reprenant les dossier de contentieux de votre copropriété, peut-être serez-vous étonné de ce que vous allez trouver.

5. La saisie immobilière

Pour ceux qui voudraient revoir ce point nous leur rappelons que nous l'avons déjà abordé au chapitre 37, point 3. Bonne relecture.

DIXIÈME PARTIE

LE CONSEIL SYNDICAL ET LE SYNDIC

CHAPITRE 39

LE CONSEIL SYNDICAL ET L'ASSISTANCE AU SYNDIC

On l'a dit et redit : le Conseil Syndical contrôle **ET** assiste le syndic. Pas de copropriété bien gérée sans des gens qui assument cette fonction d'assistance. Bien sûr, beaucoup de conseillers syndicaux sont « agacés » par cette situation un peu paradoxale dans laquelle des copropriétaires **bénévoles**, qui payent un professionnel, sont obligés de « mettre la main à la pâte » pour faire tourner la copropriété. Cela est cependant incontestable et nous allons d'ailleurs voir, sur deux types de problèmes, l'importance et les modalités de cette assistance.

Avant cela, répondons à une objection possible des syndics professionnels. Certains seront peut-être tentés de dire ceci : *« Vous consacrez deux cents pages au **contrôle** du syndic par le Conseil Syndical et seulement deux pages à l'**AIDE** apportée par le Conseil Syndical au syndic. Est-ce normal ? »*

Nous répondrons ceci :

*1. Dans les deux cents pages consacrées au contrôle, il est évident qu'au moins la **moitié** concerne **aussi** et **en même temps** l'aide que le Conseil Syndical apporte au syndic (exemple : aide à la négociation des contrats, aide au suivi des impayés).*

*2. Par ailleurs, autant il est besoin d'apporter des **informations** précises concernant le contrôle, autant les conseillers syndicaux n'ont pas besoin qu'on leur apprenne à **AIDER** le syndic (exemple : suivi des entreprises) ; dès lors il est normal que – tout en insistant sur cette fonction d'**aide** – nous n'ayons pas besoin de faire beaucoup de développements à ce sujet.*

1. Choix et suivi des entreprises

A. Le choix des entreprises

Tout le monde sait qu'il n'est pas simple de trouver des artisans efficaces, modérés dans leurs prix et disponibles.

Ce problème est difficile à résoudre pour les syndics et il est certain que le Conseil Syndical peut jouer un rôle important dans le choix de ce type d'entreprises.

Plusieurs moyens non exclusifs existent pour aider le Conseil Syndical à sélectionner les artisans ou entreprises recherchées :

a/ les connaissances personnelles de certains membres du Conseil Syndical, b/ la recherche des artisans travaillant déjà dans des copropriétés voisines à la satisfaction de celles-ci,

c/ les « références » communiquées par des associations de copropriétaires qui agréent des entreprises pour le compte de leurs adhérents. Certaines associations – dont l'ARC – agréent en effet certaines entreprises et se donnent les moyens :

– de contrôler ces entreprises en permanence par le biais de leurs adhérents,

– d'obtenir d'elles des engagements contractuels pour résoudre les éventuels litiges ou problèmes qui pourraient survenir.

Bien sûr, certaines de ces entreprises peuvent s'avérer ou devenir inefficaces ou douteuses. Dans ce cas, elles sont écartées de la liste des entreprises agréées et ceci d'autant plus facilement que l'**agrément** ne donne lieu à aucune contrepartie financière.

B. Le suivi

Même bien choisie, une entreprise doit toujours être suivie et son travail contrôlé. Comme chacun sait, les syndics ont beaucoup de mal à effectuer ce travail et, bien souvent, les gardiens ou gardiennes d'immeuble – quand ils existent encore – ne font que partiellement ce travail (quand ils le font).

2. Assistance à la gestion au quotidien

Dans des immeubles où il n'existe aucun « personnel » permanent (ni gardien ni employé d'immeuble), le rôle du Conseil Syndical est particulièrement important pour :

1. Repérer les problèmes rapidement et en aviser le syndic sans tarder pour qu'il agisse. Dans certaines copropriétés le Conseil Syndical a même un pouvoir direct d'intervention auprès des entreprises locales, ce qui permet de gagner du temps et parfois de l'argent. Pour cela, une simple délibération en assemblée générale est suffisante.

2. Recevoir les entreprises ou les fournisseurs, contrôler la durée de leur intervention et contrôler, le cas échéant, la réalité ou la qualité du travail effectué.

Le syndic ne peut, en effet, être tout le temps là et seule une collaboration de ce type permet d'assurer un suivi de la gestion qui, sans cela, se réduit à une gestion purement **comptable** extrêmement préjudiciable pour la copropriété (travaux faits avec retard, pour des prix élevés et parfois avec des résultats médiocres).

CHAPITRE 40

LE CONSEIL SYNDICAL ET LE CHOIX D'UN « BON » SYNDIC

Même s'il est sûr qu'il n'y a pas de « bon » syndic sans « bon conseil syndical » chacun souhaite savoir comment faire pour choisir un syndic.

Il y a pour cela quatre moyens :

a) Il faut d'abord sélectionner le bon « type de syndic » pour sa copropriété (petit, moyen, gros, situé à proximité, capable de gérer un immeuble complexe etc). Nous allons voir que ça n'est pas très simple.

b) Il faut, après cela, poser les « bonnes » questions au syndic.

- Nous vous donnons ci-dessous une liste de questions.

c) Il faut ensuite bien négocier le contrat du syndic et ses honoraires et surtout introduire des clauses protectrices.

1. Comment sélectionner un « bon » syndic

a/ La meilleure sélection : les autres copropriétés

Pour sélectionner un syndic il n'y a pas de moyen idéal. Le meilleur est peut-être de repérer des copropriétés de votre taille et de votre configuration dans votre quartier ou votre commune puis d'identifier les cabinets qui donnent satisfaction aux conseils syndicaux.

On se méfiera néanmoins toujours. En effet la concentration est telle dans cette profession que le syndic que vous prenez aujourd'hui peut céder ses actions demain à un grand groupe, ce qui fait que vous vous retrouverez avec un syndic que vous aurez peut-être quitté un an auparavant (cela est arrivé à certains adhérents de l'ARC).

Malheureusement les autres sources de sélection (chambres syndicales, normes, label, salons...) ne sont pas (ou plus), pour les raisons que nous allons voir, recommandables.

b/ Les chambres syndicales

Les chambres syndicales de syndics ne sont, en effet, pas des moyens de sélections très fiables.

Certes, il vaut mieux un syndic qui appartient à une chambre qu'un syndic totalement indépendant, car il sera peut-être mieux informé, mais en cas de problèmes avec ce syndic, on s'apercevra vite que la chambre (y compris la chambre de discipline quand elle existe) ne joue que très rarement un rôle positif (intervention ; sanction ; etc).

Nous disons cela – un peu amers – non *A PRIORI*, mais après de multiples expériences désolantes et vaines tentatives (dont vous retrouverez trace sur notre site Internet – rubrique « *ABUS en VRAC* »).

c/ La certification

Après avoir été un des pionniers de la certification dans ce domaine, l'ARC s'est retirée déçue de ce dispositif et ne peut qu'inciter les copropriétaires à se méfier des tentatives « *light* » qui se mettent en place actuellement.

Dans son principe la certification est une excellente idée.

En quelques mots, la « *certification* » repose sur TROIS piliers :

– un « *cahier des charges* » ; ce cahier des charges s'appelle un « *référentiel* » et établit la liste des engagements ;

– un organisme de contrôle AGRÉÉ, SPECIALISÉ et INDÉPENDANT qui non seulement effectue des contrôles réguliers et inopinés mais instruits les plaintes des copropriétaires ;

– une obligation de CORRIGER les erreurs commises et de RÉPARER les préjudices subis.

Dans la réalité, il y a deux types de certification :

1) Une certification où le cahier des charges est sérieux ; dans ce cas-là, cependant il faut que les sanctions soient rapides et efficaces en cas d'inobservation des obligations. Dans l'expérience vécue par l'ARC, c'est ce volet qui a manqué et qui explique que l'ARC se soit retirée (à la suite de ce retrait cette certification est d'ailleurs morte de sa belle mort).

2) Une certification où le cahier des charges est une plaisanterie (on s'engage à ne tenir que des engagements très simples). C'est le genre de certification qui se met en place et qui n'est que de la poudre aux yeux ; vous pouvez lire sur notre site une analyse du référentiel audité par BVQI qui, pour nous, comme nous l'expliquons en détail frise (nous disons bien « *frise* ») l'escroquerie intellectuelle tant les engagements sont d'un niveau faible. En fait cette certification n'est ni plus ni moins qu'une « *publicité* » que peuvent se payer les cabinets les plus riches, non un gage de qualité de service.

d/ La norme ISO

La norme ISO est une norme de procédure, non une norme de qualité de service ; par ailleurs, ce qu'on appelle le « *périmètre de certification* » (ce qui est certifié) peut ne rien avoir à faire avec la qualité du service et reste inconnu du client.

Exemple : dans une certification ISO si une entreprise décide de payer ses fournisseurs à 180 jours il faudra simplement qu'elle mette en place une procédure garantissant le respect de cet objectif...

En copropriété, la norme ISO ne signifie donc, pour nous, NI qualité de service NI respect des demandes du copropriétaire.

2. Pour choisir un syndic : quelles questions vous poser et lui poser ?

Voici une liste de questions à poser à votre futur syndic mais peut-être aussi actuel.

a/ Origine du cabinet et propriétaire actuel

- Date de création d'origine,
- Date de rachat (le cas échéant),
- Actionnaires actuels,
- Appartenance à un groupe ou non.

b/ Garanties

- Coordonnées de la police d'assurance en responsabilité civile,
- Appartenance à une chambre syndicale,
- Nom de sa banque,
- A-t-il publié ses comptes au Tribunal de Commerce ? (à vérifier soigneusement).

c/ Dirigeants

- Statut du dirigeant du cabinet,
- Statut du responsable du secteur *« copropriété »*.

d/ Activités

- Effectif global
- Activités :

• *« syndic de copropriété »* : quel pourcentage ?
• gérance locative : quel pourcentage ?
• transaction : quel pourcentage ?
• courtage d'assurance : quel pourcentage ?
• autre.

À noter : Il est important de déterminer la part *« activité syndic »* ; en principe, plus celle-ci est importante, moins vous aurez de surprise et vice-versa.

e/ Organisation

- Combien de copropriétés gère-t-il ?
- Combien de lots ?
- Taille moyenne des immeubles gérés ?
- Combien y a-t-il de gestionnaires ?
- Chaque gestionnaire a-t-il une assistante ?
- Combien chaque gestionnaire gère-t-il d'immeubles ET de lots ?

À noter : chez un syndic, la qualité du service vient essentiellement du nombre d'immeubles et de lots dont chaque gestionnaire s'occupe, et de l'organisation du cabinet (assistant(e) ou non).

Posez donc la question suivante : « *Au cas où nous vous prendrions comme syndic, quel gestionnaire s'occupera de notre copropriété et combien d'immeubles et de lots gère-t-il déjà ?* ». En fonction de la réponse, vous saurez ce qui vous attend…

– Existe-t-il un service « *contentieux* » ?

f/ Implantation

– Gère-t-il déjà des lots dans votre quartier ou commune ?

– Où se concentrent principalement les immeubles qu'il gère ?

N'oubliez pas de lui demander des références de copropriétés et les coordonnées de président(e)s de conseils syndicaux.

g/ Assurance

– Est-il courtier ou agent général ?

– Le contrat d'assurance est-il choisi avec le conseil syndical ?

– Fait-il des déclarations de sinistres à la demande du conseil syndical ?

h/ Entretien des immeubles

– Comment assure-t-il le suivi technique des immeubles ?

– Fait-il établir un cahier des charges (ou descriptif) qualitatif et quantitatif pour les travaux votés en assemblée générale ?

– Comment sélectionne-t-il les entreprises ?

– Comment sélectionne-t-il les architectes et maîtres d'œuvre ?

– Combien de visites annuelles seront effectuées chaque année dans la résidence ?

i/ Contrats et honoraires

– Demandez son modèle de contrat et négociez les honoraires de gestion particulière,

– Demandez-lui de vous fournir les honoraires de base par lot selon la taille des copropriétés :

- jusqu'à 49 lots ;
- 50 à 99 lots ;
- 100 lots et plus.

j/ Relation avec le conseil syndical

– Accepte-t-il l'arbitrage des instances de conciliation ? Si oui, lesquelles ?

– Comment les informations sont-elles fournies au conseil syndical ?

– Accepte-t-il de fournir des documents à un conseiller qui ne peut les obtenir par le président du conseil ?

Voilà. Si avec tout ça vous ne dénichez pas une perle, c'est qu'il n'y a plus de perle.

3. Des clauses de garantie à introduire dans les contrats

La négociation du contrat de syndic est très importante. Relisez bien le chapitre 19 de ce guide à ce sujet.

Mais vous pouvez aussi – pour garantir mieux vos intérêts et votre avenir – introduire certaines clauses dans le contrat signé entre votre copropriété et votre syndic.

Voici cinq clauses qui correspondent à trois grands problèmes :

a/ Éviter d'être *« vendu »* à un grand groupe

Pour éviter de choisir un syndic et de vous retrouver avec un autre, voici une proposition de clause :

« En cas de prise de participation majoritaire dans le capital social de la personne morale ayant reçu mandat de gérer la copropriété, le syndic s'engage à informer tous les membres du conseil syndical par lettre recommandée avec accusé de réception dans le mois suivant la cession des actions et convoque à ses frais une assemblée générale à la demande du président du conseil syndical ou d'un ou plusieurs copropriétaires représentant le quart au moins des voix du syndicat.

L'ordre du jour de cette réunion portera expressément sur le maintien ou la révocation du syndic en exercice pour cause légitime (modification de l'actionnariat) et la désignation éventuelle d'un autre mandataire.

En cas de manquement aux présentes dispositions, il en résultera une minoration des honoraires de gestion courante concernant l'exercice en cours, égale à 35 % du montant annuel de ces honoraires. »

b/ Pour être sûr que votre syndic saura assumer ses responsabilités voici deux clauses

« Au cas où une assemblée générale, dans son entier ou bien partiellement, serait annulée en raison d'une faute imputable au syndic (délais de convocation non respectés, documents non fournis, règles de majorité non respectées, etc.) celui-ci (le syndic) s'engage à régler tous les frais liés à la convocation et à la tenue d'une nouvelle assemblée générale ».

« Le syndic s'engage, en cas de faute de gestion constatée par le conseil syndical ou l'assemblée générale ayant entraîné un préjudice financier pour le syndicat à faire une déclaration de sinistre à son assurance de responsabilité civile professionnelle ».

c/ Enfin, pour éviter que le syndic ne fasse travailler sans votre accord ses filiales, voici deux clauses

« Le syndic fournira au conseil syndical la liste des sociétés prestataires de services, avec lesquelles lui ou les personnes visées par l'article

39 du décret du 17 mars 1967 ont des liens directs ou indirects au sens de l'article 39 susvisé ou dans lesquelles lui ou les personnes visées par cet article 39 exercent une des fonctions visées par cet article ; il fournira en particulier au syndicat de copropriété s'il est une personne morale la liste des sociétés prestataires de services qui ont des intérêts directs ou indirects dans le cabinet ».

« Au cas où le syndic aurait contracté avec l'une des entreprises visées par l'article 39 du décret du 17 mars 1967 sans obtenir d'autorisation spéciale de l'assemblée générale faisant l'objet d'une décision spécifique, le syndic sera subrogé automatiquement dans les droits et obligations du syndicat vis-à-vis de cette société, y compris naturellement les obligations financières ».

ONZIÈME PARTIE

DIVERS

CHAPITRE 41

LE CONSEIL SYNDICAL ET LA MISE À JOUR DES RÈGLEMENTS DE COPROPRIÉTÉ

(Loi du 13 décembre 2000)

IMPORTANT

Le délai initial de mise à jour (qui s'achevait le 13 décembre 2005) a été prolongé de trois ans, jusqu'au 13 décembre 2008, suite aux nombreuses interventions de l'ARC auprès des parlementaires ; en conséquence, le chapitre qui suit reste largement d'actualité.

Depuis des années nous nous étonnions publiquement de la situation suivante : la plupart des règlements de copropriété sont « truffés », comme on dit, de clauses obsolètes, illégales, jugées abusives etc. sans qu'il existe AUCUNE obligation de mise aux normes.

Cette situation est grave car les copropriétaires possèdent ainsi un règlement de copropriété – en principe le code de chaque copropriété – dont ils ne savent pas quelles clauses sont légales et quelles clauses ne le sont pas.

Imaginez un examinateur de permis de conduire qui vous remette après votre examen un « Code de la route » pour un quart obsolète et pour un quart illégal et sans pouvoir vous dire ce qui est applicable et ce qui ne l'est pas ! En fait c'est exactement ce qui se passe quand le Notaire vous remet le règlement de copropriété après la vente.

La Loi du 13 décembre 2001 a (enfin) donné les moyens de corriger cette situation puisqu'elle a donné cinq ans aux copropriétés pour mettre « à jour » le règlement (NB : cette disposition est issue d'une proposition d'amendement déposée par l'ARC). Il s'agit de l'article 49, modifié en 2006, de la loi du 10 juillet 1965 ainsi rédigé :

> « Dans les huit ans suivant la promulgation de la loi N° 2000 1208 relative à la solidarité et au renouvellement urbain, l'assemblée générale décide, à la majorité prévue à l'article 24, les adaptations du règlement de copropriété rendues nécessaires par les modifications législatives depuis son établissement. La publication de

ces modifications du règlement de copropriété sera effectuée au droit fixe ».

Voyons concrètement comment BIEN utiliser cette nouvelle disposition.

1. Ce qu'il ne faut pas faire et ce qu'il faut faire

a) Certains syndics ont décidé de procéder ainsi :

– ils font voter un « budget » prévisionnel très élevé par l'assemblée générale ;
– ils confient la mise aux normes à un notaire ;
– pour faire bonne figure, ils proposent qu'un « géomètre expert » intervienne (on ne sait pas toujours pourquoi, mais ça rassure toujours...).
Les budgets vont de 3 000 € (pour un petit immeuble) à .... 7 500 € pour un immeuble de 100 logements. L'horreur !

Cette méthode a au moins DEUX désavantages :
– elle est chère ;
– elle écarte les copropriétaires (et le conseil syndical) de l'opération ; or la mise aux normes du règlement doit être l'occasion de réfléchir collectivement sur le règlement, de l'améliorer, de s'approprier ses dispositions.

2. Ce qu'il faut faire

a) D'abord il faut savoir ce que l'on veut. La mise aux normes, c'est-à-dire la suppression de tout ce qui est obsolète, illégal, abusif doit être AUSSI l'occasion de :
– supprimer ou lever les « ambiguïtés » ;
– apporter des « améliorations » à ce qui est déjà prévu (**ex.** : pénalités en cas de non règlement des charges) ;
– apporter des nouveautés (**ex.** : fonctionnement du conseil syndical ; pouvoir de police du syndic) ;
Le conseil syndical doit donc se réunir pour établir une première liste de ce qu'il veut.
NB : pour cela vous pouvez vous aider de notre guide : « Le règlement de Copropriétés en 200 questions » (2e édition, juin 2006) dans lequel nous donnons de nombreux exemples.

b) Ensuite le conseil syndical doit lui-même demander des devis de mise à jour et d'amélioration. Sachez que ce travail n'est NULLEMENT le privilège des notaires ; ne croyez surtout pas les syndics qui vous diront que le fait de passer par un notaire est plus sûr. Tout juriste spécialiste des problèmes de copropriété peut faire ce travail.

COMMENT TROUVER UN DEVIS PAS CHER ET SÛR ?

C'est simple : si vous êtes adhérent collectif à l'ARC, vous vous adressez à l'ARC ; pour cela il suffit d'envoyer une copie complète de votre règlement en précisant (au besoin) ce que vous souhaitez. Même si vous ne confiez pas le travail à faire à l'ARC, au moins cela vous aura donné une référence (à noter : le prix moyen est à l'ARC d'environ 1 000 €, alors qu'il peut être, comme on l'a dit, facilement de 3 000 € ailleurs... voire 6 000 €).

c) Ensuite il faudra faire choisir le devis en assemblée générale et suivre le travail du spécialiste que vous aurez retenu. À l'ARC, nous pratiquons ainsi :

– une réunion préparatoire avec le conseil syndical pour bien intégrer ses demandes ;

– éventuellement une réunion de restitution.

d) Avant de faire voter les modifications, mises à jour, et améliorations en assemblée générale il est préférable :

– d'adresser copie des modifications à tous les copropriétaires ;

– au besoin d'organiser une réunion d'explications hors assemblée générale.

En effet, la « mise à jour » du règlement de copropriété doit être l'occasion d'un travail pédagogique pour tous (qu'est-ce qu'il y a dans un règlement ? comment le faire appliquer ? qu'est-ce qui est légal et pas légal ? etc.).

Pour cela, mieux vaut prendre son temps. Plus vous prendrez votre temps et plus approfondi sera le travail d'appropriation par tous les copropriétaires.

e) Ce n'est qu'ensuite que vous pourrez – tout naturellement – faire voter un règlement régénéré (pour plus de précisions, vous pouvez vous reporter au guide : « le Règlement de Copropriété en 200 questions »).

Attention : si le syndic vous dit qu'aucun notaire ne veut publier le nouveau règlement parce qu'il n'a pas été établi par un notaire, sachez qu'il s'agit d'une attitude abusive (du syndic ou du notaire).

Méfiez-vous et venez nous en parler.

NB : L'ARC a demandé et obtenu que le délai fixé au 13 décembre 2005 soit prolongé de 3 ans.

Vous aurez donc plus de temps pour procéder à cette mise à jour.

Chapitre 42

LE CONSEIL SYNDICAL DES COPROPRIÉTÉS EN DIFFICULTÉ :

COMMENT PEUT-IL AGIR EFFICACEMENT ?

Le phénomène des « copropriétés en difficulté » s'étend. Dans un nombre croissant de copropriétés le niveau des impayés de charges augmente, ceci pour des raisons diverses (voir plus bas).

Cette situation entraîne des conséquences désastreuses (en chaîne) :

– les fournisseurs sont payés avec des délais très longs ; parfois ils ne sont plus payés ;

– les petits et moyens travaux ne sont plus faits (l'immeuble est donc mal entretenu) ;

– les charges augmentent (du fait des procédures judiciaires, mais aussi du fait du comportement irresponsable de certains, par exemple en matière d'eau) ;

– les bons payeurs s'en vont ou se lassent ;

– les logements sont rachetés (judiciairement ou amiablement) à moindre prix, ce qui entraîne une nouvelle dévaluation ;

– il y a de plus en plus de locataires ;

– la gestion devient de plus en plus difficile ; on rentre alors dans un cercle vicieux qui est aussi un cercle infernal...

Mais dira-t-on :comment en est-on arrivé à laisser s'installer un fort niveau d'impayés de charges ? Les raisons sont multiples (complémentaires ou isolées) :

Au départ il a pu y avoir :

– des charges élevées ;

– un certain laxisme de la part du syndic en matière de recouvrement des charges ;

– quelques familles insolvables ;

– des malfaçons ;

– de gros travaux trop lourds à supporter ;

– un « environnement » (urbain, social) difficile.

Ensuite, comme on l'a vu, la situation se dégrade inexorablement.

À partir d'un certain moment, tout le monde a envie de baisser les bras ; le conseil syndical se sent dépassé par les problèmes, il s'en prend au syndic qui même s'il est compétent, dévoué et honnête se trouve totalement impuissant.

Si le conseil syndical se décourage et laisse faire alors tout est perdu ; cela signifie que la copropriété va – inexorablement – continuer à s'enfoncer. SEUL un conseil syndical motivé et agissant avec discernement peut (avec l'aide d'un BON syndic) sauver la situation. Nous allons rapidement expliquer pourquoi et ce que le conseil syndical DOIT faire.

Le travail du conseil syndical repose sur la démarche suivante que nous allons résumer ainsi :

1 – D'abord il doit procéder ou faire procéder à une analyse fine des impayés et des procédures :
– qui doit de l'argent ?
– quelles sont les raisons expliquant les impayés ?
– qu'a fait le syndic ?
– qu'a fait l'avocat ?
– où sont les blocages ?
– que faire pour débloquer les procédures ? etc

2 – Ensuite il doit analyser les charges :
– ne sont-elles pas trop fortes ?
– sur quel poste et comment faire des économies ?

Souvent, en effet, le niveau élevé des charges explique à lui seul les impayés.

À l'issu de ces deux premiers diagnostics, le conseil syndical va pouvoir savoir :

– si la copropriété peut s'en sortir seule (en maîtrisant les charges ; en engageant les procédures ; en accordant des échéanciers de paiement ; en mettant en place un BON syndic, un BON gestionnaire ; etc).

– si la copropriété ne peut pas s'en sortir seule (trop de ménages insolvables ; trop de procédures à engager ; trop de travaux à faire etc).

Si c'est le cas, alors le conseil syndical devra engager une troisième phase :

3 – Négocier avec les pouvoirs publics la mise en place d'une procédure de redressement de la copropriété passant par :

– l'aide aux ménages de bonne foi ayant accumulé de lourds arriérés MAIS payant les charges en cours (après mise en place des économies de charges, cependant) ;

– le relogement et la maîtrise des logements des personnes insolvables ;

– le traitement des dettes de la copropriété vis à vis de fournisseurs ;

– la mise en place d'un programme de travaux d'urgence (ascenseurs ; sécurité) ou indispensables (ravalement, toiture) ;

– l'aide à la prise en charge des procédures judiciaires etc.

Les conseils syndicaux qui liront ces lignes diront : « Mais comment pouvons-nous négocier tout cela avec les pouvoirs publics ? ».

À cela nous répondons :
– si vous avez bien fait le travail au niveau 1 et 2 (analyse des impayés et des procédures puis analyse des charges et des économies possibles) vous allez pouvoir bâtir un « argumentaire » permettant d'expliquer **pourquoi** la copropriété ne peut pas s'en sortir seule ;
– il vous faudra alors saisir votre Maire ou Maire Adjoint au logement et c'est LUI ou ELLE qui va négocier (avec le Préfet, avec la DDE, avec le Conseil régional) la mise en place d'un **dispositif adapté**.

Cela vous paraît impossible ? vous avez tort.
À l'ARC nous pourrons vous aider :
– à faire le diagnostic des impayés et des charges ;
– à trouver des financements pour financer ce diagnostic ;
– à élaborer un argumentaire qui convaincra votre maire qu'il FAUT qu'il vous aide.
Nous avons d'ailleurs pour vous aidez (si vous êtes dans ce cas) mis en place une rubrique spéciale sur notre site Internet.
En vous y reportant vous comprendrez mieux :
– comment procéder ;
– quelles aides au diagnostic vous pouvez obtenir ;
– qui peut vous aider (au même titre que l'ARC) ;
– quelles sont les procédures qui existent (Plan de Sauvegarde des copropriétés ; Opération Programmée d'Amélioration de l'Habitat ; Protocole d'intervention etc) ;
– comment négocier avec votre Maire ou Maire Adjoint.

ANNEXES

1. Articles de la loi de 1965 concernant le Conseil Syndical

2. Modèle de règlement de fonctionnement d'un Conseil Syndical

3. Faire un référé sans avocat au Tribunal de Grande Instance

4. Comment se procurer la convention collective des gardiens, concierges et employés d'immeuble

5. Copropriété-Services

6. Ce que l'ARC peut apporter aux conseils syndicaux

7. Les guides de l'ARC

ANNEXE 1

Articles de la loi du 10 juillet 1965 concernant le Conseil Syndical

CHAPITRE II

ADMINISTRATION DE LA COPROPRIÉTÉ

Section 1

[...]

Article 17-1

Dans le cas où l'administration de la copropriété est confiée à un syndicat coopératif, la constitution d'un conseil syndical est obligatoire et le syndic est élu par les membres de ce conseil et choisi parmi ceux-ci. Il exerce de plein droit les fonctions de président du conseil syndical. En outre, le conseil syndical peut élire, dans les mêmes conditions, un vice-président qui supplée le syndic en cas d'empêchement de celui-ci.

Le président et le vice-président sont l'un et l'autre révocables dans les mêmes conditions. L'assemblée désigne une ou plusieurs personnes physiques ou morales qui peuvent être des copropriétaires ou des personnes extérieures qualifiées pour assurer le contrôle des comptes du syndicat.

L'adoption ou l'abandon de la forme coopérative du syndicat est décidée à la majorité de l'article 25 et le cas échéant de l'article 25-1.

Article 18-2

En cas de changement de syndic, l'ancien syndic est tenu de remettre au nouveau syndic, dans le délai d'un mois à compter de la cessation de ses fonctions, la situation de trésorerie, la totalité des fonds immédiatement disponibles et l'ensemble des documents et archives du syndicat.

Dans le délai de deux mois suivant l'expiration du délai mentionné ci-dessus, l'ancien syndic est tenu de verser au nouveau syndic le solde des fonds disponibles après apurement des comptes, et de lui fournir l'état des comptes des copropriétaires ainsi que celui des comptes du syndicat.

Après mise en demeure restée infructueuse, le syndic nouvellement désigné ou le président du Conseil Syndical pourra demander au juge, statuant en référé, d'ordonner sous astreinte la remise des pièces et des fonds mentionnés aux deux premiers alinéas du présent article ainsi que le versement des intérêts dus à compter du jour de la mise en demeure.

Article 21

Dans tout syndicat de copropriétaires, un Conseil Syndical assiste le syndic et contrôle sa gestion.

En outre, il donne son avis au syndic ou à l'assemblée générale sur toutes questions concernant le syndicat, pour lesquelles il est consulté et dont il se saisit lui-même. L'assemblée générale des copropriétaires statuant à la majorité de l'article 25, arrête un montant des marchés et des contrats à partir duquel la consultation du Conseil Syndical est rendue obligatoire.

À la même majorité, elle arrête un montant des marchés et des contrats à partir duquel une mise en concurrence est rendue obligatoire.

Il peut prendre connaissance, et copie, à sa demande, et après en avoir donné avis au syndic, de toutes pièces ou documents, correspondances ou registres se rapportant à la gestion du syndic et, d'une manière générale, à l'administration de la copropriété.

Il reçoit, en outre, sur sa demande, communication de tout document intéressant le syndicat.

Les membres du Conseil Syndical sont désignés par l'assemblée générale parmi les copropriétaires, les associés dans le cas prévu par le premier alinéa de l'article 23 de la présente loi, les accédants ou les acquéreurs à terme mentionnés à l'article 41 de la loi n° 84-595 du 12 juillet 1984 définissant la location-accession à la propriété immobilière, leurs conjoints ou leurs représentants légaux. Lorsqu'une personne morale est nommée en qualité de membre du Conseil Syndical, elle peut s'y faire représenter, à défaut de son représentant légal ou statutaire, par un fondé de pouvoir spécialement habilité à cet effet.

Le syndic, son conjoint, ses ascendants ou descendants, ses préposés, même s'ils sont copropriétaires, associés ou acquéreurs à terme, ne peuvent être membres du Conseil Syndical. Les dispositions du présent alinéa ne sont pas applicables aux syndicat coopératifs.

Le Conseil Syndical élit son président parmi ses membres.

Lorsque l'assemblée générale ne parvient pas, faute de candidature ou faute pour les candidats d'obtenir la majorité requise, à la désignation des membres du Conseil Syndical, le procès-verbal, qui en fait explicitement mention, est notifié dans un délai d'un mois, à tous les copropriétaires.

Sauf dans le cas des syndicats coopératifs, l'assemblée générale peut décider par une délibération spéciale, à la majorité prévue par l'article 26, de ne pas instituer de Conseil Syndical. La décision contraire est prise à la majorité des voix de tous les copropriétaires.

À défaut de désignation par l'assemblée générale à la majorité requise, et sous réserve des dispositions de l'alinéa précédent, le juge, saisi par un ou plusieurs copropriétaires ou par le syndic, peut avec l'acceptation des intéressés, désigner les membres du Conseil Syndical ; il peut également constater l'impossibilité d'instituer un Conseil Syndical.

Article 25

Ne sont adoptées qu'à la majorité des voix de tous les copropriétaires les décisions concernant :

a/ Toute délégation du pouvoir de prendre l'une des décisions visées à l'article précédent,

NB : ce point concerne, entre autres, les délégations de pouvoir données au Conseil Syndical.

[...]

c/ La désignation ou la révocation du ou des syndics et des membres du Conseil Syndical.

Article 27

Lorsque l'immeuble comporte plusieurs bâtiments, les copropriétaires dont les lots composent l'un ou plusieurs de ces bâtiments peuvent, réunis en assemblée spéciale, décider aux conditions de majorité prévues à l'article 25, la constitution entre eux d'un syndicat dit secondaire.

Ce syndicat a pour objet d'assurer la gestion, l'entretien et l'amélioration interne de ce ou ces bâtiments, sous réserve des droits résultant pour les autres copropriétaires des dispositions du règlement de copropriété. Cet objet peut être étendu avec l'accord de l'assemblée générale de l'ensemble des copropriétaires statuant à la majorité prévue à l'article 24. Le syndicat secondaire est doté de la personnalité civile. Il fonctionne dans les conditions prévues par la présente loi. Il est représenté au Conseil Syndical du syndicat principal, s'il en existe un.

[...]

Articles du décret du 17 mars 1967 concernant le Conseil Syndical

Section II

LES ASSEMBLÉES GÉNÉRALES DE COPROPRIÉTAIRES

[...]

Article 8

La convocation de l'assemblée est de droit lorsqu'elle est demandée au syndic soit par le Conseil Syndical, s'il en existe un, soit par un ou plusieurs copropriétaires représentant au moins un quart des voix de tous les copropriétaires, à moins que le règlement de copropriété ne prévoie un nombre inférieur de voix. La demande, qui est notifiée au syndic, précise les questions dont l'inscription à l'ordre du jour de l'assemblée est demandée.

Dans les cas prévus au précédent alinéa, l'assemblée générale des copropriétaires est valablement convoquée par le président du Conseil Syndical, s'il en existe un, après mise en demeure au syndic restée infructueuse, pendant plus de huit jours.

Dans les mêmes cas, s'il n'existe pas de Conseil Syndical ou si les membres de ce conseil n'ont pas été désignés ou si le président de ce conseil ne procède pas à la convocation de l'assemblée, tout copropriétaire peut alors provoquer ladite convocation dans les conditions prévues à l'article 50 du présent décret.

Lorsque l'assemblée est convoquée en application du présent article, la convocation est notifiée au syndic.

[...]

Article 11

Sont notifiés au plus tard en même temps que l'ordre du jour

II. - Pour l'information des copropriétaires :

3° L'avis rendu par le conseil syndical lorsque sa consultation est obligatoire, en application du deuxième alinéa de l'article 21 de la loi du 10 juillet 1965.

Article 21

Elle ne peut, en aucun cas, priver l'assemblée générale de son pouvoir de contrôle sur l'administration de l'immeuble et la gestion du syndic.

Le délégataire rend compte à l'assemblée de l'exécution de la délégation.

Il sera rendu compte à l'assemblée de l'exécution de la délégation.

Section III

LE CONSEIL SYNDICAL

Article 22

À moins que le règlement de copropriété n'ait fixé les règles relatives à l'organisation et au fonctionnement du conseil syndical, ces règles sont fixées ou modifiées par l'assemblée générale à la majorité de l'article 24 de la loi du 10 juillet 1965.

Le conseil syndical rend compte à l'assemblée, chaque année, de l'exécution de sa mission.

Le mandat des membres du conseil syndical ne peut excéder trois années renouvelables.

Pour assurer la représentation prévue au dernier alinéa de l'article 27 de la loi du 10 juillet 1965, il est tenu compte, en cas de constitution d'un ou plusieurs syndicats secondaires, des dispositions de l'article 24 ci-après pour fixer le nombre des membres du conseil syndical du syndicat principal. Chaque syndicat secondaire dispose de plein droit d'un siège au moins à ce conseil.

[...]

Article 24

Lorsqu'il existe un ou plusieurs syndicats secondaires, la représentation au Conseil Syndical du syndicat principal attribuée à un syndicat secondaire est proportionnelle à l'importance du ou des lots qui constituent ce syndicat secondaire par rapport à celle de l'ensemble des lots qui composent le syndicat principal.

Le ou les copropriétaires du ou des lots qui ne sont pas constitués en syndicat secondaire disposent ensemble, s'il y a lieu, des autres sièges au Conseil Syndical du syndicat principal.

En l'absence de stipulation particulière du règlement de copropriété du syndicat principal, les copropriétaires désignent leurs représentants au Conseil Syndical secondaire, dans le cas prévu à l'alinéa précédent.

Article 25

Un ou plusieurs membres suppléants peuvent être désignés dans les mêmes conditions que les membres titulaires. En cas de cessation définitive des fonctions du membre titulaire, ils siègent au Conseil Syndical, à mesure des vacances, dans l'ordre de leur élection s'il y en a plusieurs, et jusqu'à la date d'expiration du mandat du membre titulaire qu'ils remplacent.

Dans tous les cas, le Conseil Syndical n'est plus régulièrement constitué si plus d'un quart des sièges devient vacant pour quelque cause que ce soit.

Article 26

Le Conseil Syndical contrôle la gestion du syndic, notamment la comptabilité du syndicat, la répartition des dépenses, les conditions dans lesquelles sont passés et exécutés les marchés et tous autres contrats, ainsi que l'élaboration du budget prévisionnel dont il suit l'exécution.

Il peut recevoir d'autres missions ou délégations de l'assemblée générale dans les conditions prévues à l'article 25a de la loi du 10 juillet 1965 et à l'article 21 du présent décret.

Un ou plusieurs membres du Conseil Syndical, habilités à cet effet par ce dernier, peuvent prendre connaissance et copie au bureau du syndic, ou au lieu arrêté en accord avec lui, des diverses catégories de documents mentionnés au troisième alinéa de l'article 21, de la loi du 10 juillet 1965.

Article 27

Les fonctions de président et de membre du conseil syndical ne donnent pas lieu à rémunération.

Le conseil syndical peut, pour l'exécution de sa mission, prendre conseil auprès de toute personne de son choix. il peut aussi, sur une question particulière, demander un avis technique à tout professionnel de la spécialité.

Les dépenses nécessitées par l'exécution de la mission du conseil syndical constituent des dépenses courantes d'administration. elles sont supportées par le syndicat et réglées par le syndic.

Article 33.1

En cas de changement de syndic, la transmission des documents et archives du syndicat doit être accompagnée d'un bordereau récapitulatif de ces pièces. copie de ce bordereau est remise au conseil syndical.

Section IV
LE SYNDIC

[...]

Article 37

Lorsqu'en cas d'urgence le syndic fait procéder, de sa propre initiative, à l'exécution de travaux nécessaires à la sauvegarde de l'immeuble, il en informe les copropriétaires et convoque immédiatement une assemblée générale.

Par dérogation aux dispositions de l'article 35 ci-dessus, il peut, dans ce cas, en vue de l'ouverture du chantier et de son premier approvisionnement, demander, sans délibération préalable de l'assemblée générale mais après avoir pris l'avis du Conseil Syndical, s'il en existe un, le versement d'une provision qui ne peut excéder le tiers du montant du devis estimatif des travaux.

[...]

Section V
DISPOSITIONS PARTICULIÈRES AUX SYNDICATS DE FORME COOPÉRATIVE

Article 40

Outre les dispositions de la loi du 10 juillet 1965, le syndicat des copropriétaires de forme coopérative, prévu aux articles 14 et 17-1 de cette loi, est régi par les dispositions de la présente section et celles non contraires du présent décret.

Article 41

Dans un syndicat de forme coopérative, les actes et documents établis au nom du syndicat doivent préciser sa forme coopérative. En aucun cas, le syndic et le vice-président, s'il existe, ne peuvent conserver ces fonctions après l'expiration de leur mandat de membre du conseil syndical.

Article 42

Les dispositions de l'article 27 sont applicables au syndic. celui-ci peut, en outre, sous sa responsabilité, confier l'exécution de certaines tâches à une union coopérative ou à d'autres prestataires extérieurs.

Article 42-1

L'assemblée générale désigne, à la majorité de l'article 24 de la loi du 10 juillet 1965, le ou les copropriétaires chargés de contrôler les comptes du syndicat, à moins qu'elle ne préfère confier cette mission à un expert-comptable ou à un commissaire aux comptes.

Le ou les copropriétaires désignés, l'expert-comptable ou le commissaire aux comptes rendent compte chaque année à l'assemblée générale de l'exécution de leur mission.

Le mandat du ou des copropriétaires désignés pour contrôler les comptes du syndicat ne peut excéder trois ans renouvelables. il ne donne pas lieu à rémunération.

Le ou les copropriétaires désignés ne peuvent être le conjoint, les descendants, ascendants ou préposés du syndic ou d'un des membres du conseil syndical ou être liés à eux par un pacte civil de solidarité.

Article 42-2

Les syndicats de forme coopérative peuvent, même si les immeubles ne sont pas contigus ou voisins, constituer entre eux des unions coopératives ayant pour objet de créer et gérer des services destinés à faciliter leur gestion.

Ces unions coopératives sont soumises aux dispositions de la section viii du présent décret.

Chaque syndicat décide, parmi les services proposés par une union coopérative, ceux dont il veut bénéficier.

ANNEXE 2

Modèle de règlement de fonctionnement d'un Conseil Syndical

Proposition de règlement de fonctionnement du Conseil Syndical à faire voter en assemblée générale

1. Composition du conseil

Le Conseil Syndical sera composé au maximum de .... membres.

L'assemblée pourra, si elle le juge à propos, désigner un ou plusieurs membres suppléants dans les mêmes conditions que les membres titulaires.

En cas de cessation définitive des fonctions des membres titulaires, les membres suppléants siègent au Conseil Syndical au fur et à mesure des vacances, dans l'ordre de leur élection, s'il y en a plusieurs, et jusqu'à la date d'expiration du mandat du membre titulaire qu'ils remplacent.

2. Fonctions spéciales des membres

Le Conseil Syndical élit un(e) président(e) parmi ses membres, à la majorité de ceux-ci, pour la durée qu'il fixe ; à défaut, le président demeure en fonction pendant toute la durée de son mandat de conseiller syndical sauf révocation prononcée à la même majorité.

Par ailleurs, le Conseil Syndical peut désigner des membres pour s'occuper spécifiquement d'un problème. Dans ce cas, ces membres auront directement affaire au syndic en cas de besoin.

3. Convocation

Le Conseil Syndical se réunit à la demande du président au moins une fois tous les ... mois. Il peut également être réuni à toute époque à la demande de l'un de ses membres.

Les conseillers syndicaux seront convoqués valablement par lettre simple, à moins qu'ils n'aient exprimé par écrit le souhait d'être convoqués par lettre recommandée avec avis de réception, les frais de convocation restant, dans tous les cas, des frais d'administration générale.

4. Votes

Les avis ou rapports du Conseil Syndical sont adoptés à la majorité simple et à la condition que la moitié au moins de ses membres soient présents ou représentés ; en cas de partage des voix, celle du président sera prépondérante.

Les délibérations du Conseil Syndical sont constatées par des procès-verbaux portés sur un registre ouvert à cet effet, signés par les membres ayant assisté à la réunion. Copies de ces procès-verbaux sont délivrées par le président du Conseil Syndical sur demande qui lui en est faite par les copropriétaires.

5. Frais du Conseil Syndical

Les dépenses exposées par les membres du Conseil Syndical dans l'exercice de leur mandat leur sont remboursées par le syndic sur justifications.

Les honoraires des techniciens par qui le Conseil Syndical peut se faire assister (comptables, conseillers juridiques, architectes, techniciens du bâtiment, association 1901 d'aide aux copropriétaires, etc.) ainsi que les frais de fonctionnement dudit conseil sont payés par le syndic sur l'indication du président du Conseil Syndical, dans le cadre des dépenses générales de l'administration de l'immeuble.

6. Accès aux documents

Le président du Conseil Syndical devra fournir à tous les membres du Conseil Syndical qui lui en feront la demande, copie des documents concernant la gestion de la copropriété, à charge pour lui de les demander au syndic et sur les comptes de la copropriété au cours de l'exercice écoulé. En outre, il rend compte de l'exécution des missions et délégations que l'assemblée générale aurait pu lui donner.

ANNEXE 3

Faire un référé sans avocat au Tribunal de Grande Instance

Le tribunal de Grande Instance est difficile d'accès. D'abord parce que c'est le temple de la Justice de chaque département et qu'il impressionne les braves gens. Ensuite parce qu'il faut, en général, un avocat pour aller y plaider.

En général, sauf en matière de "référé"

Le référé est une procédure d'urgence dispensée de l'assistance d'un avocat.

La loi de 1965 et son décret prévoient quelques situations précises où la procédure de référé est possible.

Il est bon de savoir manier celle-ci, sans avocat, ce qui vous permettra des interventions efficaces rapides et bon marché. Ces situations sont essentiellement :

– la récupération des archives et fonds auprès de l'ancien syndic,

– la convocation par un mandataire d'une assemblée générale extraordinaire, quand celle-ci n'est pas convoquée malgré une demande en règle,

– la nomination d'un administrateur judiciaire en cas de CARENCE de syndic,

– l'action en récupération de charges impayées (dans certains cas).

Comment faire ?

1 – Rédigez le texte de l'assignation en respectant les règles (voir un exemple à la fin de cette annexe).

2 – Demandez une date d'audience au greffe du tribunal.

3 – Allez voir un huissier pour lui remettre l'assignation remplie et lui demander de la délivrer à l'adversaire (ancien syndic, syndic en place ou copropriétaire débiteur). Vous verrez, c'est tout simple.

ASSIGNATION A COMPARAÎTRE DEVANT MONSIEUR LE JUGE DES RÉFÉRÉS DU TRIBUNAL DE GRANDE INSTANCE DE ....

L'an DEUX MILLE UN, Mademoiselle, Madame, Monsieur ....
de nationalité française
né (e) le .... à ....
représentant le syndicat des copropriétaires de .... en tant que syndic,
donne assignation à

Monsieur, Madame, Mademoiselle, ou : la Société X ....
syndic de copropriété (représenté par ...., s'il s'agit d'une Société)
domicilié à ....

à comparaître devant le Tribunal de Grande Instance de ....
le .... à .... heures, siégeant au palais de justice de ladite ville, en audience de référé.

Il est rappelé au destinataire :

Qu'il a la faculté de se défendre lui-même, mais qu'il a aussi la possibilité de se faire assister ou représenter par un avocat,

Que faute de comparaître ou de se faire représenter comme il vient d'être précisé, il s'expose à ce qu'une ordonnance de Monsieur le juge des référés soit prise sur les seuls éléments fournis par la partie adverse.

POUR :

Attendus

Attendu que le syndicat des copropriétaires de .... réuni en assemblée générale ordinaire le .... n'a pas renouvelé son mandat de gestion au cabinet .... comme syndic de la copropriété et à désigné ce même jour Monsieur Y .... comme nouveau syndic à compter de l'assemblée.

Attendu que Monsieur Y ...., nouveau syndic, a demandé par courrier adressé en lettre recommandée avec accusé de réception en date du .... au cabinet .... de lui communiquer les documents suivants, à savoir :
....
....

Attendu que Monsieur Y........., a également demandé la restitution des sommes suivantes illégalement retenues par le cabinet ....

Attendu que le syndic n'a pas répondu à ces demandes (ou partiellement, à savoir : ....)

Attendu que par lettre recommandée avec accusé de réception, le nouveau syndic a de nouveau mis en demeure le cabinet .... de lui fournir les documents suivants .... ceci, sans résultat.

Attendu que les délais prévus par l'article 18-2 de la loi du 10 juillet 1965 sur la copropriété sont aujourd'hui dépassés.

Attendu, en effet que l'article 18-2 de la loi du 10 juillet 1965 stipule : (reproduire le texte)

Par ces motifs, le syndicat des copropriétaires :

demande au tribunal de bien vouloir ordonner la remise des documents et sommes suivantes : ....

demande que le tribunal fixe pour cela un délai maximum de dix jours,

demande qu'au delà de ce délai le cabinet .... Soit condamné à verser une astreinte de 75 € par jour de retard,

demande que le cabinet .... Soit condamné aux entiers dépens.

ANNEXE 4

COMMENT SE PROCURER LA CONVENTION COLLECTIVE NATIONALE DES GARDIENS, CONCIERGES ET EMPLOYÉS D'IMMEUBLE ?

Dans cette nouvelle édition de notre « **Manuel** » *nous n'avons pas intégré le texte de la Convention Collective des Gardiens et Employés d'Immeuble faute de place.*

Trois moyens, pour vous, d'avoir accès à celle-ci :

1 – sur Internet il suffit de consulter le site Légifrance ;
2 – sur notre site unarc.asso.fr également nous avons créé un lien ;
3 – enfin vous pouvez commander la brochure au Journal Officiel.

Brochure N° 3144

Pour connaître les salaires, charges, avantages en nature à jour, vous pouvez consulter le site internet de l'ARC www.unarc.asso

ANNEXE 5

Copropriété-services

Copropriété-Services est le premier groupement d'achats pour les copropriétés, créé sous la forme coopérative, c'est-à-dire entièrement contrôlé par les copropriétaires.

En outre, il assure une assistance technique aux copropriétés sous la forme de conseils, d'audits... dans tous les domaines de la maintenance immobilière.

Mis en place à l'initiative de l'ARC (Association des Responsables de Copropriété) en 1990, il permet aux Conseils Syndicaux et syndics non professionnels de mieux maîtriser les charges de copropriété et ainsi de mieux remplir leur mission.

L'INTÉRÊT DE LA COOPÉRATIVE

• Réduire les charges est un objectif difficile qui nécessite beaucoup de temps et des compétences particulières.

• Les syndics d'immeubles sont, par exemple, rarement des spécialistes du chauffage ou de l'ascenseur et ont tendance à accepter les augmentations de contrat sans négocier.

• Les entreprises profitent de cette situation pour imposer le changement de matériel ou des devis très élevés qui sont acceptés sans discussion.

• Par ailleurs, tant qu'il ne dispose pas de prix de référence, le Conseil Syndical a du mal à agir efficacement ; ces PRIX DE RÉFÉRENCE LUI SONT PRÉCISÉMENT FOURNIS PAR LA COOPÉRATIVE.

COPROPRIÉTÉ-SERVICES EST :

• indépendant vis-à-vis des entreprises et des groupes de pression, ce qui permet une plus grande objectivité,

• transparent dans le choix des produits et des entreprises sélectionnées,

• critique dans ses rapports ou contrôles vis-à-vis des prestataires de services (chauffagistes, ascensoristes...), ce qui permet d'établir un véritable rapport de force favorable aux copropriétaires.

Mais c'est aussi avec un esprit d'initiative constructif que Copropriété-Services recherche ou étudie les produits ou les matériels nécessaires pour améliorer les services rendus aux copropriétés (études sur le comptage de l'eau...).

Copropriété-Services étant une coopérative, elle n'est pas subventionnée et son financement est assuré par les seuls services rendus aux adhérents.

L'accès aux différents services est réservé aux adhérents des associés de Copropriété-Services, donc à tous les adhérents collectifs de l'ARC.

COPROPRIÉTÉ-SERVICES PROPOSE LES SERVICES SUIVANTS :

1. Un groupement d'achats

Le groupement fournit aux copropriétaires des prix de référence. Ensuite, il permet aux copropriétés qui le souhaitent de se fournir et de s'équiper en matériel de qualité avec des prix en moyenne inférieure de 30 % à ceux pratiqués dans les autres immeubles.

Sont concernés par exemple :

• les produits d'entretien,

• les sacs plastiques,

- les extincteurs,
- les boîtes aux lettres…

2. Un groupement pour la négociation permanente et la fourniture de fioul domestique et de charbon

Les copropriétaires peuvent ainsi bénéficier de prix négociés chaque jour, permettant de réduire leur budget chauffage jusqu'à 20 % et plus.

3. La négociation des prix et des prestations

Il est possible de négocier,
les contrats de chauffage ou des ascenseurs.

4. Le référencement des entreprises

La coopérative «agrée» des entreprises de maintenance en chauffage, ascenseurs, portes de parkings, nettoyage, assurances… sur la base de contrats type,d'une tarification spécifique, et procéde à un contrôle périodique par sondage de ces entreprises.

Copropriété-Services peut également procurer une liste d'experts qualifiés et indépendants, travaillant dans l'intérêt de la copropriété et permettant de diminuer les charges de celle-ci pour une meilleure prestation.

5. Des audits de maintenance

Il faut pouvoir évaluer la qualité de l'entretien, des prestations de services. La coopérative a donc mis en place des audits techniques à des prix très compétitifs sur le chauffage, la VMC (ventilation mécanique contrôlée), les ascenseurs, la plomberie...

6. Des audits « économies d'eau »

Pour évaluer le potentiel d'économie et expliquer concrêtement COMMENT y parvenir, un audit spécial « économies d'eau » a été mis en place.

7. Des conseils et de la documentation

Les copropriétaires rencontrent des difficultés à négocier des contrats efficaces. La coopérative a donc établi une série de contrats types (portes de garages, comptage chauffage, sécurité incendie...) Grâce à son expérience et à sa connaissance des entreprises, elle peut fournir des indications sur la qualité des prestations.

8. Assistance à la négociation

Enfin, la coopérative assiste les Conseils Syndicaux dans leurs relations avec les prestataires de services pour renégocier les contrats ou les prestations. Elle peut contrôler les indexations des contrats et obtenir le remboursement du trop perçu.

PAR AILLEURS, POUR AIDER LES SYNDICS NON PROFESSIONNELS À GÉRER LEUR IMMEUBLE, COPROPRIÉTÉ-SERVICES PROPOSE ÉGALEMENT :

1. Un logiciel pour la gestion directe

2. Un service fiche de paie

La tâche fastidieuse que constitue l'établissement des fiches de paie et des déclarations des charges sociales des gardiens et employés d'immeuble peut être assurée par Copropriété-Services aux tarifs suivants :

Copropriété-Services
31, rue Joseph Python - 75020 PARIS
Tél. : 01 40 30 42 82 - Fax : 01 40 30 07 57

Annexe 6

Ce que l'ARC peut apporter aux conseils syndicaux

1. Des réponses à toutes les questions posées :

PAR	SUR
• téléphone • courrier • fax • courriel • rendez-vous	• les problèmes juridiques • les relations avec les syndics • les problèmes des charges et des économies de charges • les problèmes comptables • la gestion du personnel • les ascenseurs • le chauffage • l'eau, etc.

2. Une assurance de responsabilité civile incluse dans l'adhésion couvrant la responsabilité du conseil syndical.

3. Une information écrite permanente et constamment à jour :
– bulletin trimestriel ;
– bulletins spéciaux (exemple : le décret du 27 mai 2004) ;
– guides gratuits ;
– guides payants.

4. Des formations gratuites.

5. L'accès à une zone *« adhérents »* sur notre site Internet :
– rubriques réservées aux adhérents (*« comment faire… »*) ;
– articles et pages sur des sujets très spécifiques, uniquement consultables par les adhérents ;
– forum.

6. La possibilité d'obtenir l'aide (option) d'un comptable spécialiste de l'ARC pour se faire assister chez le syndic pour le contrôle des dépenses et des comptes.

7. L'accès au service *« mise à jour des règlements de copropriété »* de l'ARC (option).

8. L'accès à la coopérative de l'ARC (voir annexe n° 5) et en particulier à la liste des entreprises et experts référencés (tous les corps d'état et tous les experts).

Et cela pour une cotisation annuelle de 250 € pour une copropriété de 50 lots principaux, soit – dans ce cas – 5 € par logement.

ANNEXE 7

CATALOGUE DES GUIDES PRATIQUES RÉALISÉS PAR L'ASSOCIATION DES RESPONSABLES DE COPROPRIÉTÉ

Les guides de l'ARC disponibles

La Copropriété pratique en 300 questions
3e trimestre 2004 (9e édition), collection ARC/Vuibert, 16 €.
Le seul guide recensant toutes les informations pratiques et législatives relatives à la gestion d'une copropriété (entièrement à jour).

Copropriété : la comptabilité pour tous
Décembre 2005, collection ARC/Vuibert, 18 €.
Pour suivre la gestion de sa copropriété sans qu'aucune notion préalable soit nécessaire. Fait suite au décret du 14 mars 2005, rénovant entièrement la gestion comptable des copropriétés.

La Copropriété pratique en 300 questions
3e trimestre 2004 (9e édition), collection ARC/Vuibert, 16 €.
Le seul guide recensant toutes les informations pratiques et législatives relatives à la gestion d'une copropriété (entièrement à jour).

Copropriété : le manuel du conseil syndical
3e trimestre 2004 (5e édition), réimpression modifiée mai 2006, collection ARC/Vuibert, 16 €.
Toujours le seul guide pour se former au dur métier de conseil syndical.

Ascenseurs : comment éviter le pire ?
Janvier 2005, réimpression modifiée mai 2006, collection ARC/Vuibert, 15 €.
La nouveauté indispensable pour éviter les dépenses inutiles et renégocier votre contrat d'entretien.

Gérer soi-même sa copropriété ou son ASL
Juin 2005 (4e édition), collection ARC/Vuibert, 17 €.
L'ouvrage indispensable à tout syndic non professionnel pour gérer correctement de A à Z sa copropriété.

Travaux et maintenance en Copropriété
Septembre 2005 (3e édition), collection ARC/Vuibert, 18 .
L'indispensable pour aider les copropriétaires à déterminer les travaux à réaliser et à mieux dialoguer avec les professionnels qui seront en charge de leur réalisation.

Le Dictionnaire des économies de charges
Octobre 2003, ARC, 14 €.
Une mine pour tous ceux qui veulent savoir comment faire baisser les charges : les aspects techniques, financiers, juridiques, comptables pratiques.

Le Vrai carnet de santé des copropriétés
Mars 2003, ARC, 8 €.
Quelles sont les obligations qui pèsent sur les copropriétés et comment y satisfaire simplement (amiante, termites, plomb, légionelles, etc.).

La Copropriété pour tous
Septembre 2004 (2e édition), collection Guid'Utile, ARC/Vuibert, 12 €.
Le meilleur guide grand public, selon les spécialistes, après le « 300 questions ».

Le Traitement des impayés
Juillet 1998 (2e édition), ARC, 13,72 €.

Comment récupérer simplement les charges de copropriété
Juillet 2004, ARC, 9 €.
Tout sur le nouveau décret du 27 mai 2004. Une analyse détaillée des 51 modifications apportées au décret de 1967 et une série de conseils aux copropriétaires pour bien utiliser ces modifications.

Les guides gratuits sur Internet (unarc.asso.fr)

La gestion de l'eau en copropriété

Les compteurs d'eau

Le contrôle du chauffage

Votre copropriété est-elle bien gérée ?

Les contrats de syndic

Les honoraires des syndics

100 recettes pour un conseil syndical efficace

INDEX

D

E

N

O

P

R

S

ISBN 2-7117-9159-9

Achevé d'imprimer en novembre 2007

Mise en page : *Langlois Pao Fab*
Dépôt légal : octobre 2004
Impression : France Quercy, Mercuès
N° d'impression : 72704

Imprimé en France